战略性人力资源管理对组织效能的影响研究

薛丽红　丁　敏　宗　娜◎著

吉林科学技术出版社

图书在版编目（CIP）数据

战略性人力资源管理对组织效能的影响研究 ／ 薛丽红，丁敏，宗娜著. -- 长春：吉林科学技术出版社，2021.8

ISBN 978-7-5578-8488-8

Ⅰ. ①战… Ⅱ. ①薛… ②丁… ③宗… Ⅲ. ①人力资源管理－研究 Ⅳ. ①F243

中国版本图书馆 CIP 数据核字 (2021) 第 161303 号

战略性人力资源管理对组织效能的影响研究

著	薛丽红　丁　敏　宗　娜
出 版 人	宛　霞
责任编辑	王旭辉
封面设计	金熙腾达
制　　版	金熙腾达
幅面尺寸	185mm×260mm　1/16
字　　数	268 千字
印　　张	11.85
印　　数	1—1500 册
版　　次	2021 年 8 月第 1 版
印　　次	2022 年 5 月第 2 次印刷

出　　版	吉林科学技术出版社
发　　行	吉林科学技术出版社
地　　址	长春市净月区福祉大路 5788 号
邮　　编	130118

发行部电话/传真　0431-81629529　81629530　81629531
　　　　　　　　　81629532　81629533　81629534

储运部电话　0431-86059116

编辑部电话　0431-81629518

印　　刷　保定市铭泰达印刷有限公司

书　　号　ISBN 978-7-5578-8488-8
定　　价　50.00 元

前　言

随着经济的快速发展和全球化进程的不断加快，个性化、多元化及快速变化的市场环境对企业的经营管理提出了新挑战，构建高效的企业组织方式和运作模式是企业应对上述挑战的重要战略选择，而人力资源是实现这一战略的根本保证。当前，企业的人力资源管理正面临着一系列新的挑战。面对瞬息万变且异常复杂的竞争环境，组织固守传统人力资源管理的"成规"将会作茧自缚，难以获得永续生存与跨越式发展。因此，国内外许多优秀组织进一步探索战略性人力资源管理的实践，重视将人力资源作为战略决策的核心要素，不断提升人力资源管理层次，拓展人力资源管理职能。一方面，通过将人力资源管理与组织的使命、核心价值观、愿景和战略等有机融合，与组织架构、组织文化等协调配合，充分发挥人力资源战略的导向作用，促使人力资源管理各项活动相互匹配、共同聚焦于组织战略目标的实现，从而提升组织的持续竞争优势；另一方面，随着组织赖以生存和发展的环境日趋复杂多变，如何在多变的环境中提高应变能力、创新能力、运作能力、价值增值能力等方面的组织效能，已经成为企业迫切需要解决的问题，尤其是关于人力资源通过何种机制影响组织效能仍是尚未破解的难题。基于此，作者结合自己多年的教学经验和科研成果撰写了《战略性人力资源管理对组织效能的影响研究》一书，希望本书的出版为我国战略性人力资源管理和组织效能管理贡献一份力量。

本书共六章，主要内容包括：战略性人力资源管理原理及其发展；人力资源战略规划与工作开展；企业组织效能理论透视与评价探析；人力资源战略下知识管理、组织文化与组织效能的关系；战略性人力资源管理对组织效能的影响与提升策略；战略性人力资源管理的员工薪酬激励与个人成长。本书结构清晰，内容丰富，读者可以通过本书对战略性人力资源以及战略性人力资源管理对组织效能的影响掌握得更加深入、全面。

在本书撰写过程中，作者参考了大量的相关书籍和论文资料，在此对相关作者表示衷心的感谢！由于作者水平有限，加之撰写时间仓促，书中难免存在疏漏与不足，敬请广大读者批评指正！

目 录

第一章 战略性人力资源管理原理及其发展

本章首先对人力资源、人力资源管理、战略性人力资源管理等相关概念做了详细阐述，再在此基础上对战略性人力资源管理的理论基础、战略性人力资源管理发展的挑战与应对策略这两方面的问题进行了深入分析，最后对战略性人力资源管理理念和实践的变革趋势进行了简单介绍。

第一节 人力资源与人力资源管理认知

一、人力资源的认知

（一）资源的概念

人力资源是一种资源，在了解人力资源的含义前，有必要先解释"资源"这个概念。

《辞海》把资源解释为"资财的来源"。管理学和经济学视野中的资源主要指为了创造物质财富而投入到生产过程中的所有要素，包括土地、资金、技术、信息和人力等。现代社会中，整合利用各种资源创造财富的主体是企业，企业只有拥有并利用好这些资源，才能实现自身价值的最大化。资源主要分为三大类：

1. 物质资源

物质资源是人类生存和发展的基础，又分成自然资源与资本资源两大类型。其中，自然资源是天然存在的自然物，是未经人类加工的资源，如土地、水、生物、能量和矿物等，它既是人类赖以生存的重要基础，又是社会生产的原料来源和布局场所；资本资源则是人们对自然资源开发或加工后用来创造财富的物质资源，如机器、厂房、道路、汽车等。一般而言，自然资源可以免费使用，资本资源则必须付费使用，随着市场经济的不断发展，原来许多免费使用的自然资源逐渐变成了有偿使用的资本资源。

2. 信息资源

信息资源是组织生产及管理过程中所涉及的一切文件、资料、图表和数据等信息的总称。在当今信息时代，信息资源是国民经济和社会发展的重要资源，它的产生、获取、处理、存储、传输和使用贯穿组织生产、经营和管理的全过程。信息资源与物质资源的不同点在于，物质资源具有明显的独占性与有限性，信息资源则具有共享性与无限性。

3. 人力资源

人力资源是生产力诸要素中最积极、最活跃的"第一资源"，尤其在知识经济时代，人力资源成为企业获取持续竞争优势的战略性资源和决定性因素。

（二）人力资源的概念

"人力资源"这一概念最早由约翰·康芒斯（John Commons）先后于 1919 年和 1921 年在其著作《产业信誉》和《产业政府》中提出。我国最早使用"人力资源"这一概念的文献是毛泽东于 1956 年为《发动妇女投入生产，解决了劳动力不足的困难》所写的按语："中国的妇女是一种伟大的人力资源。必须挖掘这种资源，为了建设一个伟大的社会主义国家而奋斗。"现代意义上的"人力资源"的概念是管理学大师彼得·德鲁克于 1954 年在他的《管理的实践》一书中正式提出并加以明确界定的。他认为，与其他资源相比，人力资源是一种特殊的资源，必须通过有效的激励机制才能加以开发利用，并为企业带来可观的经济价值。20 世纪 60 年代以后，随着西奥多·舒尔茨提出人力资本理论，人力资源的概念更加深入人心，对人力资源的研究也越来越多。至今，对于人力资源的含义，学者们见仁见智。概括起来，主要有两类解释，即"能力观"与"人员观"。

"能力观"从能力的角度来界定人力资源的含义，认为人力资源是指人的能力或潜力。持这种观点的人占了较大的比例。例如：

1. 人力资源指能够推动整个经济和社会发展的劳动者的能力，即处在劳动年龄的已直接投入建设和尚未投入建设的人口的能力。[①]

2. 人力资源是在一定区域范围内，可以被管理者运用以产生经济效益和实现管理目标的体力、智能与心力等人力因素的总和及其形成基础，包括知识、技能、能力与品性素质等。

3. 人力资源是指人所具有的对价值创造起贡献作用，并且能够被组织所利用的体力和脑力的总和。

---

① 张德. 人力资源开发与管理［M］. 第三版. 北京：清华大学出版社，2007：4.

"人员观"是从人员或人口的角度来界定人力资源的含义，认为人力资源就是具有劳动能力的全部人口或人员。例如：

1. 人力资源是指一定社会区域内所有具有劳动能力的适龄劳动人口和超过劳动年龄的人口的总和。

2. 人力资源是指能够推动社会和经济发展的具有智力和体力劳动能力的人的总称。

"能力观"更接近人力资源的本质，因为人只有具备了一定的能力或素质，才能创造财富。可以说，人力资源的本质就是能力，而人只不过是能力的载体而已。此外，界定人力资源的概念必须考虑到组织的战略目标。基于此，我们将人力资源定义为：人力资源是指一定时期内组织中的人所拥有的，能够支持组织目标实现的体力和脑力的总和。这个解释包含以下几个要点：

第一，人力资源的本质是人的脑力和体力的总和，统称为劳动能力。

第二，人的劳动能力要与组织的目标发生联系，必须支持组织目标的实现。

第三，人的劳动能力必须是组织所拥有的，这里的"组织"可以大到一个国家或地区，也可以小到一个企业或作坊。

（三）人力资源与人口资源、劳动力资源和人才资源的比较

为了更好地理解人力资源的含义，我们有必要对与人力资源相近的几个概念（即人口资源、劳动力资源和人才资源）做简要的分析与比较。

人口资源是指一个国家或地区一定时期所拥有的人口总量，侧重于指人口的数量，是一个最基本的人口底数，劳动力资源、人力资源、人才资源等都来源于这个最基本的资源。

劳动力资源是指一个国家或地区一定时期拥有的具有劳动能力的劳动适龄人口，通常是16~60岁的人口群体。

人才资源是指一个国家或地区中具有较多科学知识、较强劳动技能，对组织目标的实现起关键或重要作用的那部分人。人才资源突出的是质量的概念，是人力资源中较优秀的那部分人。

人口资源、人力资源、劳动力资源和人才资源四个概念强调的重点不同：人口资源主要强调数量；人力资源与劳动力资源在强调质量的同时，也重视数量概念；人才资源则主要强调质量。就数量而言，这四者存在一种包含关系（见图1-1）。

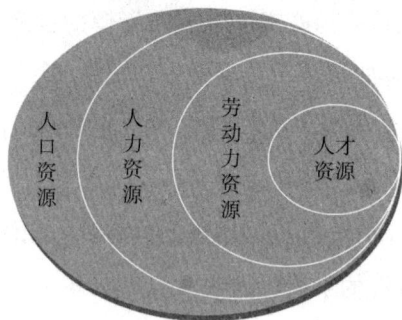

图 1-1　人口资源、人力资源、劳动力资源、人才资源的包含关系

（四）人力资源与人力资本的比较

"人力资源"与"人力资本"也是容易混淆的两个概念，许多人甚至将它们通用，其实这两个概念是有一定区别的。

1. 资本与人力资本的概念

"资本"一词在语义上有三种解释：一是掌握在资本家手里的生产资料和用来雇用工人的货币；二是经营工商业的本钱；三是牟取利益的凭借。马克思认为，资本是指那些能够带来剩余价值的价值。

对于"人力资本"的含义，被誉为"人力资本之父"的西奥多·舒尔茨认为，人力资本是劳动者身上所具备的两种能力：一种能力是通过先天遗传获得的，是由个人与生俱来的基因所决定的；另一种是后天习得的。是由个人经过努力学习而形成的。读写能力是任何民族人口的人力资本质量的关键组成部分。一般而言，人力资本是体现在劳动者身上的一种资本类型，它以劳动者的质量，即劳动者的知识程度、技术水平、工作能力以及健康状况等来表示，是这些方面价值的总和。它是通过投资形成的。像土地、资金等实体性要素一样，在社会生产中具有重要作用。人力资本的投资主要有三种形式：教育和培训、劳动力迁移和医疗保健。而且，与其他类型的投资一样，人力资本的投资也有这样一种含义：在当前时期付出一定的成本并希望在将来能够获得收益，因此，人们在进行人力资本的投资决策时主要考虑收益和成本两个因素，只有当收益大于成本或者至少等于成本时，人们才愿意进行人力资本的投资，否则，人们将不会进行人力资本的投资。

2. 人力资源和人力资本的关系

人力资源和人力资本是两个既有联系又有区别的概念。它们都以人为研究对象，都是与人有关的概念。人力资源是资本性资源，是人力投资的结果。而且，现代人力资源理论是以人力资本理论为根据的，人力资本理论是人力资源管理的理论基础；人力资源经济活动及其收益的核算是基于人力资本理论进行的；两者都是在研究将人力作为生产要素所导致的经济增长及其在经济发展中的重要作用时产生的。但是，两者也有一定的区别：

第一，两者研究问题的角度和关注的重点不同。人力资源是将人力作为财富的来源看待，从人的潜能与财富之间的关系角度来研究人力问题，是从更广泛意义上对人力问题的研究。人力资本是通过投资形成的存在于人体中的资本形式，是形成人的脑力和体力的物质资本在人身上的价值凝结，从投入与产出的角度来研究人力在效益和经济增长中的作用，关注的重点是收益问题，即投资能否带来收益以及带来多少收益。

第二，两者计量的形式不同。资源是存量的概念，资本则兼有存量和流量的概念。人力资源是指一定时期内组织中的人所拥有的，能够支持组织目标实现的体力和脑力的总和，其存量表现为质和量两个因素的乘积。而人力资本，如果从生产活动的角度看，往往是与流量核算相联系的，表现为经验的不断积累、技能的不断增进、产出量的不断变化和体能的不断消耗；如果从投资活动结果看，又与存量核算相关联，表现为投入教育和培训、迁移和医疗保健等方面的资本在人身上的凝结。

第三，两者研究的内容不同。如前所述，人力资源概念的外延比人力资本要宽。人力资源既包括未经开发的自然人力资源.又包括开发后的人力资源，是一个概括性的范畴。人力资本则是一个反映价值量的概念，是指能够投入到经济活动中并带来新价值的资本。人力资源问题的研究可以从开发、配置、管理和收益等方面进行，人力资本问题的研究则可以从投资和收益等方面进行。

（五）人力资源的性质

人力资源作为一种特殊的资源形式，具有不同于自然资源的特殊方面。要想准确地理解人力资源的性质，就必须从它的本质入手。人力资源的本质就是人所具有的脑力和体力，它的所有性质都是围绕这个本质形成的。具体言之，人力资源的性质可概括为以下六个方面：

1. 生物性

人首先是一种生物。人力资源存在于人体之中，是有生命的"活"资源，与人的自然生理特征、基因遗传等紧密相连，人的最基本的生理需要带有某些生物性的特征。因此在管理中，首先要了解人的自然属性，根据人的自然属性与生理特征进行符合人性的管理。人力资源属于人类自身所特有，因此具有不可剥夺性。这是人力资源最根本的性质。

2. 能动性

能动性是人力资源区别于其他资源的本质所在。"蜜蜂建筑蜂房的本领使人间的许多建筑师感到惭愧。但是，最蹩脚的建筑师从一开始就比最灵巧的蜜蜂高明的地方，是他在用蜂蜡建筑蜂房以前，已经在自己的头脑中把它建成了。劳动过程结束时得到的结果，在这个过程开始时就已经在劳动者的表象中存在着，即已经观念地存在着。"在价值创造的过程中，人力资源总是处于主动的地位，是劳动过程中最积极、最活跃的因素，能够发挥主观能动性，有目的、有意识地利用其他资源进行生产，推动社会和经济的发展。同时，人力资源具有创造性思维的潜能，能够在人类活动中发挥创造性的作用，既能创新观念、革新思想，又能创造新的生产工具、发明新的技术。其他资源则相反，它们服从于人力资源，在价值创造过程中总是处于被利用、被改造的被动地位。

3. 时效性

时效性是指人力资源的形成与作用效率要受其生命周期的限制。作为生物有机体的个人，其生命是有周期的，每个人都要经历幼年期、少年期、青年期、中年期和老年期。其中，只有青年期和中年期才是创造财富的最佳时期，有效时间在 40 年左右；其他阶段的人要么处于成长和发育时期，要么处于衰退时期，尚不足以用来进行价值创造。生命周期和人力资源的这种倒 U 形关系决定了人力资源的时效性。因此，人力资源的开发与管理必须尊重人力资源的时效性特点，做到适时开发、及时利用、讲究时效，最大限度地保证人力资源的产出，延长其发挥作用的时间。人力资源储而不用就会荒废、退化，而未及时开发或利用的人力资源，不仅难以成为财富创造与社会发展的有生力量，还可能成为经济发展和社会进步的障碍。

4. 增值性

物质资本在使用的过程中，由于磨损、自然腐蚀或损坏等原因，效率和效益是递减的。人力资源则不同，它不会因为使用而消失，反而会因为不断的使用而更有价值，因此是一种高增值性资源。美国经济学家舒尔茨曾经说过，"土地本身并不是使人贫穷的主要因素，而人的能力和素质却是决定贫富的关键。旨在提高人口质量的投资能够极大地有助于经济繁荣和增加穷人的福利"。他测算出美国 1929—1957 年间经济增长中人力资源投资的贡献度高达 33%。在知识经济时代，社会经济的发展主要依赖于人类的智能与劳动创造，人力资源将因此成为推进经济增长的"发动机"，其增值性也会体现得越来越明显。

5. 社会性

人总是处在一定的社会和时代之中的，人之所以为人，是因为人有区别于动物的社会性。人的思想、理念、文化、观点、意识等都是基于一定的社会而产生的，又会随着社会的发展而变化，因此人力资源具有社会性。人力资源的社会性，主要体现在人的社会关系中。人力资源的形成、配置、利用、开发是通过社会分工来完成的，是以社会关系的存在为前提的。在现代社会化大生产的条件下，个体要通过一定的群体来发挥作用，合理的群体组织结构有助于个体的成长及高效地发挥作用，不合理的群体组织结构则会对个体构成压抑。群体组织结构又在很大程度上取决于社会环境，社会环境构成了人力资源的大背景，它通过群体组织直接或间接地影响人力资源开发。这就对人力资源管理提出了要求：既要注重人与人、人与群体、人与社会关系的协调，又要注重组织中团队建设的重要性。

6. 可再生性

资源可分为可再生性资源和不可再生性资源两大类。人力资源是一种可再生性资源，在开发与使用过程中，不会像矿藏等不可再生性资源那样持续减少与不可恢复，反而会凭借自身的机制加以恢复，并保持总体数量。人力资源的可再生性体现为人口的再生产和劳动力的再生产，通过人口总体内个体的不断更替和"劳动力耗费—劳动力生产—劳动力再次耗费—劳动力再次生产"的过程得以实现。同时，人的知识与技能的陈旧、老化也可以通过培训和再学习等手段得到更新。当然，人力资源的可再生性不同于一般生物资源的可再生性，除了遵循一般生物学规律之外，还受人类意识的支配和人类活动的影响。所以，人力资源要实现自我补偿、自我提高与自我更新，必须进行二次开发乃至多次开发。

二、人力资源管理的认知

（一）人力资源管理的内涵

关于人力资源管理的内涵，学术界存在着不同的认识。德鲁克在《管理的实践》一书中提出了"人力资源"概念，指出了管理的三个更广泛的职能：管理企业、管理经理人员和管理员工及他们的工作。巴克、比尔、莱文和舒勒等人认为，人力资源管理是管理人员所具有的一种广泛意义的普通管理职能，人力资源管理的职能对于组织的成功来讲，与其他管理职能如会计、生产、营销等一样是至关重要的，其目的是对工作场所的个体进行适当的管理，具体包括：理解、维持、开发、利用和协调一致。海勒曼、比得森、翠西、罗宾斯、德斯勒等人认为，人力资源管理是由专业人员从事的员工管理，两者在含义上并无区别。人力资源管理的这一含义是建立在这样一种假设的基础之上的，即现在的管理实践和管理活动是最好的和可以接受的，可以用来对员工进行有效的管理，并且这些管理实践是可以被不断丰富的。英国管理主义学派的代表者斯托瑞等人在 20 世纪 80 年代末提出，从本质上讲，人力资源管理是为了躲避工会和掩饰管理控制方法的一种复杂的管理方式。他们认为，人力资源管理是用来显示管理人合法性的一种不同方法，而不是作为工具或手段的人力资源管理。①

国内外学者普遍认为，人力资源管理作为一种新型的人员管理模式，它是建立在"人本主义"管理哲学的基础之上的。人力资源管理的目标是通过有效地开发和管理人力资源，使组织绩效和个人满意度达到最大化。与传统人事管理相比，人力资源管理更加强调将员工作为一种具有潜能的资源进行激励与发展，重视有效的人力资源管理对整个组织运营活动的支持和配合。

（二）人力资源管理的发展阶段

人力资源管理的发展阶段如图 1-2 所示。

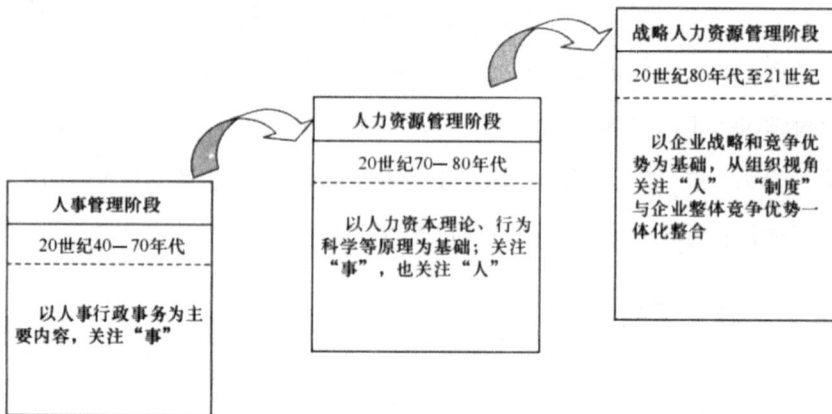

图 1-2　人力资源管理的发展阶段

1. 人事管理阶段

20 世纪上半叶，在以泰勒为代表的科学管理理论和组织行为理论指导下形成了现代人事管理理论的基本框架。这一时期，人事管理的基本含义就是指为了完成组织的任务，对组织中涉及人与事的关系进行专门化管理，使人与事达到最佳匹配，同时运用激励措施来提高员工的积极性和主动性。在实践中，人事管理活动是通过专门的人事管理部门和人员按照确定的程序开展的。它作为辅助性或参谋性的职能，活动范围被限制在行政事务方面，很少参与组织高层战略决策。

---

① 百朗教育. 战略性人力资源管理 ［M］. 北京：北京燕山出版社，2010：6.

2. 人力资源管理阶段

20 世纪 70—80 年代，彼得·德鲁克提出人力资源的概念，并指出传统的人事管理正在成为过去，一场新的以人力资源开发为主调的人事革命正在到来。后来，巴克（Bakke）、迈勒（Miles）等人对人力资源管理的众多问题进行了广泛的研究，将人事管理理论和实践推进到一个全新的发展阶段——人力资源管理阶段。人力资源管理理论首先认为员工是实现组织目标的"第一资源"，从资源的角度来认识组织中的"人事管理"；其次，这一理论扩展了人力资源管理的范围，认为人力资源管理不仅仅是人力资源部门的职责，也是直线部门（生产、营销）的重要职责，并且参与组织战略决策的制定和实施；最后，把人力资源管理的目标与组织的竞争力、利润、生存能力、竞争优势和劳动力的灵活性等联系起来，不仅注重开发人力资源产品和服务，更注重人力资源对组织和管理人员的影响，将人力资源管理职能与其他管理职能放在同等重要的地位。

3. 战略人力资源管理阶段

战略人力资源管理产生于 20 世纪 80 年代中后期，最近一二十年来这个领域的发展取得了令人瞩目的成绩。1951 年，戴瓦纳（Devanna）在《人力资源管理：一个战略观》一文中提出了战略人力资源管理的概念；1984 年，比尔（Beer）等人的《管理人力资本》一书的出版，标志着人力资源管理向战略人力资源管理的飞跃。战略人力资源管理就是系统地将人与组织联系起来的、统一性和适应性相结合的人力资源管理。它是指组织为了达到目标，对人力资源各种部署和活动进行计划的模式（Wright、McMahan，1992）。战略人力资源管理是组织战略不可或缺的有机组成部分，包括了组织通过"人"来达到组织目标的各个方面。具体地讲：

（1）将人力资源视为获取竞争优势的首要资源；

（2）强调通过人力资源的规划、政策及管理实践达到获得竞争优势的人力资源配置；

（3）强调人力资源与组织战略的匹配；

（4）强调通过人力资源管理活动达到组织战略的灵活性；

（5）强调人力资源管理活动的目的是实现组织目标。

（三）当代人力资源管理的主流观点

随着人力资源管理理论和实践的不断发展，当代人力资源管理的各种流派不断产生，同时也使学者们很难在人力资源管理的概念上达成一致。本书在此引用人力资源管理学界一些比较具有代表性的观点来阐释人力资源管理的基本内涵和主要特征，见表 1-1。

表 1-1　当代人力资源管理主流观点

主要学者	主要观点
雷蒙德·A. 诺伊	人力资源管理是对员工的行为、态度以及绩效产生影响的各种政策、管理实践及制度的总称
苏珊·E. 杰克逊、兰德尔·S. 舒勒	人力资源管理是采用一系列管理活动来保证对人力资源进行有效的管理，其目的是实现个人、社会和企业的利益
加里·德斯勒、曾湘泉	人力资源管理是指获取人员、培训人员、评价绩效和给付报酬的过程，同时也关注劳资关系、工作安全与卫生以及公平事务
迈克-比尔	人力资源管理包括会影响到公司和雇员之间关系的所有管理决策和行为
黄英忠	人力资源管理是将组织所有人力资源做最适当的获取、开发、维持和使用，以及为此所规划、执行和统治的过程
赵曙明	对人力这一特殊的资源进行有效开发、合理利用与科学管理

第二节　战略性人力资源管理的内涵与特征分析

一、战略性人力资源管理的内涵

战略性人力资源管理，是指组织为达到其战略目标，从公司战略的角度使人力资源管理的五大管理机制及六大系统协调运行，是公司在总体战略制定与执行中必须包含的部分。战略性人力资源管理体系与传统人力资源管理体系的运作方式有着天壤之别，因为战略性人力资源管理体系以战略为导向，提高了企业人力资源管理工作在整个企业运行中的权重。战略性人力资源管理的四个基本内涵是战略性、协同性、目标性与灵活性。

（一）战略性

在指导思想上，战略性人力资源管理的理念是以人为本；在战略目标上，战略性人力资源管理以获取竞争优势为目标；在管理方式上，战略性人力资源管理采用全员参与的形式；在实施措施上，战略性人力资源管理运用系统化科学与人文艺术相结合的变通式管理方法。

（二）协同性

战略性人力资源管理系统使组织内部的管理机制及人力资源管理各项实践活动协同运

作，为企业的整体战略实施提供智力支持。协同模式可分为两类：一是具体的人力资源管理实践活动搭配协调开展，在开展的过程中没有核心实践活动，强调的是实践活动的系统与均衡性；二是在管理实践活动中，将某一项或某几项核心实践活动结合在一起，这种模式往往根据组织自身特点与要求强化某一项或某几项实践管理活动的功能，并使其他管理实践活动支持这些核心管理实践活动。

（三）目标性

战略性人力资源管理的目标是确保组织获取具有良好技能和良好素质的员工，依靠核心人力资源去建立组织的竞争优势，使组织获得持续的竞争优势，从而形成组织的战略能力以支持组织战略目标的实现。战略性人力资源管理的目标性强调雇员的个人目标与企业的战略目标结合，更关注长期性和整体性。

（四）灵活性

灵活性表现为人力资源管理系统的灵活性、人力资本库的灵活性，以及激发雇员主观意愿的灵活性。

二、战略性人力资源管理的特征

战略性人力资源管理是现代人力资源管理发展的更高阶段，无论在实践方面，还是在理论创新方面，都取得了很大的进步。与传统人力资源管理相比，战略性人力资源管理是一种新理念、新模式，不仅具有新的内容，而且具有新的特征，表现在以下方面（见图1-3）。

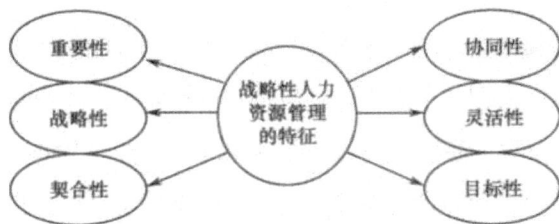

图1-3　战略性人力资源管理的特征

（一）重要性

目前，随着经济的发展，企业的基础性资源由有形资本转向无形资本，从经营技术、经营资本发展到目前的经营各种资源，如信息资源、人力资源。人作为最重要的战略性资源，越来越成为企业获取持续竞争优势的重要来源。因此，战略性人力资源管理在人力资源管理中的地位也越来越重要。战略性人力资源管理的重要性表现在它具有价值性、稀缺性、难以模仿性和不可替代性等特征。

战略性人力资源管理具有价值性。战略性人力资源管理能为企业创造价值，它的一个重要目标就是帮助企业高级管理者制定战略，进而影响到企业的执行力和经营业绩。因此，良好的战略性人力资源管理有利于制定出合理的企业战略，合理的企业战略又可为企业创造出更大的价值，这就是所谓的价值性。

战略性人力资源管理具有稀缺性。首先，实施主体即具备实施战略性人力资源管理的高能力的人力资源是稀缺的，如高级人力资源经理和CEO；其次，管理客体即战略性人力资源管理，作为一种能够通过强化和支持企业经营活动而对企业的盈利性、质量改善以及其他经营目标做出贡献的有效手段，是企业所稀缺的；最后，实施战略性人力资源管理的手段是稀缺的。由于企业在规模、制度、文化等方面都不一样，因而符合企业战略发展的人力资源管理所采用的方式方法也必然是不一样的。

战略性人力资源管理具有难以模仿性和不可替代性。在知识经济条件下，传统的竞争优势来源（如资金、土地等）已不再以稀缺的、不可模仿的方式为企业创造价值。企业战略性人力资源管理以企业远景和使命为切入点，将战略管理和人力资源管理有机结合。对于竞争对手而言，企业独特的远景和使命是不可能被模仿的，即便能够模仿，成本也必定是高昂的。同时，人力资源由于价值创造过程具有路径依赖和因果关系模糊的特征，在员工认知态度及工作氛围等方面竞争对手难以察觉和模仿，从而成为企业持久竞争优势的重要依靠。

（二） 战略性

人力资源管理战略和企业战略紧密结合是战略性人力资源管理的核心概念，战略性是它的本质特征。这主要体现在四个方面：在战略指导思想上，突出以"人"为本的管理理念，人力资源是企业最重要的资源，可以为企业赢得持久竞争优势；在战略目标上，战略性人力资源管理是为了"获得持续性竞争优势"，强调个人目标和组织目标的一致性；在战略范围上，战略性人力资源管理是"全员参与"的民主管理；在战略措施上，战略性人力资源管理是运用"系统化科学和人文艺术"的权变管理。

（三） 契合性

战略契合，又可以称为战略匹配，是战略性人力资源管理的关键，战略性人力资源管理就是要通过战略整合来实现人力资源实践活动与企业战略的动态匹配，以及各项人力资源政策、职能活动之间的动态匹配。

（四）　协同性

协同性基于契合性特征之上，正是各项人力资源实践活动间的匹配才使得人力资源管理能够获取协同效应，主要是指组织内部人力资源管理各项实践活动协同发挥作用，共同服务于某一特定目标的组合模式。主要有两种表现形式：一是强调所有人力资源管理的具体实践活动的系统性和均衡性；二是强调某一项或某几项核心实践活动的作用并使其他实践活动支持核心活动。

（五）　灵活性

战略性人力资源管理的产生与发展，既适应了全球竞争环境的急剧变化，又顺应了"以人为中心"的 21 世纪管理潮流。当今企业面临着复杂和动态的环境，需要企业以灵活性来适应不断变化的需求。企业的战略是不断变化的，那么就要求与企业战略匹配的战略性人力资源管理具有一定的灵活性。战略性人力资源管理的灵活性，就是指企业人力资源管理能帮助企业有效、及时地适应外部和内部环境。

（六）　目标性

从战略性人力资源管理的定义可知，战略性人力资源管理通过组织建构，将人力资源管理置于组织经营战略系统，将人力资源管理的各项活动与组织竞争战略相结合，提升企业人力资源管理的地位，协助组织获取竞争优势，达成组织目标，促进组织绩效最大化。由此可见，战略性人力资源管理的另一个特征就是目标性。但是战略性人力资源管理的目标性与普通人力资源管理的目标性不同。其目标性具有两个显著特点：一是战略性人力资源管理方式下的目标更强调雇员的个人目标与企业战略结合在一起。其目标性不仅在于组织的绩效，还在于个人的绩效与目标。二是战略性人力资源管理的目标更注重长期性、整体性。普通人力资源管理虽然也强调其目标性，但战略性人力资源管理更关注决定企业命运的与人有关的战略性因素，其目标体现战略性。

第三节　战略性人力资源管理的理论基础

一、早期激励理论

20 世纪 50 年代是激励理论的黄金时期，其中具有代表性的理论包括马斯洛的需求层次理论，麦格雷戈的 X 理论、Y 理论以及赫茨伯格的激励保健理论。

（一）亚伯拉罕·马斯洛的需求层次理论

马斯洛需求层次理论的主要内容是把人的需要按照优先等级排列，共分为五个层次，即生理需要、安全需要、社会需要、尊重需要和自我实现需要（见图 1-4）。这一理论的一个主要观点是：当一种需要未能得到满足前，对这种需要的满足就可能是重要的激励因素。而一旦这种需要得到全部满足，就不再产生激励作用。

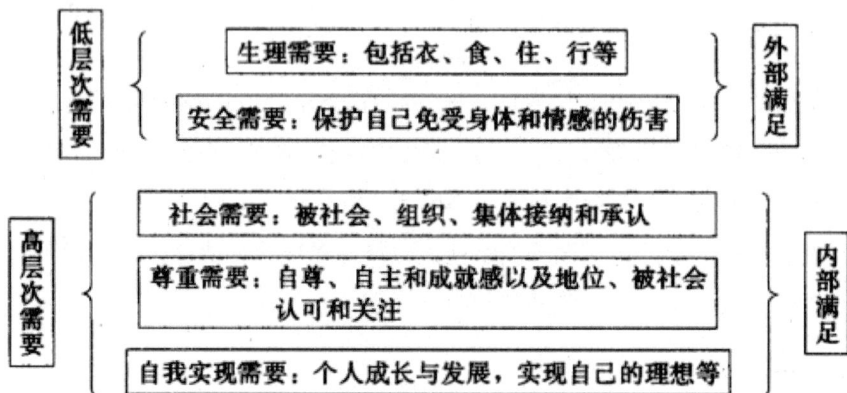

图 1-4 马斯洛的五层次需求理论

在这五个需求层次中，生理需要和安全需要主要表现为物质需求，属于低层次的需要，主要从外部得到满足。在这之后，个人的关注点将会向更高级的需求转化。社会需要、尊重需要和自我实现需要主要表现为精神需求，属于高层次需要，主要从内部得到满足。在这五个层次的需要中，并不是每个需要都全部得到满足后再寻求满足更高级的需要，而是在低层次的需要得到部分满足后，人们就会追求其他方面的需要。

马斯洛的需求层次理论对组织激励机制的建立和完善具有多方面的意义。首先，人的需求是多方面的，总的来讲，这些需求大体上是在较低层次的需求得到满足后，才会产生高一层次的需求。但并不是每个低层次的需求完全满足后才产生高层次的需求，在很多情况下，人们可能同时处在几个需求层次上。因此，作为管理者的重要工作，就是要根据企业的性质、员工的具体情况，准确了解和把握员工所处的需求层次，然后满足各种需要以达到激励的目的。比如，刚参加工作的员工和工作了较长时间并有了一定经济基础的员工，他们的需求就有差别。刚工作的员工缺乏经济基础，经济压力较大，且不说日常的休闲娱乐消费，仅每月支付的房租，水、电、气费等一大笔账单，就占了其收入的很大部分，因此他们很看重每个月的直接现金收入。而工作了一段时间且有一定经济基础的员工，由于已经有了一定的积累，他们更看重的是良好的工作氛围和个人的发展空间。其次，在个人发展的不同阶段，需求会发生变化。从个体来讲，最重要的是要清楚地知道或了解自己在某一特定阶段最主要的需求是什么，在确信自己的需求后，争取得到组织的理解和认可，以满足这种需求。

（二）　道格拉斯·麦格雷戈的 X 理论和 Y 理论

麦格雷戈是美国的心理学家和行为学家，他在 1960 年提出了对人的本性截然不同的两种观点，即著名的"X 理论"和"Y 理论"。这两种理论实际上涉及的就是人性的"善"与"恶"的问题，其内容就是假设人性有两类，即主要表现为消极的 X 理论和主要表现为积极的 Y 理论。X 理论的主要内容就是"人性恶"，认为人基本上都是好逸恶劳的，不喜欢工作，只要有可能，他们就会逃避责任。建立在这一基础上的管理决策强调采用强制或惩罚措施，以强迫或胁迫的方式要求员工实现组织的目标。他认为泰罗的科学管理就是 X 理论。Y 理论的主要内容与 X 理论相反，认为"人性善"，人都是有责任感的，他们把工作看作与娱乐和休息一样正常。他们不仅具有正确决策的能力，还能够通过自我控制和对组织的承诺完成工作目标。建立在这一基础上的管理决策着眼于创造和提供一种良好的工作氛围，提倡让员工参与管理和决策，并为员工提供具有挑战性和责任感的工作。麦格雷戈根据 Y 理论提出了激励人行为的具体措施：

通过分权和授权，把员工从传统组织方法过于紧密的束缚中解放出来，使下级能够主动地安排和支配自己的工作，并承担相应的责任，同时为人们满足自己的需要创造条件。

扩大工作范围，为下属提供有挑战性和责任感的工作，鼓励组织中底层的员工承担责任。

鼓励员工参与决策，提出工作建议，以便激励其为实现组织目标进行创造性的劳动，建立良好的伙伴关系。麦格雷戈认为，在事关自己的问题上员工能够发表意见，就为他们实现社会和自我需要提供了重要机会。

鼓励员工对自己的贡献进行自我评价，使他们为组织目标的实现承担更大的责任，这样有助于其发挥才能，满足自我实现的需要。

X 理论和 Y 理论对于建立和完善组织的激励机制有重要启发：一是对组织成员的工作动机和工作态度要有一个客观的分析和认识。人性的"善"与"恶"都是一个相对的概念，无论是社会还是组织，都以"善"作为社会的规范和行为准则，绝大多数的社会或组织成员也都认可并遵循这些准则。但这并不是说 X 理论就完全没有价值。因为在社会或组织中，虽然"善人"占多数，但"恶人"也存在。在每一个人的性格中，既有"善"的成分，也有"恶"的成分。对组织的管理者来讲，一是应该准确地识别员工，对于那些具有积极的工作动机和工作态度、有责任感的员工，就应按照 Y 理论的思路为其创造施展才能的平台；而对于那些少数真正的"好逸恶劳"者，就应按照 X 理论的思路对其不良行为进行约束和限制。二是通过制度建设和规范对"善"进行弘扬和对"恶"进行制约。《三字经》讲："人之初，性本善。性相近，习相远。"意思是说，人自降生，本性是好的，性格也大多相似，只是由于后天环境的不同，特别是在现实的商业社会中，人们受到比以往更多诱惑的干扰，人的性情、习惯和行为准则逐渐开始发生变化。对于组织来讲，重要的是要将组织成员的行为引导到组织希望和提倡的方向上去，而引导的关键就是通过制度去规范和约束员工的行为。三是激励与约束、胡萝卜和大棒之间的关系。与 X 理论和Y 理论相对应的就是组织激励和约束机制的建立。组织当然希望自己的员工都是好的，但组织不能把安全稳定运行和可持续发展建立在大家都是好人的基础上。因此，在建立激励机制的同时，还应以约束机制配套。四是与组织文化及管理特征之间的关系。关于对人性"善""恶"的定位还会影响组织的管理方式。比如，当组织认为人性"恶"时，就表明了对员工的低信任度。这时管理者的行为就倾向于采用专制、高度的集权而不是民主的领导方式，这是因为组织的价值观把什么是恰当的行为传递给了管理者。结论就是，组织的价值观会制约一个管理者的涉及所有管理职能的决策选择。

（三）弗雷德里克·赫茨伯格的激励保健理论

激励保健理论是由美国心理学家弗雷德里克·赫茨伯格 1959 年提出来的。这一理论的主要内容是通过对个人与工作关系的研究，发现那些能够真正激励人的因素。赫茨伯格对 200 名工程师和会计师进行了调查访问，以了解"人们希望从工作中得到什么"。他发现，人们对于工作感到满意和不满意的因素是完全不相同的。在个人与工作的关系方面，存在两组不同的需要：一组是与工作不满意有关的因素，如组织政策、管理监督、工作条件、人际关系、薪金、地位、职业保障等；另一组是与工作满意有关的因素，如成就、赏识、富有挑战性的工作、晋升、责任、个人发展等。赫茨伯格把与工作不满意有关的因素称为保健因素，认为它们的存在不起激励作用，但非有不可，否则便会引起人们的不满。他指出，满意的对立面并不是不满意，不满意的对立面也不是满意。即使组织的管理者努力克服了这些与工作不满意有关的因素，也只能够带来工作的稳定和平和，不能够对员工产生激励。赫茨伯格将第二类因素称为工作因素，由于能够产生工作满意感，因而是真正的激励因素。

与其他心理学家的激励理论一样，赫茨伯格的激励保健理论在学术界也存在很大争议，在学术性文献中目前普遍接受的观点是，这些理论的特定预测未获得经验证据的支持。现在越来越多的学者和专家倾向于薪酬是重要的激励因素，经济学家大体上比心理学家更倾向于假定工资是一种较强的激励因素。而且在经济学家创建的模型中，在假定其他条件不变的条件下，工资是唯一的刺激物。在现实生活中，金钱的激励作用确实非常明显，当我们中的大多数人还在为按揭买房、买车甚至购买日用家电设备操心时，很难说工资或薪酬不是重要的激励手段。

尽管如此，这一理论对组织激励机制的建立仍然有着积极的意义。首先，该理论提出并总结了诸多可能影响工作效果和效率的因素，这为组织建立和完善科学合理的薪酬结构提供了解决问题的思路。其次，虽然工资或薪酬是重要的激励因素，但并非万能。高工资水平在吸引和留住员工方面的效果并不是万能的。因此，除了对薪酬的重视外，成就、赏识、富有挑战性的工作、晋升、责任、个人发展也应引起管理者足够的关注，并将其纳入组织整体的激励体系中。最后，这一理论对于工作和职务的丰富化起到了积极的推动作用，由于职务的丰富，员工们具有更大的自主权、责任感来管理和控制自己的工作，这不仅提高了员工对工作和组织的承诺，而且提高了工作效率。

二、当代激励理论

我们所接触到的激励理论大多出自心理学家之手，并不是说经济学家对此没有自己的见解，只是经济学家们的注意力大多集中于厂商层次的薪酬政策，如工资水平、工资结构、平均员工流动率等。而心理学的研究则大多集中在个体层次，如激励和相关的认知过程、个休的绩效差异等。二者在研究方法上也存在差异。心理学家更关注非薪酬类的激励来源，强调内在激励的重要性，倾向于将金钱视为"低阶"的激励因素或完全不把金钱视为激励因素。而经济学家在经验研究中，倾向于仅仅将金钱视为激励因素。本部分介绍的主要是心理学方面的内容。[1]

（一）公平理论

公平理论的创始人是斯达西·亚当斯（J. Stacey Adams）。该理论的主要内容是，人们通常会通过与他人所受待遇（如工资）的比较来评价自己所受待遇的公平性程度。如果比较的结果被认为是不公平的，那么这种不公平的感觉就会变成一种使人改变自己的思想和行为的动力，以获得自己认为比较公平的结果。

按照公平理论的观点，如果员工认为自己受到了不公平的对待，他会采用以下办法恢复公平：

1. 改变自己的投入或减少工作的努力程度，以使自己的投入和付出趋于公平。

2. 改变自己的产出，如增加产量但降低质量标准。

---

① 武道川. 战略性人力资源管理及其理论基础［J］. 商业文化，2021（08）：42-43.

3. 向组织提出增加个人的所得以便与其投入相等，实现公平。

4. "此处不留爷，自有留爷处。"通过辞职离开不公平的地方。

5. 拒绝同自己认为所获报酬过高的雇员共事或进行合作。

6. 选择另外一个比较对象，"比上不足，比下有余"，给自己一个台阶下。

无论采取以上哪种方式，都会对组织和个人产生消极的影响。因此，如何在组织中建立一种具有相对公平的工作环境，成为组织的领导者和管理者的一项重要任务。

公平理论对建立完善组织激励机制有着重要的意义，组织可以从中得到一些启示：

第一，公平从来就是一个相对的概念，应注意对员工公平心理的引导，树立正确的公平观。组织成员必须明确这样一个基本原则，即社会公平与组织公平并不是同一个概念，不要把社会公平的概念应用到组织当中。组织公平感是在一个组织或单位内部人们对与个人利益有关的组织制度、政策和措施的公平感受；而社会公平感则是以不同的阶层、行业和职业等特征划分的人群的公平感。社会公平往往受到法律法规的保护，而组织公平并不受法律保护。在组织中，并不会让所有的组织成员都接受组织管理等方面的培训。那些接受培训的人，都是具有发展前途或能够为组织带来效率和效益的员工。组织成员必须通过自己的努力，证明自己的能力，才能够获得组织的关注。

第二，员工们在很大程度上是通过与他人得到的待遇相比较来评价自己的获得，因此，在进行工资水平和工作结构决策时，需要考虑员工可能对工资进行三种比较：一种是外部比较，即对其他企业中从事同样工作的员工所获得的薪酬进行的比较；一种是内部比较，即在同一企业内部不同工作之间对薪酬的比较；最后是与同一企业内部从事同样工作的人进行内部比较。这三种比较的结果取决于员工的主观感受。不论管理者的感觉如何，员工的主观感受决定着他们的工作态度和工作行为。因此，管理者不要试图简单地把自己的感觉强加给员工，而要寻求通过其他有效的方式，向员工证明什么样的比较才可能是全面的。当然，要做到这一点的前提是，组织的薪酬系统本身从总体上讲是比较公平的。

第三，组织中的人们由于所处的地位、获取的信息以及看问题的角度等方面的差异，对同一个问题的评价或结论也就不同。这与上一点所谈到的三种比较有内在的关联性。在现实生活中，固然有很多不公平的情况发生，给个人和组织都造成了伤害。但也有这样一种情况，即人们感到不公平，一个主要原因是与个人所持的公平标准有关。关于知觉的研究发现，人们都是根据自己看到和听到的信息在做判断，也就是说，可能还有很多人们没有看到和没有听到的。所谓知觉，是个体为了对他们所在的环境赋予意义而组织和解释感觉印象的过程。研究表明，虽然个体看到的是同样的客体，但会产生不同的认知。之所以如此，是因为许多因素在影响知觉的形成甚至使知觉失真，其中，对事实了解不完整是一个主要原因。在这种情况下，一件本身比较公平的事，但由于当事人所处的具体环境，限制了其获取有效信息的数量和质量，就可能影响他（她）的判断，并认为自己受到了不公平的待遇。而在一个组织中，就管理者和员工这两个角色而言，前者信息来源的真实性和全面性一般超过后者。因此，对于管理者来讲，必须掌握有关事实的全面的和真实的情况。比如，员工是否按时、按质、按量完成本职工作；员工的绩效指标，与工作、绩效指标有关的薪酬标准等方面的情况。当员工根据知觉做出的判断有误差时，管理者就可以根据掌握的事实向员工做出正确的说明或解释。这也就是前面强调的观点：通过寻求其他有效的方式，向员工证明什么样的比较才可能是全面的。

第四，建立改善组织公平的环境。组织的公平分为两个层面：一是组织公平的客观状态，人们在这一层面可以通过不断改善和发展各种制度、程序和规则来保证组织公平的实现；二是组织的公平感，即组织成员对公平的主观感受。目前对组织公平感的研究也主要集中在两个方面：一是组织公平感的结构，即其主要构成和相互之间的关系；二是组织公平感的效果。根据现有的研究结果，组织公平感的结构主要包括三个公平，即结果公平、程序公平和互动公平。结果公平是指组织成员对分配结果的满意程度，这也是亚当斯公平理论侧重研究的问题。要达到结果公平，关键是组织要有严格规范的绩效评价体系，员工事先就充分了解与自己有关的绩效评价的数量和质量标准，以及与这些标准对应的薪酬分配原则。达到结果公平的另外一个重要条件是程序公平，即组织成员参与过程控制的程度。如果组织成员能够参与与自己有关的绩效目标的制定，公平感就会大大提高。专家们提出了保证程序公平的六条标准，即一致性规则、避免偏见规则、准确性规则、可修正规则、代表性规则和道德与伦理规则。互动公平是指组织的信息传递以及管理者对员工反映的回应。它又分为人际公平和信息公平，前者指减少评价误差，允许员工对评价结果提出质疑等；后者是指员工是否了解与自己工作有关的信息，以及对评价结果及时全面的信息反馈。可见，互动公平也会影响结果的公平。组织公平感的效果是指公平感与员工行为之间的关系，包括三个方面，即组织公平对员工绩效、集体意识和员工个人价值的影响。根据组织公平感研究的这些成果，要在组织中建立一个相对公平的环境和氛围，首先，必须在组织公平的客观状态上下功夫，即制定和完善有关的规章制度；其次，要尽可能地完善结果公平、程序公平和互动公平，包括让员工了解并参与绩效指标的制定、绩效实施过程中管理者对其下属工作的指导和帮助，以及在整个绩效实施过程中不断的绩效信息反馈，以提高组织成员的公平感受；最后，制定明确的绩效评定标准，同时对管理者或部门负责人加强正确进行绩效评价的培训和教育，尽可能地减少评价者的误差。

（二）强化理论

斯金纳（B. F. Skinner）是强化理论的主要代表人物。该理论的一个基本观点是，人的行为受到外部环境的影响和制约，对一种行为肯定或否定的后果，在一定程度上会决定这种行为在今后是否会重复发生。当对一种行为进行肯定或奖励时，目的在于引导其重复发生，这种行为称为正强化；反之，当否定或惩罚一种行为时，目的在于杜绝其重复发生，称之为负强化。也就是说，外部环境要素可以改变一个人的行为。根据强化理论的观点，当人们因某种有效行为受到奖励时，他们重复这种行为的可能性就大大增加，行为与奖励之间的距离越短，奖励的效果就越好。而当一种对组织有利的行为没有受到奖励或一种对组织不利的行为没有受到惩罚时，人们重复这种行为的可能性就非常小。

强化理论对于建立完善组织激励机制的意义主要有以下四个方面：

第一，对于组织来讲，建立一个完善的激励和约束机制非常重要。仅仅有正强化还不够，还要有负强化。正强化与负强化就如同激励和约束机制一样，是一个有机的整体，缺一不可。一方面，由于经过强化的行为趋向于重复发生，意味着科学的、正式的、合理的激励机制可以引导组织成员努力完成组织的目标；另一方面，通过负强化的警示作用，可以约束组织成员偏离组织目标的要求和行为，减少和降低风险。

第二，不同的强化对象应采用不同的强化类型。根据马斯洛的需求层次理论，人的需求具有不同的层次。不仅如此，不同的专业、工种、年龄、管理层次，其需求也表现出不同的特点。对于管理者来讲，需要了解和把握员工所处的需求层次，然后满足这种需要以达到激励的目的。以研发人员和销售人员为例，研发人员主要从事的是脑力劳动，劳动的成果往往需要较长的时间才能见到成效，因此，对他们的激励主要是以长期激励为主，包括较大比例的基薪以及研发成果产业化后的提成等。而对于销售人员来讲，由于其成果很容易量化，且在短期内可以见效，因此主要以短期激励为主，包括较低比例的基薪和较大比例的提成等。再以管理人员和非管理人员为例。管理人员的工作是一种综合性的工作，涉及组织战略的制定、组织管理、资源配置等重大决策行为，责任重大，具有非程序化决策、工作难以量化等特点。而非管理人员的工作大多属于程序化决策，责任相对较轻。因此，对管理人员的激励就比非管理人员复杂，激励的内容也较多，一般有较高的福利待遇以及股权、期权等长期激励手段。如《华为公司基本法》就明确规定：利用股权的安排，形成公司的中坚力量和保持对公司的有效控制，使公司可持续成长。对高级管理和资深专业人员与一般员工实行差别待遇，高级管理和资深专业人员除享受医疗保险外，还享受医疗保健等健康待遇。此外，年轻员工和老员工、主要在办公室工作的员工和主要在野外或建设工地工作的员工等，其激励的方式都有不同的特点。

第三，组织在做正强化时，不要一步到位，而要分阶段设立明确和具体的目标，每个阶段的目标完成后，再分别进行强化，这不仅有利于目标的实现，而且通过不断的激励可以增强其信心。如果正强化一步到位，而不考虑长远的激励效应，可能会适得其反。目前很多企业对高层管理人员采取期权、股权激励，很大程度上就是基于这种考虑。因此，组织在做好事（激励）的时候要"悠着点"。相反，在做"坏事"时，就要一步到位。比如裁员，事先应根据竞争环境和组织战略的要求，拟出周密的计划，然后"一刀两断"，如果也"悠着点"，今天裁两人，明天裁两人，就会军心涣散，因为所有的人都在考虑："哪一天会轮到我"，而不会把时间和精力放在搞好本职工作上。因此，组织在做这一类的"坏事"时应该快刀斩乱麻。

第四，要及时反馈，及时强化。强化理论认为，及时强化是非常重要的，无论是正强化还是负强化，最好的激励效果是在行为发生以后尽快强化。比如，当员工因表现出某种组织倡导的行为或取得组织期望的成绩而受到奖励时，他们最有可能在今后重复这些行为或成果，因为"人往高处走，水往低处流"，人总是希望看到自己在组织中的地位是稳固的，而且得到组织的奖励意味着自己人力资本的价值也得到了提升。

（三）　期望理论

对激励问题最全面的解释应数 V. 弗鲁姆（Victor Vroom）的期望理论了。它的核心组成部分已经成为激励心理学标准语言的一部分，并且成为主要基于其他理论的经验性研究的一个基本组成部分。期望理论的主要观点是：人们之所以能够努力从事某项工作并达成工作目标，是因为这些工作和目标会帮助他们达成自己的目标，满足自己某方面的需要。期望理论提出在进行激励时要处理好三方面的关系，即努力工作与良好绩效的关系，良好绩效与奖励的关系，奖励与满足个人需要的关系。

1. 努力与绩效的关系。这一关系主要反映组织和个人目标的可实现性与人们努力的程度。如果经过努力，这些目标是可以实现的，那么人们的努力与最终的工作成效之间的关系就比较清晰和明确，这样促使人们努力工作就有了较为现实的基础。

2. 绩效与奖励的关系。第二层次的关系主要反映达到绩效目标后奖励的可实现性。也就是说，当组织成员经过努力达成工作目标后，自己原来所期望的奖励是否能够得到满足。如果能够得到满足，则努力工作的动力又会在原来的基础上大大增强。

3. 奖励与满足个人需要的关系。这一层次的关系主要决定于组织成员因努力工作获得的奖励在满足个人需要方面的程度。如果满足的程度越高，则组织成员的努力程度也可能越高。这一点似乎可以从马斯洛的需求层次理论中找到共同点。

期望理论三个方面的关系是一个环环相扣的价值链，可以这样来表述它们之间的关系：只要努力工作就可能取得好的绩效，取得好的绩效就可以得到组织的奖励，得到的奖励又可以满足自己的需要。了解这三个方面的关系有助于使组织的激励机制更加科学和合理。第一，组织应当告诉员工明确的工作目标和岗位责任，以及应达到的相应的绩效水平，这样员工的工作就有了明确的方向。第二，员工清楚或了解与不同的绩效水平相对应的奖励政策，这也是实现组织公平的重要内容。第三，组织的奖励一定要及时兑现，如果不兑现，价值链就会中断，员工就可能不再努力工作，甚至会使其失去对组织的承诺和信心。第四，要注意协调组织期望和个人期望之间、期望概率和实际概率之间的关系。虽然要达到组织期望和个人期望的完全一致不太可能，但应尽可能使二者之间的差异减至最低限度。要做到这一点，就需要协调和处理好组织利益和员工利益之间的关系。此外，期望概率和实际概率之间，实际概率一般应大于平均的个人期望概率，并能够使大多数人受益。

（四）成就需要理论

大卫·麦克莱兰（David McClelland）等提出的三种需要理论认为，在人的基本生理需要得到满足后，还有三种需要：

1. 权力需要。所谓权力需要，是指人们希望管理和控制他人而不被他人管理和控制的欲望。该理论认为，权力是取得管理成功的基本要素之一，具有高权力需要的人通常愿意承担责任，并喜欢有竞争性的工作。

2. 归属或情谊需要。按照这一理论的观点，人们具有希望被他人喜欢和承认的愿望，而且作为管理者，在很多时候把情谊看得比权力更为重要。这种需要与马斯洛的需求层次理论也颇为相似。

3. 成就需要。具有高成就需要的人，愿意从事具有挑战性的工作，并追求完成工作以后的成就感。他们通常都追求完美，喜欢独立完成工作，特别是那种成功与失败机会均等的工作，更能激发他们的工作热情和工作动力。目标过高或过低，都不能够使他们产生满足感。如果是依靠他人的帮助或是偶然的机会完成工作，也不会产生成就感。具有高成就感的人还需要有明确的、及时的关于自己工作成就的信息反馈，以便使他们知道自己的工作成就是否已得到组织和他人的承认。这样才能促使他们继续努力，不断地取得新的成就。

麦克莱兰对成就需要与工作绩效的关系进行了十分有说服力的推断。第一，高成就需要者在能够独立负责、可以获得信息反馈和中度冒险的工作环境中工作，可以得到高度的激励并取得优秀的业绩。第二，在大型组织中，高成就需要者并不一定就是一个优秀的管理者；同样，在这类组织中，优秀的管理者也并不一定就是高成就需要者。第三，归属需要和权力需要与管理的成功密切相关。最优秀的管理者是那些权力需要很高但归属需要很低的人。第四，员工可以通过训练来激发他们的成就需要。

成就需要理论对激励管理的启示表现在：第一，组织的激励系统是一个有机的整体，既要考虑外在的经济激励，还需要考虑通过设计不同的工作环境以提升组织成员高效率完成工作的非经济激励要素，如挑战性的工作等。第二，组织要善于发现那些具有成就感的员工，并给他们分派富于挑战性的工作，创造他们需要的工作环境，并给予其自主处置工作的权利，如可以让这些员工独立负责临时性工作团队的工作。但也不要忘记，自主处置和独立负责并不是撒手不管，组织或管理者还需要了解和掌握事件的进展，这些员工也应知道随时报告工作进展情况对组织的意义和重要性。有效的双向沟通和理解在这个过程中是非常重要的。第三，具有成就感的员工希望得到组织的绩效反馈，因此组织的领导者和管理者应当定期或不定期地公布组织的业绩以及与这些员工有关的各种工作数据，以便使他们的成绩能够获得组织的认可，在可能的条件下，可以通过表扬、奖赏、加薪以及晋升等办法对他们的成就予以肯定。第四，要正确看待那些具有高权力归属感和成就感的员工，对权力的渴望并不是一件坏事，对成就的追求也是天经地义的事情，关键是如何引导和评价。在我国，由于长期以来人们得到的教育是要保持谦虚、谨慎的工作作风，或被要求要"默默无闻地做一辈子好事"，或将"只干不说"这一类的要求贴上组织文化的标签，优良的工作业绩得不到认可，人们的自信心受到伤害，因此人们不愿"出头"，开始变得"循规蹈矩"。由于稍稍表现出一点对组织现有规则的质疑，或表现出对权力的渴望，或对自己工作成绩的"溢于言表"等，便有可能被扣上"目无领导""骄傲"等帽子，因此人们工作的积极性和进取心逐渐被磨灭。更由于一些组织的领导和管理者担心或害怕下属超越自己，员工根本就不敢公开自己的职业发展目标，就是稍稍表现出一点"我的地盘我做主"的意思，便有可能被认为是不听话、越权，甚至叛逆，因此员工开始失去工作的激情。这种情况如果不加以改变，对组织的伤害是非常大的。关于这一点，彼得·德鲁克早就指出：管理层不应该任命一个将才智看得比品德更重要的人，因为这是不成熟的表现。管理层也不应该提拔害怕其手下强过自己的人，因为这是一种软弱的表现。管理层绝不应该将对自己的工作没有高标准的人放到管理岗位上，因为这样做会造成人们轻视工作、轻视管理者的能力。因此，正确看待和评价那些具有高成就感和高权力归属的员工，并在工作中正确地使用他们，是组织及其管理者的一项重要任务。

三、舒尔茨的人力资本投资理论

西奥多·W. 舒尔茨是最早提出人力资本概念的经济学家。他曾担任美国芝加哥大学经济系主任，1960 年当选为美国经济学会会长。由于在人力资本及其他经济理论方面的杰出贡献，1979 年他和威廉·阿瑟·刘易斯一起获得诺贝尔经济学奖。

在其发表于《美国经济评论》1961 年 3 月号的《人力资本投资》和发表于 1968 年 3 月号的《政治经济学杂志》关于高等教育的资源配置的论文中，舒尔茨对人力资本的概念做了准确的阐述。舒尔茨指出，所谓人力资本，就是指通过向自己投资所形成的以知识和技术为核心的创造经济价值的能力。由于这种能力已经成为人的一个部分，又因为它可以带来未来的满足或者收益，所以将其称为资本。他还明确指出，劳动者变成资本家并非传说中因为公司股份所有权扩散所致，而是由于他们获得具有经济价值的知识和技能的结果。他所讲的投资，实际上就是教育。在他关于人力资本的系列研究论文中，有关教育的论述占了很大比例。这些论述对于国家的经济发展和企业的教育培训工作都有着十分重要的指导意义。下面就简要地介绍舒尔茨人力资本理论的主要内容和贡献。

（一）传统经济理论的不足

传统经济理论未能解释清楚西方经济高速发展的一个重要原因就是因为没有研究人力资本的使用以及由此带来的物质资本的增值。舒尔茨指出，造成这一状况的主要原因在于人力投资的内容很少被纳入传统经济学的核心内容。其结果就是，由于没有认识到人类通过向自身投资可以增加社会财富和推动社会经济的发展，当然也就不能解释经济发展动力的本质因素。他指出，虽然人民获取有用的技术和知识是显而易见的事实，但是，关于这些技术和知识是资本的一种类型，关于这种资本实际上是周密投资的一种产物，关于这类资本的增长在西方社会里要比常规资本的增长迅速得多，以及关于这种增长很可能是西方经济制度的最出色的特征，等等，这些事实却并未受到重视。虽然传统经济学意识到了获取有用的技术和知识可以创造价值的事实，但未意识到这些技术和知识是资本的一种类型、这种资本是投资的产物、这类资本的增长在西方社会里要比常规（非人）资本的增长迅速，以及关于这种增长很可能是西方经济制度最出色的特征，等等。舒尔茨从人力资本的角度，系统地论证了人力投资对一个国家经济发展的重要性。他指出，人类的许多经济才能都是通过带有投资性质的活动逐步发展起来的。事实已经证明了这类人力方面的投资绝非微不足道，而恰恰相反，它们对于从根本上改变储蓄和资本形成总量的通常衡量方式具有重大的意义，而且还改变了工资、薪金以及相对于财产收入而言的靠劳动所挣得的收入之数量构成。

（二）知识和技术是决定经济增长率的一个关键要素

舒尔茨认为，西方国家经济发展的根源在于人力资本的投资收益率高于物质资本的投资收益率，而原因就是因为培养国民具有经济价值的知识和技能的结果。从这一观点出发，他提出发展中国家的经济起飞，仅仅依靠追加资本来购置物质生产要素是远远不够的，必须注重物质资本和人力资本的协调，如果人的能力没有与物质资本保持齐头并进，经济增长就会受到限制。同时一个国家的人力资源水平对吸引外资也有较大影响。如果一个国家仅仅增加非人力资源而不注意增加人力资源，那么这个国家的资本吸收率也必然低下。

（三）　提出了适用于所有国家的经济发展模式

一个国家的经济发展模式应该以教育为基础，全面提高国民素质，培养创造经济利益的知识和技能，促进社会经济的全面发展。第一，舒尔茨认为教育是人力资本的一种形式，主张把教育当作一种对人的投资，把教育所带来的成果当作一种资本。因为教育已经成为受教育者的一部分，所以也是人力资本。尽管教育是人的不可分割的一部分，它既不能进行买卖，也不能被当作财产来对待，但是，假如它能够提高一种有经济价值的生产性服务，它就成了一种资本。第二，教育的目的除了发展文化以外，还可能提高一个民族的工作能力以及管理各种事务的能力，而人的能力得以提高，又会增加国民收入。因此，教育所能带来的，应当是文化上的和经济上的双重效益。第三，舒尔茨还从人口学的角度论证了终身教育的重要性。他指出，人口质量的改进在很大程度上是由教育促成的，而人口质量又是一种稀缺资源，要获得这种资源就必须付出成本。教育是其中重要的部分。此外，人类寿命的延长可能会降低它的折旧率，较早退休则会提高其折旧率。更重要的是，对高技术的需求发生变化会导致人力资本的老化与废弃，而这种需求方面的变化正是我们这种类型的经济增长之产物。要避免这种情况的发生，就需要提供一种可以减少这种人力资本老化程度的教育方式，在制订教育计划时，应着重从这方面寻求改进高等教育体制的途径和手段，设法以终身教育代替短期教育。第四，相对于非人力资本投资来说，教育投资的增长会使总的工资收入比全部财产收入增长的幅度更大，而财产收入分配造成的不平等要比个人劳动收入分配的不平等严重得多，所以教育投资的增长会减少个人收入分配方面的不平等。舒尔茨认为这一假设的前提在于，教育投资是已经观察到的收入分配不平等趋向于减少的原因之一。第五，任何经济体系即使拥有土地和可进行再生产的物质资本，包括先进的生产技术，但如果人没有任何职业经验，没有受到任何的学校教育，没有经济信息等，那么经济生产肯定会悲剧性地大大下降。

（四）　论证了人力投资与企业家式的才能之间的关系

传统的观点将是否掌握土地视为使人贫穷或富贵的主要因素，舒尔茨反对这种观点。他认为人的能力和素质才是决定贫富的关键。而这种能力依赖于教育投资，教育投资能够极大地有助于经济繁荣和增加穷人的福利。由于教育带来了人口质量的提高，因此，人力资本投资有助于提高劳动生产率，也有助于提高企业家式的才能。

（五） 健康资本与健康投资

虽然健康资本的概念并不是舒尔茨最早提出的，但在舒尔茨的人力资本理论体系的框架结构中，健康资本和健康投资同样是一个重要的概念。健康资本包括两部分，一部分是先天的，一部分是后天提高教育投资等方式获得的。随着时间的流逝，健康资本的储备要逐渐贬值，而且越到生命的后期，贬值的速度就越快。人力资本的总投资就是指获得和维持这种资本所必须付出的成本，其中包括抚养子女、营养、衣服、住房、医疗保健和自我照管所需的费用。健康资本所提供的服务由"健康时间"后可以用来进行工作、消费以及闲暇活动的"无病时间"所组成。人力资本理论强调把每个人的健康状况都当作是一种资本的储备，即健康资本，并认为它要通过健康服务来发挥作用。

（六） 评价

舒尔茨人力资本理论特别是关于教育提高人的能力和素质、物质资本和人力资本的协调发展、健康资本和健康投资等思想和观点，对组织建立激励机制具有重要的启发意义。比如，通过教育提高人的能力和素质，特别是终身教育延缓人力资本的老化，以应对高新技术的挑战。又如，组织在进行物质资本投资的同时，应同时加强对人力资本的投资，也就是说，在购买先进的机器设备或技术装备的同时，必须要对员工进行培训，以便拥有一支能够正确使用和掌握这些设备和技术的员工队伍。他的理论对于正确认识组织的教育培训工作具有正面意义。组织的教育培训绝不是当前的一种消费，而是对获取未来收益的投资。越来越多的研究也发现，多受一年大学正规教育的人未来的投资回报率要高于那些少受一年大学正规教育的人的未来投资的回报率。其理论还有利于指导组织的总体薪酬体系设计和正确认识组织的福利政策，如对员工的健康投资，包括各种社会劳动保障和工作环境、工作条件的保障、各种补贴的发放及其作用等，这些都有利于提高员工的"无病时间"，进而保证在员工的有效工作时间内，最终达到效率的提高和效益的提升。

在谈及人力资本概念的时候，有必要对人力资源与人力资本做一个简要的区分。人力资源与人力资本两个概念既有相同点，又有不同点。相同点主要表现为二者都把人作为价值创造的主体，强调通过对组织中人的作用来实现资本的增值和组织的目标。不同点表现为，人力资本概念比人力资源概念更加强调具有知识和技能的"合适的人"在价值创造过程中的重要作用。从这个意义上讲，人力资源管理是使人成为"资本"的一项基础工作，因为资源本身并不能创造价值，只有通过人的创造性的工作，通过掌握特定知识和技能的人的加工，资源才能被有效利用，资本也才能增值。

第四节　战略性人力资源管理发展的挑战与应对策略

一、战略性人力资源管理发展的挑战

（一）人力资源面临全球化竞争已成为人力资源管理的一大挑战

战略性人力资源管理的核心在于相信合适的人是组织最重要的战略性资产。流水不腐，户枢不蠹。人员的流动虽然对保持组织的活力和创新具有重要作用，但如果流失的比例过高，特别是核心员工的流失比例过大，就会对组织的竞争力造成不良影响。近年来，跨国公司的工作外包战略出现了明显加快的趋势。这些公司以其完备的人力资源战略和明确的个人发展目标等优厚条件，吸引了一大批发展中国家的专业人才加盟，为其业务的发展奠定了坚实的人力资源基础。

在新一轮的全球职场大转移中，工作外包和转移的范围很广。之所以会出现这种全球性的工作外包，首先应归功于技术的进步，建立在计算机和网络、数字技术等基础上的全球信息高速公路为工作在世界范围的移动创造了重要的技术条件，各种需要知识的脑力劳动工作可以在全球任何一个地方完成。其次，发展中国家注重对本国人力资本的投资，使其人力资源的数量不断增加，质量不断提升，为这种工作的外包和转移提供了劳动力基础。最后，发展中国家劳动力的成本优势和巨大的市场前景诱惑。在离市场最近的地方雇用当地劳动力进行研发、生产、销售，已成为跨国公司市场开拓的重要手段。以上这些因素，能够使跨国公司在降低成本的同时保持产品的质量，并在此基础上赢得竞争优势。正如学者们指出的：世界上最令人羡慕和最成功的公司都是那种不仅能够建立起跨国企业，而且能够形成一支独特的劳动力队伍以及一种特殊的公司文化的企业，这些文化能很好地反映企业在其中从事经营的那些全球市场本身所具有的特点。这些公司的关键性目标导向中也包括传统的经营目标，然而它们所具有的独特之处却在于相信人是公司最重要的财富。

在跨国公司积极进行海外扩张的同时，发展中国家的企业则由于人才的流失造成了自身竞争力的下降。虽然现在还难以对人员流动与组织竞争力之间的关系做出准确的评价，但业界的学者、专家和管理的实践者们仍然在不懈地努力，也开发出了一些测评的方法。如普华会计师事务所开发的知识管理的测量方法就发现，衡量知识与情绪资本的最好时机，是在公司失去他们的时候。因此，知识管理的价值和成功"取决于进出企业的知识量。用粗略的方式计量，即是指一个企业新进或离职的员工占员工总数的百分比"。这里，企业人员流动的比例意味着企业核心能力的增加或减少。新进员工固然也会增加企业的知识量，但新进员工所具备的知识在一个新的环境中是否能够得到有效的利用，还取决于多种因素。因此，离职员工的数量和质量就成为一个重要的指标。如果企业的人员流动比例过大，而流失的恰恰又是掌握企业核心技术或具有管理才能的高绩效员工的话，就意味着企业核心竞争能力的削弱和消失，对企业来讲无疑是一个极大的损失。因此，如何保证企业核心员工队伍的稳定，是企业人力资源管理必须解决的一个重大课题。

（二）能否满足利益相关群体的需要，已成为人力资源管理的一大挑战

在前面讲述人力资源管理开发对象时已提到"相关利益群体"的问题，这里着重从价值创造的角度和利益相关群体之间的关系进行分析。对于任何一个企业而言，明确认识能够为其创造价值的要素及其构成已成为赢得竞争优势的关键所在。这里所谈的价值已远远超过传统的价值概念。在企业价值链的形成和转移过程中，有四个关键的因素是必须重视的：一是顾客。通过提供满足其需要的产品或服务，培养他们对企业产品或服务的忠诚度。二是员工。对员工进行开发和激励，通过满足员工的需要，培养其职业化精神和忠诚度。三是股东。通过企业的发展让股东得到合理回报。四是政府。通过提供就业和征税，履行其社会责任。这四个方面是相辅相成的。万科公司能够成为中国房地产行业的一面旗帜，成为中国最受尊敬的企业，就在于能够正确认识和处理好企业与政府、市场、消费者、股东、员工等方面的关系。在发达国家，企业的社会责任是企业重要的使命。美国的西南航空公司之所以成功，就在于他们相信：如果你不善待自己的员工，就不要指望他们能够善待顾客。① 美国强生公司是全美 50 家最大的企业之一，也是全世界阵容最为强大的药品制造商之一，强生公司的名字之所以能够成为高质量及可信赖的代名词，就在于强生公司在成立后对高度的职业道德标准和对提高生活质量的承诺一直信守不渝，并承担对顾客、对员工、对社区和对股东的责任。这一信条使强生公司成为世界上处于领先地位的医疗保健产品公司。但在现实生活中，并非每个企业都认识到了利益相关群体的重要性，也并非所有的企业都将消费者或市场当作自己的"上帝"。利用各种途径和手段误导甚至欺骗消费者的事件还层出不穷。这种情况的存在很大程度上会影响企业的诚信度和竞争力。计算机技术的进步和互联网的运用不仅能够帮助企业提高其经营管理效率，而且还能够帮助消费者解决信息不对称问题。市场或消费者可以通过这些高新技术的运用在市场上进行

---

① 朱飞，文跃然. 战略性人力资源管理系统重构：基于外部劳动力市场主导的雇佣关系模式［M］. 北京：企业管理出版社，2013：45.

自由选择，而这种选择的权利将决定企业产品和服务的命运，这个时候企业将会认识到，消费者才是互联网时代真正的和无所不在的上帝，诚实和创新将是企业生存的关键。企业如果不具备相关利益群体的理念并为之提供良好优质的服务，竞争能力就会大打折扣。因此，能否关注并满足相关利益群体的需要，已成为组织必须面对并正确处理的重大问题。

（三）能否建立起高绩效工作系统已成为人力资源管理的一大挑战

所谓高绩效工作系统是指企业的运作方式和流程体系对相关环境要素的适应能力。它强调的是组织中以人为中心的社会系统和以技术为中心的技术系统的有机结合，以及在此基础上取得的工作成果的效率和效益。首先，由于技术的进步，大量的工作得以合并，传统意义上的工人开始被掌握多种技能的新一代工人替代。随着企业日常工作的自动化程度不断提高，企业的管理效率和流程更加科学合理，决策的精确度不断提高，企业创造价值的能力也大大加强。卡普兰和诺顿认为，在工业时代，企业的员工分为泾渭分明的两类：第一类人是所谓的知识精英，主要是经理和工程师，他们运用分析技能设计产品和工艺，选择并管理客户及监督日常经营。第二类人是生产产品和提供服务的人，这些一线员工是工业时代企业的主要生产元素，但他们只是利用体力而非脑力。他们在工程师和经理的监督下从事生产。20世纪末，自动化和生产效率的提高，使企业中从事传统劳动的人员比例下降，而竞争的要求又使从事工程、营销、管理和行政等工作的人员激增。即使那些仍然从事直接生产和提供服务的员工，也因为提出如何提高质量、降低成本费用和缩短生产周期的建议，而提高了他们的价值。这也就是德鲁克指出的，未来员工队伍的重心将开始从体力员工和文案员工迅速转向知识员工。由于知识员工的出现，企业价值创造的能力大大提高，速度大大加快，结果又会增强企业的竞争力，从而提高企业的效益。因此，企业能否正确地认识到这种变化并赋予一线员工更多的责任和权利，是企业高绩效工作系统发挥作用的关键，也成为企业是否能够提高效率和效益的重要手段。

其次，以市场和客户需求为导向的组织战略的变化，会导致企业的组织架构发生变化，这种变化又会影响组织的管理方式、管理者和员工的角色以及价值的创造方式。那些成功的公司之所以能够成功，一个重要的原因就是能够根据环境的变化调整或重组自己的组织架构，其中也包括生产和工作流程。这种组织以知识为基础，由各种各样的专家组成。他们根据来自同事、客户和上级的大量信息，自主决策，自我管理。

（四）能否培育组织核心竞争能力是人力资源管理的一大挑战

通过知识管理和知识创新培育组织竞争力，是当前人力资源开发的重要课题，同时也是实现组织战略的重要手段。现代企业的竞争已经进入一个更高的层面。传统的人事制度强调对人的管理，随着企业对资金、物资管理的渐趋成熟，对员工智力的开发能力和水平逐渐成为企业取得成功的重要条件。诺贝尔经济学奖获得者舒尔茨在论述其人力资本理论时指出，土地本身并不是使人贫穷的主要因素，而人的能力和素质却是决定贫富的关键。同样，决定企业是否具有竞争力的也并不是有形资产或可控制资源的数量，而是建立在此基础上的对其合理配置和利用的能力，以及组织的整体学习能力和智能水平。可见，企业所依赖的战略性资源已从组织外部的、具体的物质资源逐渐转变为组织内部的、内化于每个员工头脑中的智能资源。企业的成功越来越依靠企业所具有的整体智能水平和系统思考能力，而这正是人力资源开发的主要任务。因此，知识管理和知识创新不再只是传统意义上属于技术研发、营销、工程设计、生产制造等专业职能部门的专利，它是组织战略性人力资源管理的主要工作。这充分说明了知识管理与人力资源管理开发之间存在非常密切的关系。正确理解和处理这种关系，对于企业通过知识管理提高企业竞争能力具有极其重要的意义。

（五）维护组织的相对稳定性，减少人员流失，是当前人力资源管理的一大挑战

对于组织来讲，随时随地都面临着一个矛盾，即组织的相对稳定性和组织成员流失之间的矛盾。很多企业在这个问题上感到很迷茫，甚至为了防止员工流失而不愿意对员工进行培训。解决这个问题的思路可以从以下三个方面入手：首先，组织应当了解和认识到，人员流动是一种客观存在的现实，保持一定比例的员工流动，对于组织的新陈代谢和观念创新，都是非常必要的。所谓"流水不腐，户枢不蠹"，讲的就是这个道理。因此，完全没有必要为了员工的流失而盲目地惊慌失措。其次，组织应当把关注的重点放在核心员工的流失率上，而不是所有员工的流失率。只要有核心员工的支持，企业就会保持生存发展的希望。而要做到这一点，就要求组织的各级管理者必须对组织成员的工作动机、工作态度、业绩水平、人际关系能力、团队协作精神等有一个全面系统的认证和识别，并通过企业的人力资源管理系统对核心员工的成长进行跟踪和反馈。最后，组织也不可能留住所有的核心员工，"人往高处走，水往低处流"，组织成员的发展总是和组织的发展联系在一起的。当一个人发展到一定阶段需要更高更大的平台，而组织无法提供时，核心员工也是会流失的。在这种情况下，最好的解决办法就是根据组织战略的要求和员工队伍的具体情况，重视和加强对员工队伍的培训、职业规划设计以及管理者梯队建设，以保证在各个管理层级都有足够的人员储备。

二、战略性人力资源管理发展的应对策略

要正确地应对人力资源管理面临的挑战，单凭企业的力量是远远不够的，它需要包括社会、企业、股东、员工等相关利益群体的理解和支持。

（一）社会的角度

企业是一个开放的社会技术系统，这意味着企业的发展需要宏观和微观两方面的努力。要正确有效地应对当今人力资源管理所面临的挑战，首先需要解决宏观层面的问题。在社会的诸要素中，政府的作用是至关重要的。政府的作用主要体现在两个方面：一是正确的政策导向，在全社会倡导和树立尊重知识，尊重劳动，尊重人才，尊重创造的观念和氛围；二是通过政策引导和投资导向，引导社会资金加大对人力资本的投资力度，真正做到教育投资和物质资本投资的同步增长。

人力资源是一个国家和社会最重要的财富。通过加强对人力资本的投资，保持与物质资本投资的适当比例，促进国民提高创造经济价值的能力，最终获取更多的国民财富，已成为发达国家文明进步和经济繁荣的基本战略。

在我国，对人力资本的投资存在两个缺陷：一是投资严重不足；二是对人力资本的投资和对物质资本的投资的比例严重失调。中国物质资本投资与人力资本投资比例失衡的现象，将阻碍中国的经济发展。人力资本是最终决定中国富裕的资产。如果中国的工人接受更多的教育，能够使用现代技能应对 21 世纪的技术，那么中国的潜力就能够得到发挥。赫克曼教授认为，要达到这一目标，政府就应当制定鼓励人力资本投资和经济增长的政策，包括通过提供补贴鼓励教育和在职培训，开放人力资本的劳动力市场，使地区间的人力资本投资回报率和物质资本投资回报率相等，在发展教育信贷市场，加强产校联合等方面促进人力资本投资。包括政府在内的社会各界应创造各种条件，使更多的人能够接受全面系统的高等职业教育和正规高等教育，提高国民的综合素质，为社会各类组织培养和提供具有专业水平的劳动力队伍。

我国政府对基础教育和高等教育的重视，将为我国政治、社会、经济和文化的全面发展奠定坚实的基础。

（二）企业的角度

真正树立"以人为本"的用人观，全面提升企业人力资源管理与开发工作的水平和力度，通过吸引、激励和留住高绩效员工，制定科学合理的员工职业生涯规划和薪酬福利政策，将员工的权利与责任挂钩，认真研究和解决新时期人力资源管理的特点，是企业应对

挑战、培养核心竞争力的基本要求。

我国企业的人力资源管理大多还处在一个初级的发展水平，但在大型企业中，人力资源管理和开发水平开始步入正轨。一项涉及制造、能源、金融、通信等行业的 31 家企业集团人力资源管理现状进行的调查研究发现，我国企业集团的人力资源管理现状总体讲正在逐步走上正轨，具体包括以下几方面：

1. 管理效率提高。大部分公司都制定了工作分析、人力资源规划等一系列正式的文件和政策，重视培训与开发，每年提供管理和专业人员的培训人数平均为 6~9 天，基层员工每年接受培训的时间大约为 19 天。这些都为培育企业集团的核心竞争力起到了支撑作用。

2. 人力资源管理部门的职能与影响力不断提高。人力资源专业人员能够影响及控制薪酬、培训、安全、福利等事务；能够将更多的时间用于薪酬管理、招聘及制定人力资源管理政策方面；在过去几年里，薪酬管理、招聘和培训已成为企业集团人力资源管理工作的重点。

3. 未来，人员培训、组织机构及管理变革、人力资源战略规划、培养员工对企业的忠诚，留住关键岗位的关键人才将成为我国企业集团最重要的人力资源管理工作。

4. 作为企业获取竞争优势的工具，人力资源管理理念成为企业可持续发展的重要保障。管理者在注重资金、物质等管理的同时，开始向企业价值创造源泉和依赖重点——人力资本、战略性人力资源管理等现代管理理念和模式转变。

5. 企业人力资源管理的内容和重点正在发生新的变化，表现在以下方面：关注知识型员工，进行知识管理；建立新型员工关系，满足员工需求；围绕价值链，扩展管理范围；吸引与留住优秀人才，帮助员工发展；利用信息技术，实现虚拟化管理；开发企业能力，倡导"以人为本"的价值观。

6. 全球化企业的人力资源管理面临严峻挑战，有效的人力资源管理流程再造成为全球化企业成功的重要基础。

应该注意到，我国企业的人才流失现象也很严重。发现和分析问题的原因，才能找到解决问题的办法。对企业来讲，应随时根据战略经营的要求，坚持和树立"以人为本"的理念，通盘考虑环境、战略、结构，以及工作方式、方法和技术等要素，在兼顾社会、股东、员工利益的基础上，建立起自身的竞争优势，这样才能应对各种风险和挑战，使企业获得可持续发展的基础。

（三）　员工和股东的角度

员工和股东在应对人力资源管理所面临的挑战方面，也将发挥极其重要的作用。员工是企业价值创造和价值转移的重要环节，是企业重要的战略资产。为了在激烈的市场竞争中保持自己的创造能力，员工也必须加强对自己的投资，即根据企业发展的要求，在自我评价的基础上，重点培养和提高企业未来经营管理所需要的知识、能力和技能，在为企业发展做出贡献的同时取得应有的回报。对于股东来讲，正确处理股东利益和企业利益、员工利益、社会利益之间的关系是非常重要的。只有在社会、员工、企业等相关利益群体的利益得到保障的情况下，股东的利益才能够实现。

第五节　战略性人力资源管理理念和实践的变革趋势

显然，外部劳动力市场发生的变革使企业的战略性人力资源管理面临更加复杂的挑战，企业也无法再用原来内部劳动力市场主导的雇佣管理理念和规则来思考和解决人力资源问题，而必须尊重人力资源的市场属性，进行系统变革，以适应外部劳动力市场主导的雇佣关系。基于对优秀企业管理实践的观察和笔者的研究，目前企业的战略性人力资源管理的理念和实践正在或者必须发生以下变革。

一、由基于人力资源管理转向基于业务和员工的关键需求

目前，许多企业执行的实际上是"以人力资源管理为中心"的人力资源管理，主要关注点是在招聘、培训、薪酬和绩效考核等职能方面的制度流程和工具的精细化。但是，这种"以人力资源管理为中心"的人力资源管理实践却造成了人力资源管理制度和实际执行的"两张皮"现象：一边是漂亮、专业的制度和工具，另一边却是执行过程中的"认认真真走形式"。显然，企业人力资源管理的关注点出现了问题。企业真正需要的战略性人力资源管理可以显得不那么"科班"，不那么精细，但一定要基于业务和员工的关键需求。这样才可能真正支撑企业的战略需求，才可能响应人才市场变革所带来的问题。人力资源管理者最关键的素质要求也不是是否具有较高的人力资源管理专业水准，而是对企业业务和员工的关键需求的理解和提炼能力。我们需要建立的不是"基于人力资源管理"的战略性人力资源管理系统，而是"基于业务和员工关键需求"的战略性人力资源管理系统。

二、由关注 Profit & Loss 转向同时关注 People & Love

企业关注 Profit & Loss（利润和损失）本无可厚非，这也是企业必须要重点关注的。因为没有稳定的现金流和利润，企业无法持续健康生存和发展。但是，当企业把关注点仅仅聚焦在利润上时，员工被当作实现目标的资产和资源。员工难以认同这样的企业理念，

也无法从中找到归属感。正如日本"经营之圣"稻盛和夫所说，"我们真正应该做的是，把员工作为企业的重要目标"。著名企业玫琳凯的企业使命也很好地阐释了这一点，玫琳凯在传递企业的使命时认为："如果你拥有了一切，却没一个亲朋好友，你又有什么快乐可言呢？所以，我们生存的真正的目的就是为他人服务。"在外部劳动力市场主导的雇佣关系环境中，企业的战略性人力资源管理关注点不能仅关注 Profit & Loss，同时还必须关注 People & Love（人性和爱），这样才可能真正吸纳、激励和保留核心人才。

三、由反应型人力资源管理实践转向主动型人力资源管理实践

许多企业人力资源管理者都已经充当了"救火员"，习惯了在企业的人力资源问题出现之后，再寻求问题解决方案的"救火式"行动。这些企业之间人力资源管理水平的差异只是部分企业还停留在操作层面问题"救火"，部分企业已经解决基础操作的问题，但需要经常在企业战略层面人力资源问题上面被动"救火"。所有这种反应型的人力资源管理活动都是基于这样一个假设：市场变化要求企业战略调整，战略调整要求人力资源管理变革。企业人力资源管理必须响应企业战略的需求的观念并无错误，但是真正的误区在于，把企业战略当成了企业人力资源管理和市场压力之间的"隔板"，而没有把企业人力资源管理和市场压力直接"链接"。最终的结果就是，尽管企业战略已经非常精准了，但却发现人力资源总是"掣肘"，战略总是"漂移"。这种反应型的人力资源管理实践，更加关注企业战略和内部管理的变革，而忽略了市场的变化，最终发现人力资源管理实践总是落后于战略的需求。而在实践中，许多优秀的企业一方面根据战略寻找人才，另一方面也根据内部人才准备在制定新的战略，优秀的企业更多的是基于后者，也就是说，优秀的企业更倾向于采取主动型的战略性人力资源管理行动，主动、优先、持续地进行人力资本投资，进行人才队伍准备，以更好地支撑企业的战略发展。中粮、联想和万科就是非常好的例证。

四、由基于管理观念转向基于营销观念

许多企业人力资源管理者依然在沿袭传统人事管理的管理观念，以人才的管理者自居，这一观念决定了其工作行为方向，他们因此更多地表现出控制型理念和被动响应性行动。但在组织变革不断加剧的背景下，这些理念和行为不但没能激发管理者和员工的变革动力，反而容易引起负面效果。管理者和员工并不必然会接受具有良好意愿和逻辑的人力资源管理变革方案和制度，每一个层级的员工都需要理解支持和执行人力资源管理变革方案和制度的理由是什么，这样才可能提升人力资源管理实践和变革的效果。人力资源管理部门需要"营销"，对内营销各层级管理者和员工，以说服管理者和员工支持或执行人力

资源管理变革方案和制度，打消疑虑；对外营销，打造公司的雇主品牌，以更有效地吸纳优秀的、合适的人才，提高人才的适配度。因此，人力资源管理部门应该是公司的另一个营销部门，其面对的市场是劳动力市场，其客户分为内部客户（即管理者和员工）和外部客户（即潜在的员工）。

五、由以人力资源管理部门为主转向以直线经理为主

许多企业的人力资源管理实践，实际上是人力资源管理者的人力资源管理。企业提升人力资源管理水平的主要着眼点是提高人力资源管理者的专业水平，打造一支高度职业化的人力资源管理专业人才队伍，提高人力资源管理者的工作效率。但是，在实践中许多企业却发现，尽管人力资源管理专业人员队伍已经比较专业，人力资源各项系统也已经比较规范和精细，但是人力资源管理的执行效果却依然不尽如人意。而实际上，企业真正的人力资源管理主体应该是企业的直线经理，直线经理的人力资源管理理念和技能才是人力资源管理效率和效能的关键影响因素。企业提升人力资源管理水平的主要关注主体应该转到直线经理身上，强化直线经理的人力资源管理职责，提升直线经理的人力资源理念和技能。

六、由主要关注个人能力转向主要关注组织能力

许多企业原来过度关注优秀员工的吸纳和打造，但是，对企业而言，明星员工是一把"双刃剑"，一方面他们支撑企业某一领域的高绩效，另一方面又由于明星员工可替代性较低，企业对明星员工高度依赖，从而不得不为了迁就明星员工而在企业管理制度中开各种特例"天窗"，造成大量的内部冲突。近年来，许多企业逐步发现，靠个人英雄主义成功的时代已经一去不复返，优秀的企业必须依靠组织能力才可能持续成功。苹果有近乎创新偏执的乔布斯，但是没有苹果公司创新的组织能力，苹果不可能成功；阿里巴巴有极富创业精神的马云，但是如果没有阿里巴巴把创业精神作为选择新员工和选拔管理者的核心标准，打造一支富有创业精神的员工队伍，阿里巴巴不可能持续成功。企业的战略性人力资源管理不应再仅仅关注个人能力，而更应关注组织能力的打造，组织能力才是支持企业长期持续健康取得高绩效的根本。

第二章 人力资源战略规划与工作开展

在对战略性人力资源管理的内涵和基础理论有了更加深入的认知之后，本章将研究的重点定为人力资源战略规划和工作开展上，详细介绍人力资源战略规划的内涵、人力资源战略规划供需预测与分析、人力资源战略规划的体系、人力资源战略规划的途径与流程、人力资源战略规划工作的重要内容五方面的内容，使读者对战略性人力资源规划有全面的了解。

第一节 人力资源战略规划的内涵分析

一、战略性人力资源规划的概念

战略性人力资源规划又称人力资源计划（HRP），是指根据企业的战略规划，通过对企业未来的人力资源的需求和人力资源供给状况的分析及预测，采取职务编制分析、员工招聘、测试选拔、培训开发、薪酬激励等人力资源管理手段制订的与企业发展相适应的综合性人力资源计划。战略性人力资源规划实质上是使组织稳定地拥有一定质量和数量的工作人员。这里一定质量是指受过适当教育和训练，具有一定经验和胜任工作的能力。以往观念认为人力资源规划是组织将数量与质量合适的人员安排到适当的工作岗位上，它与组织的战略目标相适应，满足组织未来活动的人员需求。这里只考虑了组织的利益和组织的人才供求匹配，很少顾及员工个人利益。而现代观念则认为，人力资源规划应兼顾组织及员工双方利益，这里员工利益是指薪酬、晋升机会、工作环境、社会保障等。如果在执行人力资源规划时员工不知道其个人目标能否达到，那么这对组织和个人都是不利的，其后果是优秀员工外流，组织缺乏和谐与活力。因而人力资源规划可以表述为：在实现组织有效地安排工作目标与满足个人目标之间保持平衡的条件下，使组织拥有必要数量和质量的人力，以完成组织工作任务。

综观国内外学者对人力资源规划的研究，主要从两个角度对人力资源规划的概念进行界定。

1. 根据人力资源规划内容的广度，可将人力资源规划分为狭义人力资源规划和广义人力资源规划。狭义的人力资源规划是指对可能的人员需求、供给情况做出预测，并据此储备或减少相应的人力资源。它以追求人力资源的平衡为根本目的，主要关注的是人力资源供求之间的数量匹配。广义的人力资源规划是指根据组织的发展战略、目标及组织内外环境的变化，预测未来的组织任务和环境对组织的要求，以及为完成这些任务、满足这些要求而提供人力资源的过程。

2. 根据研究内容的性质不同，可将人力资源规划分为传统人力资源规划和战略人力资源规划。其中，传统人力资源规划是一个企业或组织基于其未来业务发展所需要的人力资源数量和质量而进行计划的过程与系统方法，它最终将使企业的人力资源数量和质量适应企业的战略和业务要求，从而对企业的战略起到支持作用；战略人力资源规划是基于企业的战略对所有的人力资源战略相关问题进行规划的一套系统方法与完成过程。

本书所说的战略性人力资源规划是指根据组织愿景、组织目标和战略规划，针对人力资源活动的特点，战略性地把握人力资源的需求与供给，并对人力资源进行统筹规划，努力平衡人力资源的需求与供给，从而促进组织目标实现的过程。

战略性人力资源规划包括以下几个方面的含义：

第一，人力资源规划要适应环境的变化。组织所处的内部和外部环境总是在不断变化的，不断变化的环境必然会对人力资源的供求状况产生持续影响，人力资源规划就是要对这些变化进行合理的预测，使组织的人力资源同组织的战略规划相适应，从而使组织的人力资源管理处于主动的地位。

第二，人力资源规划的对象是组织内外的人力资源。组织应根据环境的变化及时制定、贯彻和调整人力资源管理的政策和实施方案，规划中的人力资源既包括外部增量人力资源的招募、甄选和培训，也包括内部存量人力资源的培训、调动、升降职、奖惩和发展，而不仅仅是对内部人力资源的管理和规划。

第三，人力资源规划是组织文化的具体体现。现代组织在实现组织目标的同时，非常关注组织内员工的个人切身利益，包括物质上的利益和精神上的满足，如心理上的归属感和成就感。人力资源规划就是要给员工创造一个氛围良好的内部环境，充分发挥和调动每位员工的创造性、积极性和主动性，争取最大限度地提高工作效率。只有处于良好的整体环境（企业文化）中，组织才能广泛吸引优秀的人才，实现组织长期利益的最大化目标。

第四，人力资源规划具有全局性。战略性人力资源规划的制订应从全局的角度考虑问题，应具有全局的思想，应概括总体及各局部之间联系的宏观问题，对影响总体或全局的某些重要局部问题也应包括其中。

第五，人力资源规划具有长期性。战略性人力资源规划的制订应着眼于解决相当长时期发展的问题，而不是短期内的发展问题。有些问题目前看来是有利的，但长远看来可能是有害的，应坚持长远利益的思想。

二、战略性人力资源规划的特点

（一）战略性

战略性人力资源规划的重要特点之一就是具有战略性，即以组织战略目标为基础。只有在明确组织战略与企业经营目标的前提下，将人力资源管理部门从传统的职能部门上升到企业的战略规划层次，发挥其战略指导作用，才有可能满足企业未来发展对人力资源数量、质量和结构的要求，从而真正实现组织的战略目标，为企业未来长期发展奠定基础。

（二）系统性

战略性人力资源规划是依据企业战略对组织所需人力资源进行调整、配置、补充的过程，而不单单是预测人力资源需求与供给的变化。因此，战略性人力资源规划的系统性主要表现为在制订规划过程中，必须综合考虑人力资源管理其他模块，得到其他系统工作的支持和配合（见图2-1）。

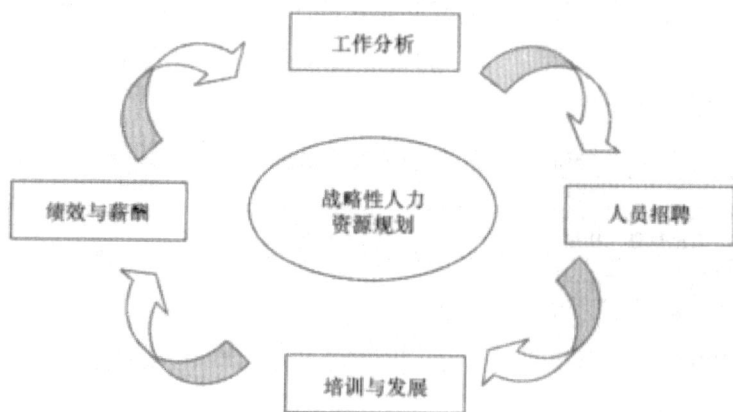

图2-1　战略性人力资源规划的系统推进模型

（三）动态性

战略性人力资源规划并不是一成不变的，它需要根据企业内外部环境及自身战略的变化进行相应的调整。这不仅表现在战略性人力资源规划制订过程中，还要求企业在实施规划过程中应建立控制反馈系统，不断地比较实际效果与控制标准之间的差距，并采取相应的纠偏措施进行纠正，实现战略性人力资源规划从制订到后期实施的全过程动态管理。①

三、战略性人力资源规划与传统人力资源规划的关系

战略性人力资源规划与传统人力资源规划之间既存在明显的区别，也有着直接的联系。

（一）区别

首先，两者的规划内容不同。传统的人力资源规划更侧重于对人员数量的规划；而战略性人力资源规划不仅包括人员数量的规划，还包括人员质量、结构等多层次的规划。

其次，两者的作用不同。传统的人力资源规划主要用于解决企业日常生产经营中的人员短缺问题，经常是头痛医头、脚痛医脚，规划过程不成体系；而战略性人力资源规划则是为辅助企业战略目标顺利实施所进行的人员规划。

再次，两者的制订过程不同。传统的人力资源规划往往是人力资源部门制订方案并将结果提交给各位管理者；而战略性人力资源规划则要求各部门管理者作为规划的制订者，加入具体的规划行动中。

最后，两者的产出不同。传统人力资源规划的结果往往是人力资源部门的日常工作活动表；而战略性人力资源规划的结果则是企业的战略方案，涉及企业内部各个部门的工作活动，各个部门必须相互沟通协调，以便顺利完成企业的战略目标。表2-1总结了战略性人力资源规划与传统人力资源规划的区别。

表2-1　战略性人力资源规划与传统人力资源规划的区别

区别	战略性人力资源规划	传统人力资源规划
内容不同	人员数量、质量、结构等多层次规划	侧重于对人员数量的规划
作用不同	辅助企业战略目标顺利实施所进行的人员规划	解决企业日常生产经营中的人员短缺问题
制订过程不同	要求各部门管理者和人力资源部共同成为规划的制订者	人力资源部门制订方案并将结果提交各位管理者
产出不同	企业的战略方案	人力资源部门的日常工作活动表

---

① 胡威. 实施企业战略性人力资源规划的策略探讨［J］. 商讯，2021（10）：185-186.

（二）联系

虽然传统人力资源规划有别于战略性人力资源规划，但它们之间仍存在一定的联系。战略性人力资源规划也需要对组织未来人力资源数量进行预测并进行相应的调整，这与传统人力资源规划的内容相似。此外，无论是传统人力资源规划还是战略性人力资源规划都必须首先做好岗位分析工作。可以说，战略性人力资源规划是传统人力资源规划在企业战略层面上的延伸，更适合企业的长远发展。

第二节　人力资源战略规划供需预测分析

从战略规划和发展目标出发，根据企业内外部环境的变化，制定出企业的人力资源供需预测，是为满足企业运营过程所需要的人力资源的基础。

一、人力资源供给预测

（一）人力资源供给预测的影响因素

1. 人力资源供给预测的外部影响因素

（1）宏观经济形式。宏观经济的状况对于人力资源的供给有直接的影响，包括 GDP 的增长率、所处的经济发展周期、各个产业的结构及其发展水平、国际经济局势与政治局势等，都对人力资源的供给产生重要的影响。

（2）社会保障。社会保障政策的实施对劳动力市场有双重的影响。这一点在发达国家与不发达国家形成鲜明的对比。在一些发达国家，由于社会保障的相对完善，从积极面看，可以促进劳动力的充分合理流动，提供更多的就业机会，但是过于优厚的社会保障可能导致企业和社会的成本扩张，不利于刺激企业和个人的创新。相反，许多发展中国家面临的问题是保障不足，因而，滞后的社会保障机制无法有效保障劳动者的权益。无论是发达国家还是发展中国家，都面临着两难的选择。

（3）劳动力市场。劳动力市场指的是，在一定经济环境下劳动力的供求数量与结构关系。从量的角度看，如果市场上的劳动力资源丰富，企业可以选择的范围和自由度就大，找到合适职员的概率就相应增加。从质的角度看，在知识经济的时代背景下，企业对劳动力的素质也会提出更高的要求，一般包括知识、技能、素质三个方面。而胜任力模型研究表明，胜任力的提升有助于提高企业的绩效。因此，企业必须根据自身的发展状况，制订出有前瞻性的人力资源规划，才能在竞争激烈的劳动力市场上获得更多的优势。在分析外部劳动力市场时，主要还要考虑以下因素：人口因素，该因素是对劳动力供给总量与结构的约束；社会和地理因素，劳动力的外部供给还会受到社会和地理因素的制约。在交通设施和其他市政功能比较落后的情况下，劳动者的迁徙成本相对较高，一定程度上阻碍了劳动者的流动和供给。

（4）法律法规。纵观世界各国的发展历程，一个显著特点是对劳动者权益的保护都不断走向完善，这是一个历史趋势。从源头上控制企业的违法行为，那么在进行人力资源规划的时候才能有一个稳定的预期，从而提高员工的忠诚度。一个具有良好忠诚度的企业，才能在激烈的竞争中稳步向前。

（5）劳工组织。在成熟的经济体中，工会组织在保护劳动者利益方面发挥着重要的作用。对于参加了工会的成员，企业在决定是否聘用或改善其待遇的时候，必须与工会组织通过集体谈判，并以严格规范的协议签订合法的劳动合同；对于工作岗位，必须明确相应的权责范围。对于未参加工会的人员，虽然会受国家相关法律的保护，但其维权成本远大于参加工会的人员。因此，工会组织在为企业提供合适人力资源方面起到了至关重要的作用。

2. 人力资源供给预测的内部影响因素

（1）人员离职与流失。企业内每年都会有员工离职与流失的情况，这对企业内部人力资源供给预测有很大的影响。一般来说，员工离职可能是由企业外部的吸引力引起的，如转到其他组织工作可以获得更高的收入或更有发展的机会。但员工离职也可能是由组织内部问题引起的，如工作压力大、人际关系紧张、不能适应工作、对工作失去兴趣等。

（2）现有人力资源的运用情况。人力资源运用情况有员工的工作负荷情况是否饱满或者超负荷、员工的缺勤状况、工时利用情况、部门之间是否存在分工不平衡的情况等，若缺勤情况严重而不能改善，可能会影响企业的人力资源供给。

（3）组织内部人员的流动。企业组织内部人员的流动主要包括升职、降职和内部水平调动三种情况，由于大多数企业的各个部门都需要一定的人力资源支持才能完成正常的工作，因此这些企业内部人员的流动状况必然会对企业的各个部门产生一定的影响。

（4）人力资源供给渠道分析。人力资源供给渠道分析提供了企业渠道获取所需人力资源的信息。人力资源供给主要有两个途径，即企业的内部供给和企业的外部供给。当企业出现工作岗位空缺时可以首先考虑能否通过岗位轮换、晋升等方式从企业内部填补岗位空缺。当企业内部无法满足或无法全部满足岗位空缺所产生的人力资源需求时，就必须通过外部供给渠道来解决。

在很多情况下，即使发展并雇用到优秀员工也并不是件容易的事情。当今社会，人才争夺日益激烈，不仅各企业制定各种吸引人才的优惠措施，各国政府也配合制定相应政策，因此，在对人力资源供给进行预测时，必须对劳动力市场供给和政策供给进行全面评估。

（二）人力资源供给预测方法

1. 替换图法

在组织中，预测特定时期内空缺职位（尤其是高层管理者）流动状况是确定人力资源供给的必要工作。如 IBM 公司、通用汽车公司。这种方法是在对人力资源彻底调查和现有劳动力潜力评估的基础上，分析出组织中每一个空缺职位的内部供应源。

这种方法用人员替换图来显示每一职位未来可供替换的人选，从而预测出组织内的人力资源供给。

根据人员替换图可以判断出某一具体职位的继任者有哪些。当企业出现空缺，需要提升内部员工时，由多张人员替换图就可以推出人员替换模型。

2. 人力资源盘点法

所谓人力资源盘点指的是对现有企业内人力资源质量、数量、结构和各职位上的分布状态进行核查，这个预测方法是为了使管理者更好地掌握人力拥有量。在企业规模较大的情况下，通常在人员核查时会建立员工信息系统。

员工信息系统就是将每位员工的资料信息整理归档，记录在"员工档案卡"上，建立员工信息资料库。"员工档案卡"有时又被称为员工的技能管理图。"员工档案卡"上的信息应包括：背景资料、教育水平、个人能力或特殊资格、职称、培训经历、持有的证书、目前职位、工作绩效、兴趣爱好、职业生涯目标、主管对其能力评价等。其中有关技能的信息可反映员工的竞争力，可用于判断哪些现有的员工能够被提升或调配到空缺职位上来。员工信息资料库也可以作为人才库，将不同类型的人才归类。有了这样的资料库就可以随时找到能够被调配到空缺职位上的最合适的人选。资料库中首次资料的收集一般采用问卷法，以后每年进行补充，以便在盘点时能够获得员工准确的最新资料。

在进行人力资源盘点的过程中，可以先对组织的工作职位进行分类，划分其级别，然后确定每一职位每一级别的人数。表 2-2 为某企业的人力资源现状核查表。

表 2-2　某企业的人力资源现状核查表

级别	管理类	技术类	服务类	操作类
一级	2	3	2	23
二级	9	11	7	79
三级	26	37	19	116
四级	6l	98	75	657

从上表中可以看出，该企业把企业员工划分为管理类、技术类、服务类和操作类四类

职系，每类职系 4 个级别。该企业管理类员工的一级员工为 2 个、二级员工为 9 个、三级员工为 26 个、四级员工为 61 个，其他技术类、服务类和操作类员工依次可以从表中了解到。表中各类员工的分布状况相当明朗。

运用技术调查法可以知道企业内人力资源供应的状态，主要作用如下：

（1）对当前企业所有的不同种类的员工供应状况做出评价；

（2）将晋升和换岗的候选人确定下来；

（3）对员工是否需要培训做出明确规划；

（4）引导并帮助员工确定有效的职业计划与职业途径。

3. 马尔可夫矩阵

马可夫矩阵的基本思想就是搜集信息——找出规律——运用规律，具体是指，根据人员流动的情况来总结规律，根据这个来推断未来的人员流动趋势，基本假设是过去内部人员流动的模式和概率与未来大致相同。运用马尔可夫矩阵预测人力资源供给时需要首先建立人员变动矩阵表，它主要是指出某个人在某段时间内，由一个职位调到另一个职位（或离职）的概率。马尔可夫矩阵可以清楚地分析企业现有人员的流动（如晋升、调换岗位和离职）情况。

表 2-3 是假设的某企业技术人员的变动情况。该表表明，在任何一年里，平均 80% 的高级工程师留在原来的岗位，20% 离职；大约 65% 的技术员留在原来的岗位，15% 晋升为助理工程师，20% 离职。通过这些数据，能清楚地看到每一类人员的流动率，通过人员的流动来预测未来人员的供给量。具体的做法是将计划初期每一类人员的数量与每一类人员的流动率相乘，然后纵向相加，这样就能预计出未来人力资源供给量（表 2-4）。该企业预计计划期内将需要同样数量的高级工程师（40 人）和助理工程师（120 人），但技术员和工程师将分别减少 50 人和 18 人。根据这些情况该企业可以制订相应的人员计划，引进人才或将更多的助理工程师提拔到工程师职位。

表 2-3　马尔可夫矩阵分析举例

职位层次	人员流动概率				
	高级工程师	工程师	助理工程师	技术员	离职
高级工程师	0.80				0.20
工程师	0.10	0.70			0.20
助理工程师		0.05	0.80	0.05	0.10
技术员			0.15	0.65	0.20

表 2-4　马尔可夫矩阵分析举例

职位层次	期初量	高级工程师	工程师	助理工程师	技术员	离职
高级工程师	40	32				8
工程师	80	8	56			16
助理工程师	120		6	96	6	12
技术员	160			24	104	32
人员供给量预计		40	62	120	110	68

4. 市场调查预测法

企业人力资源管理者可通过国家统计年鉴、劳动部、人事部及专业调查咨询机构公布的数据信息及时掌握人才市场动态，也可直接参与第一手市场资料的调查获得有价值的资料来预测未来劳动力市场变化规律的趋势。这是一种较客观的调查方法。市场调查程序一般分确定调查任务及目标、情况分析、非正式调查、正式调查和撰写报告五个阶段。这中间调查人员的选择对调查结果有重大影响，因此必须选择具备敬业精神、综合素质较高的人员参与调查活动。

5. 相关因素预测法

相关因素预测法是通过调查、分析，确定影响劳动力市场供给的各种因素，分析这些因素对劳动力市场变化的作用和影响程度，预测未来劳动力市场的发展规律。

由于影响因素较多，一般只对主要的影响因素（组织因素和劳动生产率等）进行分析。以联想集团为例，在该组织成为奥运会赞助商及购并 IBM 之 PC 业务之后，联想集团便开始迅速发展欧美业务，预测这些地区的顾客数量、销售量、产量变化对联想品牌的国际化影响重大。联想集团的实践验证了选取的组织因素必须满足两个条件：一是组织因素应该与组织的基本特性直接相关，企业以此来制订战略规划；二是组织因素应该与所需员工数量成比例。

二、人力资源需求预测

（一）人力资源需求预测的影响因素

1. 政府方针政策的影响

政府的方针政策会对企业人力资源的需求预测产生很大的影响。我国在 2008 年 1 月 1 日颁布实行了新的《劳动法》，其中强化了对部分弱势员工的强制保护，法律对年龄较大、再就业困难和可能产生职业危害的劳动者，给予更为坚实的保护。在这项法律中，企业不能再随便与员工解除合同，这方面的相关规定充分体现了《劳动法》保护劳动者合法权益的立法宗旨，因此企业在进行需求分析时应注重考虑政府方针政策的影响。

2. 市场的动态变化

从市场的动态来看，随着市场经济的不断发展、人民收入的不断提高，消费者的需求也变得日益复杂多样，供求矛盾更加尖锐，再加上城乡之间的交往、地区间往来的日益频繁，旅游事业的不断发展，国际交往的逐渐增多，人口流动性的增大，购买力的流动性、多样性增强，使得企业所面对的环境越来越复杂。因此，企业只有密切注视市场动态，提供适销对路的产品，才能在激烈的市场竞争中占有一定的优势。反过来，市场的动态变化也要求企业的人力资源结构需要不断进行调整，因此企业在进行人力资源分析时要充分注意市场的变化。

3. 劳动力成本的变化趋势

随着中国经济的不断发展，市场经济的逐渐成熟，我国的劳动力成本也在逐年上升，因此就会导致企业经营成本增加，会对企业产生很大的影响。因此，为了保证企业的利益，企业就需要在最大的限度之内利用企业的内部员工，尽量不对外招聘新员工，这对企业人力资源需求分析会产生重要的影响。

4. 企业的人力资源政策

企业制定的人力资源政策，特别是薪酬政策，对内部和外部人力资源的影响产生十分重大的影响。公司的薪酬政策是否处于同行业的领先水平，直接影响着外部人力资源是否进入企业进行工作，以及内部人员是否会不满现状去其他企业寻求更好发展。

5. 企业的发展阶段

企业在不同的发展阶段，在不同的生命周期，进行人力资源预测的过程中，要考虑不同的策略、不同员工的要求，同时也要考虑不同阶段对人力资源产生影响的因素。

6. 其他因素

除上述因素外，社会安全福利保障、工作时间的变化、追加培训的需求等因素也应在企业的考虑范围之内。

（二）人力资源需求预测方法

1. 专家意见调查法

专家意见调查，是以问卷的形式，让每一位参与调查的专家都能够对同一个专业问题提出自己的见解，并且给出具体的理由。在问卷调查进行期间，各位专家的意见，是由一位专门的人员进行收集和整理，并且这些估计值会汇集成一份资料，最后反馈给专家。各位专家参阅过所有资料后重新做出估计，决定是否需要对原先的数值进行修正。如此反复进行几次，可以将估计值的差距拉近。用专家意见调查法进行预测，这种方法的优点是集思广益，并且可以避免群体压力和某些人的特殊影响力，缺点是花费时间较长。

2. 德尔菲法

德尔菲（Delphi）法是美国兰德公司（Research and Development Corporation，简称 RAND Corporation）于 20 世纪 50 年代发明的。德尔菲法是结合函数调查法与专家会议两种方法，对有关专家的分析意见做出进一步的统计分析，并通过多次反复以达到在重大问题上的较为一致的结构性方法。通常经过三到四轮咨询，专家们的意见可以达成一致，而且专家的人数以 10~15 人为宜。使用该方法的目的是通过综合专家们各自的意见来预测企业组织某一方面的发展。由于其简便易行，被广泛地运用于经济预测分析之中。由于这种方法是对每个专家采用匿名问卷的方式进行的，因而避免了人际关系、群体压力等缺点，也解决了难以将专家在同一时间集中在同一地方的问题。这种方法由于简单可靠而被广泛应用。

尽管德尔菲法具有明显的优点，但是这一方法需要在其他方法的辅助下补充完成。难点在于如何提出简单明了的问题，对专家的意见进行归纳总结。

3. 散点图法

散点图法是借助图形来分析部门人力资源需求的方法，用起来比较直观实用。借助散点图法，可直观地把部门经济活动中的某种变量与人数之间的关系变化趋势表示出来，从而可以未来该变量目标值的设定，推知未来部门人员需求量。散点图法的典型步骤如下：

（1）选择一个相关的因素进行调查，找出它与人力资源的需求量 5 笔以上的历史资料，如销售额。

（2）做出这个变量与人力资源需求量的坐标系，根据历史数据描出点。

（3）由描出的点作一条与各点之间距离最短的直线，然后根据所确定的目标值找到相对应的人力资源需求量。

散点图法相当直观实用，但由于预测过程中受直观感觉的影响，精确度不高，只适用于粗略的估计。

4. 趋势分析法

趋势分析的做法是：先确定企业中哪一种因素与人力资源数量和构成的关系最大，然后找出过去这一因素随着人力资源数量变动的变化趋势，由此推断将来的人员需求数量。表 2-5 是趋势分析的一个示例。这个例子描述了产量与质量检验员人数之间的关系。如果某公司预计明年的销售量是 2 200 单位，那它就需要大约 200 个检验员。趋势分析假设过去人员增加（或减少）的趋势在未来不会改变。这个假设与现实不太符合，尤其是估计长期趋势，很多因素会改变。因此，对预测结果必须加以调整，要结合经理人员的经验判断，才能做出合理的预测。

表 2-5　趋势分析举例

年份		产量	检验员	检验员：产量
实际	-3	1 500	150	1：10
	-2	1 800	180	1：10
	去年	2 000	180	1：11
计划	明年	2 200	200	1：11
	+2	2 500	210	1：12
	+3	2 750	230	1：12

5. 回归分析法

实际上，回归分析法应该被归入定量预测技术之中，是通过建立人力资源需求及其影响因素之间的函数关系来推测人力资源需求量变化的一种数学方法。常用的是简单的单变量预测模型（一元线性回归）和复杂的单变量预测模型（多元线性回归）预测技术。

一元线性回归的计算公式为：

$$y = \alpha + \beta x$$

式中，y 代表企业对人员的需要量；x 代表企业的产量；α 和 β 是系数，需要根据企业过去的数据推算获得。建立一元线性回归预测模型，可归结为根据一组已知数据，即历年的职工人数（Y_i）和历年的产量（X_i），估算回归方程 $y = \alpha + \beta x$ 的系数 α 和 β 的问题。估算 α 和 β 的值最常用的方法是最小二乘法，其计算公式为：

$$\beta = \frac{\sum X_i Y_i - \bar{X} \sum Y_i}{\sum X_i^2 - \bar{X} \sum Y_i}$$

$$\alpha = \bar{Y} + \beta \bar{X}$$

式中，$\bar{Y}$、$\bar{X}$ 分别是 Y、X 的平均值，即：

$$\bar{Y} = \frac{1}{n} \sum Y_i$$

$$\bar{X} = \frac{1}{n} \sum X_i$$

如果能够确定 α 和 β 的值，代入预测年份的预计产量 X，就可以通过求解一元线性回归预测模型，求出预测年份职工需要量 Y 的值。表 2-6 是假设的一家公司历年的产量和职工人数的数据，假定该公司明年预计产量为 27 万件，运用一元线性回归预测模型，可算出该公司明年职工需要人数为 350 人。

表 2-6　回归分析举例

年份	X（万件）	Y（人）	XY	X^2
-7	10	180	1 800	100
-6	12	200	2 400	144
-5	13	210	2 730	169
-4	15	320	4 800	225
-3	18	260	4 680	324
-2	20	280	5 600	400
去年	24	320	7 680	576
Σ	112	1 770	198 240	12 544

6. 趋势分析法

"趋势分析法是指预测者根据员工数量的历史数据来确定其长期变动趋势，从而对企业未来的人力资源需求做出预测"①。具体做法是：①把时间作为自变量，人力资源需求量作为因变量，根据历史数据，在坐标轴上绘出散点图；②由图形可以直观地判断应适合哪种趋势线（直线或曲线），从而建立相应的趋势方程；③用最小二乘法求出方程系数，确定趋势方程；④在此基础上，可对未来某一时间的人力资源需求进行预测。

趋势预测法简单直观，但是由于在使用时一般都要假设其他的一切因素保持不变或者变化的幅度保持一致，而未来不确定因素太多，过去毕竟不能代表未来，因此具有较大的局限性，多适用于经营稳定的企业或作为企业人力资源需求分析过程的初步分析。为保证人力资源需求预测的准确性，还应该借助其他分析方法。下面以一个企业为例说明该方法的步骤，如表 2-7 所示。

表 2-7　趋势预测法示例

年份	销售额（千元）	劳动生产率（销售额/人）	员工需求量
2002	2 351	14.33	164
2003	2 613	11.12	235
2004	2 935	8.34	352
2005	3 306	10.02	330
2006	3 613	11.21	323
2007	3 748	11.12	337

---

①　李中斌，董燕，郑文智. 人力资源战略管理［M］. 北京：中国社会科学出版社，2008：95.

年份	销售额(千元)	劳动生产率(销售额/人)	员工需求量
2008	3 880	12.52	310
2009	4 095	12.52	327
2010	4 283	12.52	342
2011	4 446	12.52	355

第三节　人力资源战略规划的体系分析

一、人力资源战略规划的必要性

企业进行战略性人力资源规划是对企业发展中所需人力资源在数量、质量及结构层次上的一种预先的统筹安排。这种预先的统筹安排的必要性主要体现在以下几个方面。

(一) 人力资源的特有属性使得企业必须优先对其进行规划

人力资源是企业中最重要、最基础的资源，也是唯一的主动资源，企业的财力、物力、信息、技术及其他资源必须依靠人力资源才能发挥作用。由于人力资源不能像其他资源那样随时随地进行交易，因此企业必须优先对其进行规划，及时储备企业所需的关键性人才，规避人力资源短缺的风险。

(二) 外部环境变化所引起的战略变化要求企业不断调整人力资源的数量、质量和结构层次

任何企业的存在都必须得到社会的认可，并不断地与外部环境交换能量和信息，外部的经济、政治、法律、文化等社会环境的变化必然会对企业的发展带来直接或间接的影响。这就要求企业必须对组织内部人员的数量、质量及结构进行相应的调整以适应外部环境的变化。①

---

① 贾梅琼. 企业人力资源战略规划分析 [J]. 中国商论，2016 (30)：82-83.

（三）组织内部条件变化所引起的人员变动要求企业必须采取相应措施进行调整

组织内部的人力因素并不是一成不变的，人力资源的数量、质量及结构层次会因内部人员的离职、退休、调动等发生变动，这必然会造成岗位的空缺及人力资源缺口。如果组织能未雨绸缪，事先进行战略性人力资源规划，适时加以引导及恰当的调整，就能减少内部人员变动及流失所带来的损失。

二、人力资源战略规划的目标

企业进行战略性人力资源规划主要是基于以下几个方面的考虑。

首先，满足企业未来生存与发展的需要。作为企业的第一资源，人力资源的数量、质量及结构层次的合理配置是企业生存与可持续发展的根本动力。根据企业战略的需要，分析企业发展过程中的人员供需情况，并采取有效措施及时进行调整，满足企业未来生存及发展的需要，是企业进行战略性人力资源规划的基本目的。

其次，为组织的人力资源管理提供依据。战略性人力资源规划是组织一切人力资源管理活动的行动指南，其与人力资源管理的其他模板息息相关。人力资源规划过程中出现的人员数量、质量及结构层次上的偏差是企业招聘、培训、晋升等人事活动的基础和依据，并通过规划前期的工作分析过程了解各岗位的人员素质要求及匹配情况，这为企业薪酬及绩效的设计及评价、员工职业生涯的规划等均奠定了坚实的基础。如果没有人力资源规划，组织的录用、培训、考评、激励以及人员调整等一系列管理活动，必然陷入相互割裂和混乱的状况。因此，企业必须做好战略性人力资源规划工作，只有这样才能为其他组织管理活动提供准确的信息和依据。

最后，有利于控制企业的人工成本。人工成本是企业总成本中的一个重要组成部分，有效地控制并节约人工成本有利于提高企业的资本运转速率及资本积累速度。通过战略性人力资源规划，企业可以预测未来所需人才的数量、质量及结构层次要求，精简组织结构，避免人员冗余所造成的人工成本浪费。

三、影响人力资源规划的因素

影响人力资源规划的因素多种多样，总体上可以归结为两个方面。

（一）企业内部的影响因素

1. 经营目标的变化

随着时代的发展，市场需求日趋多元化，市场竞争空前激烈。企业为了保持长期稳定的发展，需要根据外部环境的变化和自身情况的变化来相应调整经营目标，而企业经营目标的改变必然会影响到企业对人力资源的需求。因而，企业的人力资源规划必须做出相应的调整，以适应经营目标的改变。

2. 组织形式的变化

传统的组织形式呈宝塔状，由于它的层次繁杂，人员众多，不仅影响了企业内部纵向和横向的信息传送速度和效果，而且导致企业的人际关系复杂，员工的效率低下。随着现代企业制度的建立，现代企业的组织形式逐渐向扁平化方向发展，目的在于减少中间层次的信息与资源的损耗，改善人际关系，提高员工的效率。

（二）企业外部的影响因素

1. 劳动力市场的变化

劳动力市场是劳动力供给与劳动力需求相互作用的场所。所以，劳动力市场的变化，就表现为劳动力供给的变化或劳动力需求的变化。无论劳动力市场上发生了哪一种变化，都会对企业的人力资源规划产生影响。因为，企业对人力资源的供给和需求预测是制订人力资源规划的依据，因而，企业在不同的人力资源供求情况下，会制订出不同的人力资源规划。例如：在目前的劳动力市场上，高级管理人才的供给不足，因此，企业必须根据这种情况调整人力资源规划，完善员工补充计划、员工培训计划和薪酬激励计划等，力求为企业招聘到急需的人才，或培养出合格的员工，并激励他们长期为企业服务。

2. 行业发展状况的变化

行业的发展状况，也会对企业的人力资源规划产生影响。例如：一些传统行业，由于其不能适应市场的需求，发展前景很黯淡，因此相关的企业就要考虑调整经营结构、转变经营方向，企业的人力资源规划也应该有所侧重，要着重于引进或培养企业转变所需要的人才，同时还要着重于解聘和安置已对企业无用的人员，降低人力资源成本。而对于一些所谓的"朝阳行业"（如高新技术行业），因为其发展前景一片光明，潜力巨大，就应该制订不同的人力资源规划，规划的重点应该放在吸引和激励人才方面，以保证企业的持续发展。

四、制订人力资源计划的原则

（一）充分考虑内部、外部环境的变化

人力资源计划的制订首要的就是对内外部环境进行分析，这样企业才能够更好地定位，才能在实事求是的基础上制定出科学有效的方法，对环境的分析主要包括对市场的分析，对社会经济政策的分析，对企业整体战略及目标的分析，对在职劳动力的分析，等等。只有对这些外部因素有一个系统的把握，才能够制订出适宜的计划来。

（二）确保企业的人力资源保障

企业进行人力资源规划的目的之一就是保证企业有充足的人力资本，使企业的生产经营有一定的人力资源保障。所以，在进行企业人力流入预测、流出预测、人员的内部流动预测、人员流动的损益等分析时要以此为主要标准。只有有效地保证了对企业的人力资源供给，才可能去进行更深层次的人力资源管理与开发。

（三）使企业和员工都得到长期的利益

进行人力资源规划的目的是既确保企业生产的完成，又确保员工利益的实现。企业的发展要靠人来推动，只有在员工利益得到保障的基础上，企业才能够谋求自身利益。所以，要将员工利益和企业利益结合起来，确保双赢。

第四节　人力资源战略规划的途径与流程

一、人力资源战略规划的途径

在激烈的市场竞争中，企业要保持稳定、持续的发展，必须选择与企业相适应的战略。而企业的竞争归根结底是人才的竞争，选择不同战略的企业就必须有一个与之相配的人力资源规划。企业的战略主要分为三个层次：公司战略、竞争战略和职能战略。其中，职能战略是指企业各职能部门的短期性战略，它是企业公司战略和竞争战略的基础和保障。人力资源规划就是职能战略的一种，下面就阐述基于前两种战略，作为职能战略的人力资源规划应如何做。

（一）　基于公司战略的人力资源规划

公司战略是企业的总体战略，主要决定企业今后的长期主营方向、规模，以及实现这些目标的措施的总体规划。它是企业战略体系的主题和基础，起着统率全局的作用。按照企业经营的态势，我们可以把公司战略大致分为三种：增长战略、稳定战略和收缩战略。

1. 基于增长战略的人力资源规划

增长战略是指企业在很好的内外部环境下，抓住市场机会，利用公司资源不断发展、壮大的策略。这种战略的特点是企业投入大量资源，扩大产销规模，提高现有产品的市场占有率或者用新产品开发新市场，这是一种进攻型态势。增长战略可以分为两种形式：一种是内部增长，另一种是外部增长。内部增长主要是企业自身的增长，它也可以分为两种形式：一种是市场开发，另一种是产品开发。市场开发是指企业用一个产品开发多个市场的策略。在这种战略指导之下，人力资源部门在做好其他工作的同时，应特别注重员工的培训和甄选。因为此时公司扩张非常迅速，拿一种产品开发很多个市场，需要外派大量的销售人员，这就要求把公司的产品情况、价值观念等迅速传递给销售人员，使他们在外地执行销售任务时能和公司保持一致，所以需要对营销人员加强培训，培训的内容主要集中在员工对企业的认知方面。当企业需要在外地设置分公司或子公司时，还需要在当地甄选经理和销售人员。如果甄选不当，将会给企业带来巨大的损失。这就需要对招聘人员进行严格甄选。

产品开发是指针对一个市场提供多个产品的策略。在这种战略指导之下，人力资源部门应特别注重加强对员工的培训和知识管理。此时的培训和市场开发战略中的培训是不一样的，市场开发中的培训主要是针对销售人员，而这里的培训主要是针对技术人员，因为他们要对一个市场提供更深、更广的服务，所以技术人员需要对技术有很强的把握，能够不断地进行技术创新。因此，要通过技术培训把新技术、新观念、新知识、新方法不断地传递给技术人员。在做好技术培训的同时，人力资源部门还要做好知识管理。这里的知识管理不仅包括知识保护、产权保护，还应注重产品知识的积累。人力资源部门应把公司人员对产品和服务的认识、经验以及想法汇集起来，编成册，形成体系，形成本企业特有的知识。

外部增长是指企业通过兼并、重组的方式进行扩张。企业兼并或重组的目的是使企业能够保持持续、稳定的发展。为了实现这一效果，人力资源部门应关注两个不同企业文化的融合。这时人力资源部门可以通过塑造个人英雄事迹，或者讲述企业故事来建立企业文化，使不同的企业文化很好地结合在一起，从而使合并后的企业持续、健康地发展。

2. 基于稳定战略的人力资源规划

稳定战略是指企业在经过一段时间的发展之后，强调投入少量或中等程度的资源，保持现有的规模和市场占有率，稳定和巩固现有竞争地位的策略。这种战略适用于效益已相当不错、暂时又没有进一步发展机会、其他企业进入壁垒又较高的企业。

在稳定战略指导下的企业有个明显的特征，那就是企业没有新的分支机构建立，也就没有新的职位产生，只希望在市场中处于一个平衡的状态。这种情况对处于企业中层职位的年轻人来说会有很大的限制，因为这些人希望通过自己的努力得到晋升，而此时企业不可能给员工更多的机会。所以这种战略指导下的很多企业会面临一个特别严重的问题，即企业的优秀中青年骨干流失率比较高。因此，在这种情况下，人力资源管理部门应注重员工激励和员工的职业生涯发展。此时，员工激励的重点不应放在薪酬方面，而应通过企业文化来激励员工，通过企业远景来告诉大家目前的情况只是短暂的，企业的未来是非常光明的，希望员工在工作中积累经验和工作背景，为以后的发展做准备。人力资源管理另一个应注重的方面，是员工的职业生涯发展。如果一个企业给员工提供比较清晰的职业通路，企业员工知道企业的未来是什么样子、在企业中自己的未来是什么样子，那么员工在企业中工作就会感觉到自己的未来是有着落的，而自己也很清晰地知道自己的发展方向以及如何发展。在这种情况下很多员工都会积极、主动地留在企业中，为企业做出更多的贡献。

3. 基于收缩战略的人力资源规划

收缩战略是指在企业内外部环境发生重大变化时，企业业务领域受到巨大的挑战，企业为了在未来有更大的发展，实行有计划战略收缩的策略。这种策略适用于外部环境和内部环境都十分不利，企业只有采取收缩才能避免更大损失的情况。在收缩战略的指导下，企业适当地退出某些经营领域或地区，因此会适当地裁减员工来降低人员费用。此时，人力资源部门应做好裁员工作。我国有很多企业在制订裁员标准时往往会制定一些与公司的发展毫无关联的标准，如以年龄为标准，这样的企业给员工的印象就是不尊重员工，那些没到裁员年龄而留在企业的员工也会忐忑不安，从而打击了员工积极性，导致优秀员工的流失。因此，收缩战略指导下的企业在制定裁员计划时，要清楚企业未来的战略是什么，用企业未来的战略来评判企业需要什么样的人才，把那些符合未来战略需要的人才保留下来，而淘汰那些不符合未来战略需要的人才。

（二）基于竞争战略的人力资源规划

竞争战略是指企业为了取得竞争优势，从而使企业在激烈的市场竞争中获胜所采取的战略。美国哈佛商学院著名的战略管理学家迈克尔·波特在其1980年出版的《竞争战略》

一书中提出了三种竞争战略，即成本领先战略、差别化战略和集中战略。他认为企业要获得竞争优势有两条途径：要么成为本行业中成本最低的企业，要么在产品或服务上形成与众不同的特色。在这里每种战略都有自己的特色，参与竞争的途径与其他战略有着明显的区别，从而使自己获得独特的市场地位，而每种竞争战略的具体实施都需要不同的人力资源规划来做支撑。

1. 基于成本领先战略的人力资源规划

成本领先战略是指企业致力于将其总成本降到本行业最低水平的战略。采用这种战略的核心是争取最大的市场份额，使单位产品成本最低，从而以较低的价格赢得竞争优势。在成本领先战略指导下，企业会通过各种可能的方法来降低成本。因此，人力资源管理部门应做好人员的选拔和配置工作，从而使每位员工都发挥其最大价值。人力资源部门在选拔和配置员工时，应将合适的员工配置在合适的岗位上。这就需要人力资源部门首先通过职位分析，了解工作对工作承担者的要求是什么；然后再对员工进行测评，找出员工所具有的能力；最后将两者进行匹配，如果合适，那么该员工就可以承担该职务。

2. 基于差别化战略的人力资源规划

差别化战略是指企业为了满足顾客特殊的需求、形成自身竞争优势而提供与众不同的产品或服务的战略。由于不同企业的产品各有特色，顾客难以直接比较其优劣，从而可以有效抑制顾客对价格的敏感程度。同时，一旦顾客对其特色形成偏好，还能为竞争者的进入设置较高的壁垒。在差别化战略指导下，企业需要提供独特的产品或服务，努力使自己和别的企业不一样。这时，人力资源管理部门应致力于建立一支具有创新能力的队伍。要建成这样的队伍，首先需要构建人力资源的差异化和多元化。这种差异化和多元化主要表现在年龄多元化、地理来源多元化、学历多元化。来自不同年龄层次、不同地理区域、不同学历的员工，他们的思维、逻辑是不一样的，这样才能使员工从各个方面思考问题，保证企业不断地创新。其次要建设创新文化。人力资源部门可以从企业各个部门抽调一些人员，组成创新小组，该小组可以针对企业遇到的问题定期举办头脑风暴会。通过这种活动，可以形成创新氛围，让员工不断提出新的方法、新的概念，保证企业的不断创新。

3. 基于集中战略的人力资源规划

集中战略是指企业把经营的重点放在一个特定目标的细分市场上，为特定的顾客提供产品或服务的战略。成本领先战略和差别化战略都是在整个市场中谋求竞争优势；而集中战略则是在整个市场中的某些特定的细分市场中谋求竞争优势，这种竞争优势可以在特定的细分市场中通过成本领先来获得，也可以通过差别化来获得。在差别化战略指导下，企业不求多元化扩张，而只在一个领域做强、做大，等积累了足够的实力之后再去发展。这时人力资源管理部门应加强知识的培训和知识的积累，可以把各岗位数年的述职报告整理在一起，然后对这些报告进行整合和加工，提炼出这个岗位的经验和教训，那么这些就是企业最宝贵的财富。

二、人力资源规划的流程

人力资源的规划工作实际上就是一个从收集信息和分析问题，到找出问题解决办法并加以实施的过程。这个过程的实行需要遵循一定的流程，具体来说主要包括以下几个方面。

（一）调查收集和整理相关信息

当前在我国市场经济大发展的环境下，影响企业经营管理的因素越来越多样化，主要包括市场占有率、生产和销售方式、产业结构、技术装备的先进程度以及企业经营环境等，除此之外，我国社会的政治、经济、法律等环境也会对企业的经营管理产生很大的影响。这些因素对企业制订人力资源规划具有硬性的约束，因此几乎所有的企业在制订人力资源规划时都必须要加以考虑。

（二）了解企业现有人力资源状况

对企业现有人力资源状况的了解主要包括以下几个方面，如现有人员的数量、质量、结构以及人员分布状况等。企业应对这几个方面的人力资源状况有一个明确的把握，只有这样才能为人力资源的规划做好充分的准备工作。这项工作要求企业要建立完善的人力资源管理信息系统，对企业员工的各种信息进行详细的记载，如个人自然情况、录用资料、工资、工作执行情况、职务和离职记录、工作态度和绩效表现等。只有企业的管理人员对本企业的员工有一个全面的了解，才能够最大限度地降低企业人力资源规划的风险。

（三）预测组织人力资源供求

对企业人力资源供求关系的预测，即采用定性和定量相结合的预测方法，对企业未来人力资源供求进行分析和判断。这项工作具有很强的技术性，企业人力规划的效果和成败就是由其准确度决定的，是人力资源规划工作中最为关键的一步。

（四）制订平衡人力资源的各项计划

企业在制订平衡人力资源的各项计划中，要以实际为基础，对各种条件充分利用，制订总计划和业务计划，以平衡人力资源供求关系，并提出一些具体的政策措施，用来调整供求关系。这是人力资源规划活动的落脚点，人力资源供需预测是为这一工作服务的。

（五）对人力资源规划工作进行控制和评价

进行人力资源的整体预测是整个人力资源规划的基础，但是，预测与事实是有一定差距的。在计划执行的过程中，可能会因为各种不可抗拒的内外力因素的影响，导致人力资源与预期结果有一定差距，这就需要不断调整和控制先前制订的人力资源规划，使之与实际情况相适应。

人力资源规划的控制包括两个方面的内容。一方面是整体性控制，使人力规划满足企业经营计划的要求，符合企业内外部各方面的条件；另一方面是操作性控制，也就是对中小型企业人力资源规划的实施情况进行跟踪与控制，然后考察人力资源的管理活动是否与计划保持一致。在实施控制的过程中，必须充分重视员工的意见和反应。

（六）对人力资源规划进行评估

在整个人力资源规划过程中，对人力资源规划的评估是其最后的一步。人力资源规划是一个重要的开放系统，并不是一成不变的，因此必须要定期对规划的过程和结果进行监督和评估。除此之外，还要对信息的反馈加以重视，并且要不断进行调整，使其更切合实际，以促使企业目标更好地实现。

第五节　人力资源战略规划工作的重要内容

企业人力资源规划是企业对未来人员的需求和供给之间可能差异的分析，或是企业对人力需求与供给做出的估计。企业人力资源规划分为中长期规划和年度规划，年度规划是执行计划，是中长期规划的贯彻和落实，中长期规划对人力资源规划具有方向指导作用。

企业人力资源战略规划工作主要包括以下几个方面的内容。

一、人员补充规划

人员补充规划是指，在未来的一段时期内，为了使企业岗位职位空缺得到质量和数量上的补充，进行的综合细致规划。人员补充规划是针对具体的职位制订出来的具体的人员补充规划，必须详细列出各个级别的人员所需要的资历、培训以及年龄方面的要求。

二、岗位职务规划

岗位职务规划，就是要解决企业定员定编的问题。在进行企业定员定编过程中，需要依据自身发展的近远期目标，结合企业的劳动生产率以及技术装备工艺要求，确立相应的组织机构、设定企业的岗位职务标准。

三、人力分配规划

企业的人力分配规划指的是，依据企业各级组织机构、岗位职务的专业分工来配置所需的人员，其中包括工人工种分配、干部职务调配及工作调动等内容。企业通过内部人员有计划地流动来实现对员工在未来职位上的安排和使用，其配备计划就是这种人才流动计划。①

企业实行配备计划具有重要的作用，主要表现在三个方面：首先，当等待提升的人较多，而上层职位又较少时，那么就可以通过配备计划实现员工的水平流动，以减少员工的不满情绪，安心等待上层职位空缺的产生；其次，在企业人员过多时，工作方式也可以通过配备计划进行适当的改变，对企业中不同职位的工作量进行调整，使员工工作负荷不均的问题得到解决；最后，当企业要求某种职务的人员同时具备其他职务的经验或知识时，就应该使其有计划地流动起来，以培养高素质的复合人才。

四、教育培训规划

企业所制订的教育培训规划指的是，根据企业自身发展的实际需要，通过一定的教育培训方式，从而为公司培养出满足当前和未来所需要的各级各类合格员工。

五、人员晋升规划

根据企业的组织需要，结合企业的人员分布状况，制订企业人员的职位提升方案，就是企业的人员晋升规划。对企业而言，保证人与事的匹配是高效率完成工作的必要条件，同时在自己喜欢的岗位上进行工作，也会极大调动员工的积极性，提高人力资源的利用率。晋升不仅可以实现员工的个人利益，还能够增强他们的工作责任感，增加他们的挑战心理。这二者有机结合起来，就会对企业内部的员工产生一种巨大的能动作用，以使企业组织能够获得更多的利益。

六、薪资激励

薪资激励对所有企业来说都具有重要作用，因为其对所有的员工都会产生巨大的激励作用。企业实行薪资激励，不仅能够保证企业的人工成本与经营状况保持一定的合适比

---

① 储效辰. 战略性人力资源管理工作的开展论述 ［J］. 中国集体经济，2021（07）：122-123.

例，还能够充分发挥薪资的激励作用。薪资总额的制定受到企业内部员工分布状况的影响，受到员工工作绩效的影响。通过薪资激励的政策，企业可以在预测企业发展的基础上，推测和预算出未来的薪资总额，并能够以此为依据来确定未来时期内的激励政策。

七、员工职业生涯规划

企业员工的职业生涯规划可以划分为两个层次，即个人层次的职业规划和组织层次的职业规划。职业生涯指的是，一个人从首次参加工作开始的一生中所有的工作活动与工作经历按编年的顺序串接组成的整个工作过程。个人层次的职业规划就是个人为自己设计的成长、发展和不断追求满意的计划；组织层次的职业规划则指的是，组织为了不断增强其成员的满意感，并使其能与组织的发展和需要统一起来而制订的协调有关组织成员个人的成长、发展与组织的需求、发展相结合的计划。其中，我们所说的人力资源规划中的职业规划指的是组织层次的职业规划。

八、退休解聘规划

企业组织在制订退休规划时，一定要按照国家有关政策的相关规定来进行。对于需要解聘的员工，则需要按照劳动合同的相关要求来执行。在劳动合同期满，或者双方约定的终止条件出现，劳动合同就终止。当事人协商一致的，可以续订劳动合同；当事人其中任何一方不同意续订劳动合同的，劳动关系由此终止。在劳动合同的履行中，双方可以友好协商对劳动合同予以解除；在合同满足法定解除条件时，当事人有权利解除劳动合同。

第三章　企业组织效能理论透视与评价探析

本章主要介绍企业组织效能的相关理论，主要内容涉及相关概念的界定、组织效能的理论基础与理论依据、组织效能的评价标准与评价方法、企业战略性人力资源管理与组织效能关系的研究简述四个方面。

第一节　组织、效能与组织效能的概念界定

一、组织

组织可以按广义和狭义划分：从广义上说，组织是指由诸多要素按照一定方式相互联系起来的系统；从狭义上说，组织就是指人们为实现一定的目标，互相协作结合而成的集体或团体。

本书所说的组织主要指狭义组织，即企业管理中动态意义机构设置和人员配备等。

二、效能

效能在中国汉字词典中解释为效力、效率和功效，"事物所蕴藏的有利作用"，在汉英词典中的解释为 Effectiveness。效能是一个多维度、复杂的概念，随着研究者研究领域与研究视角深入而更加彰显。效能往往与组织联系在一起，学界对效能也有很多的讨论。

三、组织效能

组织效能的概念也较为复杂，我们通常对一个组织（企业）实现目标的程度称为组织效能。组织效能主要体现在能力、效率、质量和效益四个方面。能力主要侧重于组织与同领域对手对标的核心竞争力等（如技术核心竞争力）；效率是强调组织管理与运营的成熟度；质量则是强调产品服务的认同度；效益强调的是企业产出，包含利润与员工报酬等。这四个方面反映了企业业务开展的各个方面，对一个组织或者企业的效能评价不能单单注

重某一个方面，它是一个企业运营过程中所处的一种综合状态。

第二节　组织效能的理论基础与理论依据

一、组织效能的理论基础

（一）组织行为理论

组织行为理论主要是研究人在组织中的行为，并以个体、群体及组织行为之间存在的相互作用机理为根基，企业运用其激励策略，使企业引导员工充分发挥自身的创造性和积极性，提高企业管理绩效和员工的满意度，增强企业凝聚力和形成具有团队精神的企业文化，推进企业可持续发展。组织行为理论才能从个体、群体和领导三个维度来提高企业的效率、效益、质量、能力以及员工的满意度。[①] 首先个体是处于组织环境的个人的行为，组织要考虑如何激发个体工作潜能来实现管理的科学化；其次群体由组织中的人们在相互关系的作用下产生，要把握群体行为，并对其进行有效的协调和控制；最后领导在形态和功能上保证组织运行有效，指引个体与群体在一定条件下实现目标，这也直接影响着组织的效能。

（二）组织效能管理理论

在以往的研究中，学者们提出了大量的组织效能理论研究模型，其中既具有代表性、且在实践中应用较为丰富的主要有：目标模型、资源基础模型、内部过程模型、利益相关者模型。

1. 目标模型

目标模型是最早也是最普遍应用的组织效能理论模型。当组织实现了其事先订立的目标时，则认为组织的运作是高效能的。在目标模型下，组织需要综合考虑多方面的因素，形成明确的目标集。由于组织在不同环境、不同发展阶段的发展诉求和使命不同，这就要求组织必须审时度势，动态把握组织的发展目标。

2. 资源基础模型

资源基础模型的支持者认为，组织的竞争优势来源于它所拥有的特殊资源，高效能的

----

① 谢晓芳. 战略性人力资源管理、组织效能及关系 ［J］. 企业管理，2017（11）：115-117.

组织是能够与外部资源和环境建立并维持密切的关系，并能从中获取组织所需的、可用于自身增值的知识、信息、技术、人才、资金等多种资源，通过对其进行整合并加以利用，提升自身效能水平。

3. 内部过程模型

内部过程模型关注组织的内部管理和运作过程，支持这一模型的研究者认为，在高效能的组织中，通过建立组织内部对员工充分信任的工作氛围及关怀员工的组织文化，可使员工增强对组织的信任感和忠诚度，使其完全融入组织，由此加强了组织成员之间不同层级及不同部门之间的沟通与协作，这意味着组织内部运行几乎没有压力。

4. 利益相关者模型

利益相关者模型的研究者认为，无论在组织内部还是组织外部，都存在着与组织利益相关的人群，如股东、供应商、客户、员工等，其中外部利益相关者对组织效能会产生更加显著的影响，组织通过了解并关注内外部利益相关者对自身的期待，并将组织是否满足了各方的期待及其满意程度作为衡量组织效能的重要标志，如图 3-1 所示。

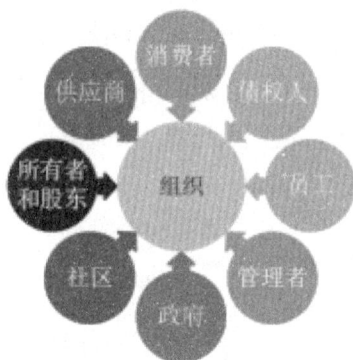

图 3-1　组织利益相关者

二、组织效能的理论依据

（一）组织的效率

效率是任何一个组织的天然要求，组织的存在就需要不断提升效率，效率包括管理效率和运营效率。组织效率比组织效能的范围小，两者是包含的关系。组织的效率是指产出一个单位产品所耗资源的数量，用投入产出率来衡量。Amitai Etziozi（1964）提出，一个组织用比其他组织更少的资源达到了预定的产出水平，它就可以被称为更有效率。

效率常常会产生效能。当一个组织系统协作在不同模式下，能够实现目标时，这个系统就是有效能的，它是系统存在的必要条件。

现代组织理论认为，一个组织可能具有较高的效率但不一定能够实现其目标，因为，它生产的产品可能是社会不需要的。同时一个组织可能实现了其利润指标，但是却可能缺乏效率。也就是说，效率和效能两者不能等同。高效率的组织不一定是高效能的。

（二） 组织的能力

能力主要侧重于人才以及组织与同领域对手对标的核心竞争力等（如技术核心竞争力），也是组织可持续发展的潜在动力。企业的能力要在业务中不断沉淀演进，只有具备一定的实力，能力便成为企业发展的基础，才能为效率、效益等服务，从而提升组织效能。

（三） 组织的效益

组织的效益是指一个组织或者是企业在其生产过程中的生产总值与其生产成本之间的比例关系，也是增加值或附加价值，是组织运行的产出，也是组织存在的基础，包括利润、员工报酬、绩效、税收、利息和折旧等，即投入与利润之间的比较关系。一般情况下大于1时，组织的效益为优；小于1时，组织效益则为劣。

这里不得不谈绩效，虽然有些学者把效益总的绩效等同于效能，但更多的学者还是注重将两者区别开来。一般来说，效能的范围要广一些，通常指组织的总体表现，而绩效通常指经营效果。在我国，效能通常是组织层面的，指组织达成目标的情况以及在各方面的表现等。而绩效通常是指个人层面的，具体指员工的绩效，通常说的绩效管理就是指对员工的绩效表现的评定。绩效包括两方面：一是行为表现，二是工作结果产出。绩效管理就是组织按照一定的标准，对员工这两方面的表现进行评价，然后再将评价的结果反馈给员工，从而间接地调节员工行为的过程。组织的表现通过多方面、多层次表现出来，组织经营的效果或员工的绩效只能代表组织一个方面的表现。组织的经营效果好不一定意味着组织有较强的凝聚力及较高的员工满足感。同样，员工的绩效高也不一定意味着组织的产品有创新性或组织更有竞争力。[1]

（四） 组织的质量

质量代表了一个企业的形象，代表了一个企业的精神。企业质量包括产品服务、售后等。在今天企业的质量越来越被企业管理者重视，要想在日益激烈的市场竞争中立于不败

---

[1] 张文霞，周军. 浅谈企业组织效能管理 [J]. 现代商业，2011 (06)：168.

之地，就必须高度重视提高企业质量，否则，将会被市场无情地淘汰。

第三节　组织效能的评价标准与评价方法

一、组织效能的评价标准

（一）国外学者对组织效能评价标准的研究与含义相匹配

彼得·F. 德鲁克是最早提出度量组织效能高低的标准，他从八个方面来确定组织效能的标准：市场情况、创新能力、生产率、物质和财力、利润率、管理人员的工作和责任、工人的工作和士气、公共责任。

斯坦利·E. 西肖尔是国外首先系统研究效能评价标准的学者。在其撰写的《组织效能评价标准》中，认为要评价各种衡量标准的相依性和相关性，首先应该把不同的标准及其用途加以区分。根据各种标准的性质、特点和所涉及的时间范围，具体区分如下：

1. 目标与手段：部分衡量标准代表经营活动的结果或目标，他们可根据自身的实现程度予以评价；部分标准是组织达到主要目的的必不可少的手段或条件。

2. 时间范围：部分标准考查的是过去，部分标准则涉及现在的状况，还有部分标准是预期未来的。

3. 长期与短期：部分标准归属于一个比较短的时期，部分标准则归属于一个较长的时期。它们可能适用于衡量比较稳定的经营活动，也可能适用于衡量比较不稳定的经营活动。

4. 硬指标与软指标：部分衡量标准是根据实物和事件的特点、数量或发生的频率来计量的，称之为硬指标。部分指标则是根据对行为的定性观察或进行的民意测验的结果来衡量的，称之为软指标。

5. 价值判断：部分变量呈线性变化趋势，部分变量则呈曲线变化趋势。由此，判断这些变量指标优劣时，就应该与其各自变化的规律和特性相适应。在不能使所有目标同时达到最优的情况下，如何在各个评价指标或变量之间进行权衡、取舍，在相当大的程度上取决于上述曲线的走向和形状。

Quinn 和 Rohrbaugh 在 1983 年对为数众多的各项指标统计分析的基础上，发现了支撑组织效能的两个主要维度。第一个维度（即直角坐标系横轴）与组织重视方向（Organizational Focus）有关，左方组织重视内部性，即员工福利及发展，右方组织重视外部性，即组织自身的福利和发展。第二个维度（即直角坐标系纵轴）与组织结构偏好（Organizational Preference for Structure）有关，下方组织强调稳定与控制，上方组织强调变革与弹性。这两个维度就组成了四个象限、四种组织模型，如图3-2所示。

Rowan（1985）将组织效能评价标准分成下列三种：

1. 目标中心标准：是假设组织会去追求一套目标，故组织效能乃是组织目标的达成度。此种模式虽然可以定出评量标准，但却也招致许多专家学者的批评。如方德隆（1986）及吴清山（1998）认为目标中心标准的操作性目标有六个缺点分别为：①重视官方或行政人员目标，易忽略组织中其他个人或社会目标；②忽略潜在的非正式目标；③忽略组织追求多重目标且互相冲突的目标；④忽略环境对组织目标的影响。组织目标是动态的，而目标中心模式是静态的；⑤组织目标是回顾性，可确认组织人员的行为，却不能用来指导他们的行为；⑥组织的官方目标不一定是它的操作性目标。

2. 系统资源标准：是假设组织是一个环境开放系统，故系统资源模式将组织效能的表现视为组织可以在环境中获得有价值的资源。此标准应用到组织引起诸多学者批评，如蔡素琴（1997）认为过度强调投入，造成组织可能会为了获取资源而丧失其原本的功能；增加投入或获取资源也是组织的操作性目标之一，所以实际上系统资源模式也是目标中心模式的一种，组织获取资源的过程中，很难以定义评量，且此评价标准中的效能即是效率，窄化效能的内涵。

3. 目标与系统资源整合标准：Hoy（1985）依据目标与系统资源的整合观点，提出一种评价组织效能的标准架构，效能应有调适内在与外在的影响力、达成目标的影响力、组织的凝聚力以及成员对组织的奉献。

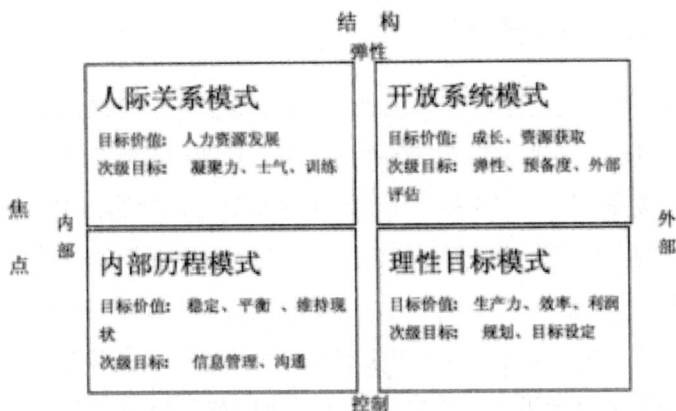

图3-2　组织效能竞争架构

John Campbell是组织效能标准方面最有名的研究者，他构建的评价标准中包含30个指标：总体效能、生产率、效率、利润、质量、事故率、增长、旷工率、员工流失率、工作满意感、动机、士气、控制、冲突和融合、弹性和适应性、规划和目标设定、目标一致性、组织目标的内化、角色和规范融合、人际关系技巧、管理任务的技巧、信息的管理和沟通、准备状态、环境的运用、外部实体的评价、稳定性、人力资源价值、参与及影响力分享、强调培训与发展、重视成就。

英国的 IWNC 咨询公司从方向、适应性、文化、沟通、互动、领导力六个方面来设立评价标准，具体如下：方向——理解并与组织的方向保持一致；领导力——管理人员的领导技能和运用这些技能的意愿；互动——人们作为一个团队相互协作的意愿和能力；沟通——工作中沟通的有效性；文化——人们对他们的工作环境以及他们愿意在这样的环境工作的认识的一致性；适应性——人们适应变化的意愿和能力。

（二）国内对组织效能标准的研究屈指可数，没有统一标准

20 世纪 80 年代末邹再华将企业效能衡量标准分为 10 个统一：投入与产出的统一、数量与质量的统一、共享与价值的统一、目标与手段的统一、经济效益与社会效益的统一、工作目标与自身建设目标的统一、当前利益与长远利益的统一、局部与整体的统一、组织利益与组织成员个人利益的统一、工作中基础条件与成绩大小的统一。

1989 年王重鸣等人从预测的角度考查了企业承包联营责任制、新技术引进及人事决策的效能评估与预测。他们提出的组织效能标准为：组织层面的总体目标、部门与群体层面的目标、职务层面的目标。

中国台湾某学者将组织效能的标准分为群体生产的产量、群体对其成员的影响、提高组织工作能力三个方面。

二、组织效能评价方法研究

组织效能的评价方法建立于评价标准之上，即根据上述学者提出的评价标准建立评价指标体系或者评价量表，采纳统计或综合评判方法对企业组织效能进行评价。在彼得·F.德鲁克的《公司绩效测评》一书中提到了 ECI 的平衡计分测评法，主要从财务、顾客、内部业务和内部创新四个角度来建立测评指标。但 Atkinson 认为平衡计分卡没有综合所有利益相关者包括股东、顾客、雇员和社区，说明了蒙特利尔银行如何针对利用相关者制定的不同的效能衡量标准。国内学者苗玉柱对美国哈佛大学管理专家 Robert S. Kaplan 和 David P. Norton 开发的平衡计分卡进行了扩展，建立了我国利益相关者的组织效能评价指标体系。另外，研究组织效能的咨询公司都各自开发出组织效能量表及问卷，采用综合评价方法对企业组织效能进行评价，这些量表具体内容都为保密。

评价的尺度有是与不是，完全不符合、比较不符合、不确定、比较符合、完全符合，

很不满意、不满意、一般、较满意、很满意，非常不同意、不同意、稍微不同意、普通、稍微同意、同意、非常同意，优、良、中、差等 2~7 级不等，对各等级赋予 2~7 的数值，并利用统计软件分析数据。①

第四节　企业战略性人力资源管理与组织效能关系的研究简述

20 世纪 90 年代以来，研究者做了大量的理论和实证工作，分析战略性人力资源管理和组织效能（或组织绩效）二者之间的关系。

有些研究者从理论推演着手，发现人力资源管理实践能有力地保障组织目标的实现。例如，王益明（2006）主编的《人力资源管理》中提出的人力资源战略管理过程，就论述了 SHRM 对实现组织目标的作用，如图 3-3 所示。

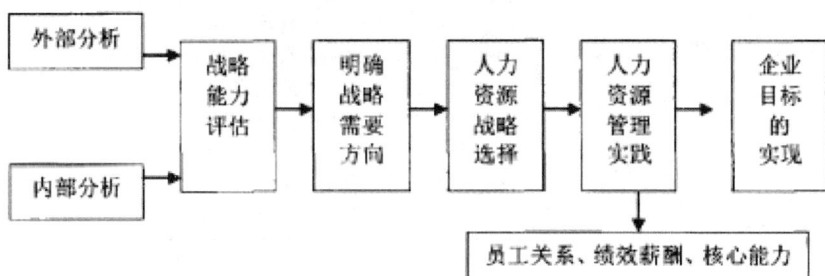

图 3-3　人力资源战略管理过程

还有些研究者从实证研究着手，发现战略性人力资源管理对组织效能（或绩效）起着积极影响作用。例如，Huselid（1995）通过实证研究得出"企业高绩效工作系统可以提高企业生产率、改善企业绩效"的结论；Delery & Doty（1996）对战略性人力资源管理与银行收益率的关系进行验证，发现"战略性人力资源管理能够提高资产回报率和每股回报率等效能指标"；Guthrie（2001）通过对新西兰企业的调查，发现高绩效的人力资源管理系统能够提高生产率和留职率；Kinnie 等（2005）提出如何通过强化人力资源管理以实现组织绩效增长的具体办法；Guest 等（2003）以 366 家英国公司为样本，验证了 HRM 与组织生产力和收益率之间的关系，证明了 HRM 对提高组织绩效的积极作用；范秀成（2003）以外商投资的制造业为样本，验证了人力资源管理系统和组织绩效之间的正向关系；Datta, Guthrie & Wright（2005）发现合理的 HRM 实践系统能够提高劳动生产率；张正堂（2006）通过企业调查，验证了人力资源管理活动与企业绩效之间的显著关系；刘善仕

---

① 王丹，江华. 基于战略的组织效能评价体系研究［J］. 中国人力资源开发，2012（05）：54-57.

（2008）发现，投资型人力资源管理系统的多样化培训、基于员工发展的绩效评估、内部晋升式的员工发展规划、员工参与等实践活动都在不同程度上与组织绩效有正相关作用，促进组织获得高绩效。①

Wright 等（2002）对已有的研究进行回顾，用两个维度对这些文献进行了归类：第一，所分析对象的层次，是从组织层面还是从个体层面，即分析对整个组织的影响还是对企业中个体的影响，如对组织文化、组织学习等的影响；第二，所分析人力资源管理的多元性，是人力资源的整体系统还是单个人力资源功能，即以公司总体的人力资源体系为分析对象还是以某个功能为对象进行研究，如培训、薪酬等对组织效能的影响，各种人力资源管理政策组成的系统或称"HRP 束"对组织效能（或组织绩效）的影响。根据以上两个维度，将以往的研究归类如图 3-4 所示。

分析对象的层次		人力资源政策的多元性	
		系统	单个
	组织层面	战略HRM 行业关系 高绩效工作　一	单个功能 对公司绩 效的影响　二
	个体层面	心理契约 雇员关系　四	传统功能 组织心理学　三

图 3-4　人力资源管理研究文献归类

在第一区间的研究是系统研究人力资源体系与组织效能的关系。这是战略人力资源研究领域的范畴。最为经典的是 Huselid（1995）以企业中的高层 HR 经理为对象，对人力资源体系影响公司财务表现的分析，结果发现人力资源管理系统的测量值和企业的人均销售额以及人均市值之间存在显著相关。此外还有 Delery（1996）、Huselid, Jackson 以及 Schuler（1997）的研究。随后，韩国（1996）、法国（1997）、以色列（1999）、日本（1999）也都对人力资源体系对公司效能的影响进行了实证分析，大部分结果支持了 Huselid 的结论。②

在第二区间的研究是研究人力资源体系中单个功能与组织效能的关系。例如，Banker 等（1996）对报酬政策对组织绩效和销售量的影响进行分析。Show（2001）等均进行了深入研究，结论大都支持人力资源的功能能够影响到公司的效能。但是这一方面的研究存在着十分明显的缺陷，即单个功能的分析无法排除其他因素的影响。因为某个公司在采用

① 孙少博. 战略性人力资源管理对组织效能的影响研究［D］. 山东大学，2012：56.

② 史红静. 战略性人力资源管理对组织效能的影响研究［J］. 全国流通经济，2020（02）：121-122.

某项积极的人力资源政策的同时，也往往会采用其他积极的政策，本部分研究无法排除企业功能的影响。李军（2009）研究战略性薪酬对组织绩效的影响，发现战略性薪酬通过影响人力资本和员工的态度与行为，进而影响组织效能的机制。

在第三区间的研究最为丰富、研究时间也比较早。有大量研究对员工选择、培训与发展、报酬、绩效管理、参与管理等对员工行为表现的影响进行了实证分析。比如员工选择方面有 Goldberg（1990）、McManus & Kelly（1999）、Boudreau、Boswell & Judge（2001）等的研究。培训发展方面的研究 Frayne and Geringer（2000）、Chan & Neal（2000）。关于报酬方面有 Dulebohn 等（2000）、Deckop（1999）的研究。第四区间主要研究公司的人力资源体系对员工心理和行为的影响。其中比较典型的有 Rousseau、Greller（1994）对人力资源管理实践对员工态度影响进行了分析，Guest（2003）、Thomas（1998）均进行了进一步分析。大部分研究表明，积极的人力资源实践能够表现出公司对员工的态度（信任、愿意长期使用），员工感受企业的这种态度后，就会表现出对组织的承诺。

虽然很多研究都支持了人力资源管理实践对组织效能存在积极的影响。但是，多数学者没有深入探讨人力资源系统对效能的影响是如何产生出来的，往往将这一过程作为一个"黑箱"来处理，如图 3-5 所示。

图 3-5　战略性人力资源管理系统对组织效能影响过程的黑箱

在进入 21 世纪后，有越来越多的学者意识到了以往研究对中间机制的忽视所带来的不足，因此开始从不同的角度和方法探究黑箱里的变量。但是，在研究的层次往往或分析对整个组织的影响，或分析对企业中个体的影响，或以公司总体的人力资源体系为分析对象，或以某个功能为对象进行研究，割裂了组织层面与个体层面的联系，这违背了现实中组织层面与个体层面的有机联系。研究中所采用的 HRM 的层次和种类在各个研究中有很大的不同，所用的量度标准、测量项目也不一样，这使得在结果的比较上有较大难度，而且对于结果的解释以及推广都有较大的局限。在研究方法的选择上绝大多数的理论模型假设二者之间是一种线性因果关系，研究时最主要的问题就是确定在因变量与自变量之间中间的变量数目。由于这种机制的复杂性，导致在理论上加入更多变量的可能性几乎总是存在的，这也造成了在战略性人力资源管理影响组织效能的机制研究中不确定性的增加。在实证研究变量的选择上，研究者所做的各种尝试都只是部分地引入了一些中间变量，组织文化在机制中的重要作用还没有得到重视。

由此不难看出，运用科学的研究视角来探讨战略性人力资源管理影响组织效能的机制，是非常必要和紧迫的。

第四章 人力资源战略下知识管理、组织文化与组织效能的关系

本章以人力资源战略为大背景，首先讨论知识管理与企业文化的基础理论，然后对知识管理与组织效能的关系、组织文化与组织效能的关系两方面的相关内容做出深入探究。

第一节 知识管理与企业文化的基础理论

一、知识管理基础理论

（一）知识管理的含义

知识管理 KM（Knowledge Management）是市场经济高度发展的产物，是随着知识经济的发展而出现在管理领域的新生事物。知识管理的概念，到目前为止并没有一个确切的定义。国内外关于知识管理的定义有多种。

1. 国外代表性观点

丹尼尔·E. 奥利里的观点：知识管理是组织各种来源的信息并将它们转化为知识的人为活动，是一个以人为主体的组织过程。[①]

美国生产力与质量中心认为，知识管理是为了满足知识的需求，在最短的时间内将知识传递给最需要的人，组织所采取的一种有意识的措施。知识管理措施的采取能够让知识、信息等更好地传播、交流，从而实现高度共享，并且结合相关技术使得知识管理措施更具高效性。

美国莲花公司图文管理产品公司总经理斯科特·库柏认为，知识管理的目的是运用信

---

① 朱纯. 知识管理战略研究综述 [J]. 中国商论，2018（34）：84-85.

息创造某种行为对象的过程。

卡尔·弗拉保罗，德尔集团（美国）创始人之一，对于知识管理的理解为，企业显性知识与隐性知识通过知识管理的相关措施达到交流与共享，企业的应变和创新能力也在这一过程中应用集体智慧的力量得到了提高。

2. 国内代表性观点

丁蔚博士认为，知识管理包括对信息的管理，是信息管理的深化与发展，它来源于传统的信息管理学；对人的管理。

著名学者乌家培教授认为，知识管理是实现信息与知识共享的主要途径，在这一过程中信息与信息、信息与人、信息与活动通过人类活动而联结起来，知识创新是由集体智慧的结晶带来的，将有利于企业适应社会发展过程中带来的激烈竞争。

学者郑丽莉认为，知识管理是一种企业发展服务，为了取得良好的服务效果将企业人才资源的不同方面和企业的经营战略、市场分析及信息技术等协调统一起来。

邱均平、段宇锋认为，知识管理的概念可以从广义和狭义两个方面进行定义。狭义知识管理是对知识本身的管理，主要包括知识的创造、获取、加工、存储、传播和应用等方面。广义的知识管理不仅涵盖对知识本身的管理，更包括对各类与知识相关的资源的管理，其涉及面很广。广义的知识管理包含对知识组织、活动、设施、资产、人员的全方位管理。我个人认为，知识管理是以信息技术、网络技术为依托，以人为核心，对知识进行收集、组织、加工、整理、传播，实现无形资产的传播。这一过程能积极促进知识的转化和共享、调动人们的能动性，达到知识创新的目的。

由此可见，我们可以从两方面对知识管理的概念加以理解：一是对信息的管理，在信息系统中对获得信息技术支持的知识进行识别和处理；另一方面是指对人的管理，发掘人脑中非编码化的信息，并将其进行统一管理。

（二）知识管理特点

知识管理蕴含多层次意义，主要体现在以下方面：

1. 管理的核心对象——知识。知识管理中的核心对象是知识，其主要含义是融合、转化隐性与显性知识，并充分利用和共享二者，并同时做好相关归纳、总结、提取、保存等工作。

2. 人在知识管理中的作用。知识管理需要充分发掘人的潜力，并进行相关引导学习，不断地提高、激发员工的创造力，提高员工获取知识的能力。知识管理为了实现其价值目标，在充分尊重个人价值的前提下，激励员工将其相关知识积极应用于日常工作中。

3. 集成管理。集成管理需要同时关注软、硬两方面生产要素，传统管理模式的明确边界与等级制金字塔形结构不利于知识管理，我们通过资本存量、知识存量的裂变重组与功能放大来实现管理组织结构的网络化与虚拟化，改变传统模式。

4. 共享与创新。共享与创新是知识管理重要的目标，知识管理需要促进员工之间的知识交流和共享进而达到创新的目的。知识管理不仅涵盖传统的知识信息的收集、整理和存储等机械的管理方式，还包括处理知识、知识与用户之间的关系，并不断创新以适应新需求。

5. 管理边界不确定。知识一直处于不断发展变化的过程当中，想要对其掌握和控制，是非常困难的，在信息化的今天，组织结构和人力资源也逐渐虚拟，使对知识的管理更加模糊不清。

（三）知识管理战略

1. 知识管理战略的分析

知识管理战略规划可分为知识管理目标与愿景制定、知识管理现状评估、知识管理差距分析、知识管理战略制定四个子阶段，如图 4-1 所示。知识管理现状评估和知识管理差距分析用以诊断现状和分析需求，而知识管理目标与愿景制定以及知识管理战略制定则要确定知识管理导入的总体策略。所以，现状评估和策略制定就成为知识管理战略规划模型的两个核心。

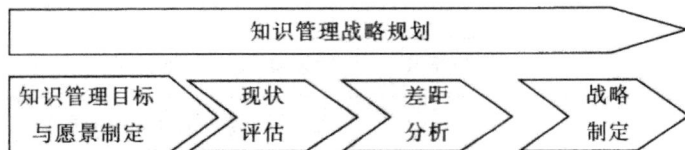

图 4-1 知识管理战略规划模型

本节讨论知识管理战略规划模型中的现状评估与差距分析。

（1）知识管理现状评估。组织知识管理现状评估包括两个方面：组织知识资源现状和知识管理能力现状。

①组织知识资源的定位。SWOT 分析法是用于分析组织内外部环境对组织的影响，寻找内外部环境的协调和最佳配合，以制定组织经营战略的常用工具。组织知识管理战略的制定同样也可以应用 SWOT 分析法。因为组织要实施有效知识管理，其前提必须首先是辨识自己所拥有的知识结构与分布，然后分析市场对知识的需求，了解竞争对手的知识状况，从而发现组织存在的知识优势或者是知识劣势，进而有针对性地制定出有效的知识管理战略。

知识资源现状分析过程（见图 4-2）主要包括：辨识组织知识基础、组织知识资源的定位、明确组织知识缺口现状和制定合适的知识资源战略。

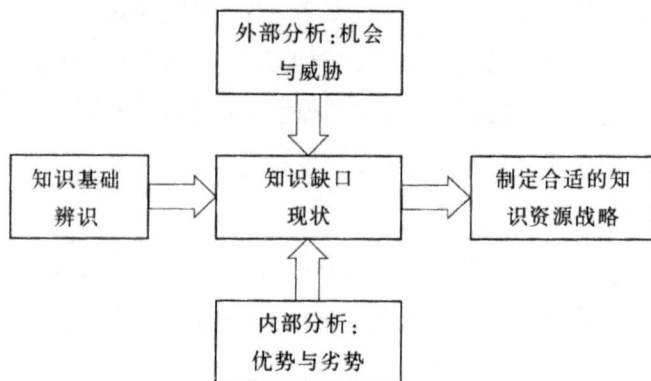

图 4-2　知识资源现状分析过程

根据互相之间的知识情况，组织可以定位于 5 种不同的竞争位置，如图 4-3 所示。

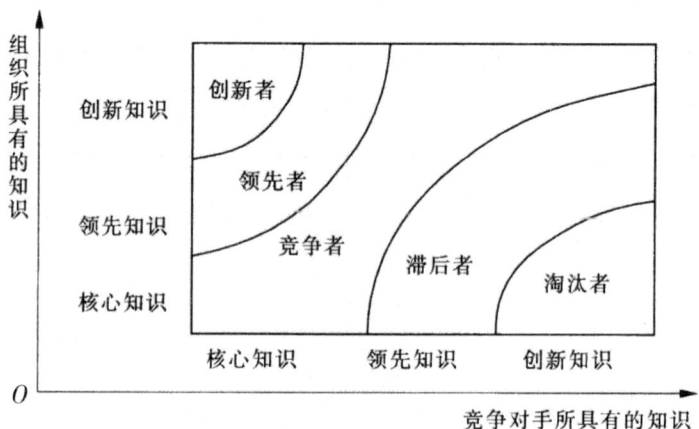

图 4-3　组织知识竞争位置的识别

②组织知识管理能力现状评估。在知识管理的战略规划中，首要的问题是要认识组织知识管理现状，从而得出组织知识管理的能力水平。知识管理能力现状评估的整体过程如图 4-4 所示。

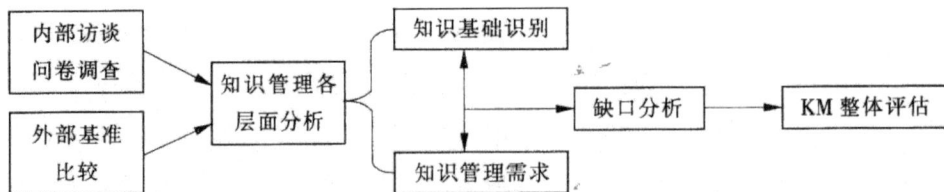

图 4-4　知识管理现状评估过程

（2）组织知识管理差距分析。组织知识管理差距分析包括知识管理能力差距分析和知识资源缺口分析。通常从知识管理的人、技术、组织、流程和知识资源等方面识别知识管理的不足。下面主要讨论组织知识资源的差距分析。

一般可以用知识的 SWOT 矩阵来识别组织的知识缺口和战略缺口，如图 4-5 所示。

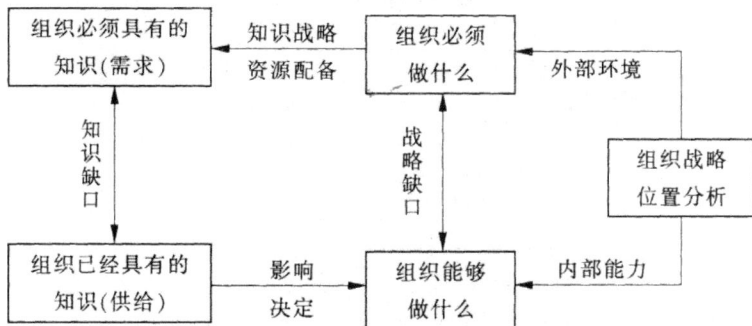

图 4-5　组织的战略与知识缺口分析

组织适应外部环境产生的知识需求与其自身条件形成的知识供给并不总是吻合的。这样，在知识的需求与供给之间就会存在差异，形成组织的知识缺口。

2. 知识管理战略的目标

知识管理战略的基本目标有两个：①创造一种有利于知识生产与共享的环境，通过组织安排和制度安排保证个人有价值知识的最大化和个人知识转化为组织知识的最大化；②促使更多的组织知识转化为有市场价值的产品和服务，提高组织的核心竞争力。

从企业战略的角度来说，知识管理战略的最终目标是帮助企业获得持续的竞争优势，实现企业目标。一种有效的、清晰的知识管理战略有助于：

·增加企业内知识管理的意识与理解，识别潜在利益。

·为人们提供知识管理实施计划，通过开发流程与系统来获取分散的知识，吸引执行知识管理的各种资源。

·获得高层管理者的承诺。

·减少人员离开组织时知识资本的损失。

·减少知识基础行为的冗余。

·通过信息获取的规模经济效应降低企业成本。

·通过更多的授权提高员工的满意度。

·交流有效的知识管理实践，为人们提供评估工作业绩的基础。

·通过更快、更容易地利用知识来提高生产力。

·提高市场的竞争优势。

3. 知识创新战略

知识创新战略是为了塑造组织的核心竞争力和获得战略竞争优势所选择和执行的一系列整合的知识创新目标和行动。知识创新战略的形成和实现是一个由五阶段组成的管理过程，如图 4-6 所示。

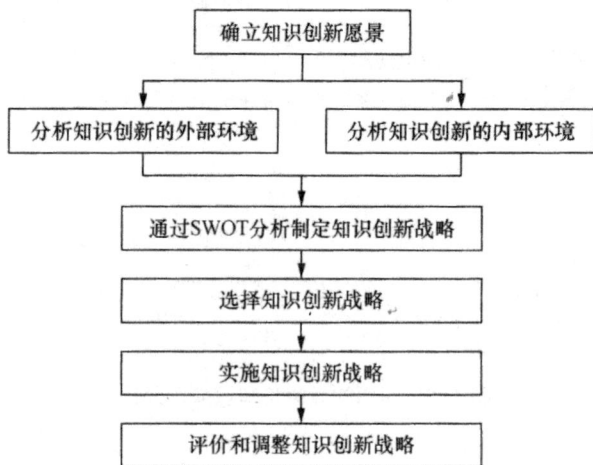

图 4-6　知识创新战略管理过程

确立知识创新愿景需要处理好组织知识创新战略与组织整体战略的关系。一方面，组织整体战略规定了组织知识创新战略的基调；另一方面，知识创新战略的制定与实施必然影响组织整体战略的内涵。这时，需要遵循下述原则：

· 要确保知识创新战略与组织整体战略的一致性。

· 要有利于建立统一的组织文化或环境。

· 要能够使组织成员清楚地认识组织知识创新的目的与方向。

· 要能够为创新资源配置提供基础或标准。

· 要有利于知识创新团队的建设。

· 要有助于知识创新绩效评价。

知识创新战略分析包括三个方面：

· 外部宏观环境分析，主要从政治、经济、社会文化和科技等方面分析组织知识创新面临的机遇和威胁。

· 竞争环境分析，主要从供应商、顾客知识需求和知识资源、知识创新领域的竞争对手、合作伙伴等方面分析组织知识创新的相对竞争优势与劣势，明确组织知识创新的发展方向和发展重点。

· 内部环境分析，主要从组织资源、能力和核心能力等方面分析组织开展知识创新的基础条件以及知识创新领域的优势和劣势。

知识创新战略分析的关键是确定企业知识创新战略的关键成功因素，并对这些因素进行动态监控和评价，为知识创新战略的制定、实施和调整提供保障。

知识创新战略的选择是在知识创新战略分析的基础上寻找和选择最终的知识创新战

略。这时要考虑如下因素：

·慎重选择战略分析工具，同时要将直觉或经验判断与科学的分析结合起来制订和选择战略方案。

·分析知识创新战略选择过程中的文化因素，尽量不要与组织文化发生冲突，若存在冲突，就要寻求战略变革来改变组织文化。

·要谨防政治权力与权术活动干扰正常的知识创新战略选择，要通过有效的沟通争取企业领导者和利益相关者的支持，同时通过交流和引导等方式使知识创新团队能够超越团队利益，把组织利益放在首位。

·要树立风险意识，尽可能考虑到各种不利因素和不确定因素，制订应变方案并加强应急管理培训。

·要进行财务分析，分析知识创新目标和创新战略的选择。

知识创新目标主要包括：

·提高产品的知识/技术含量。

·改变流程/工艺的性能。

·提高知识创造能力。

·增强竞争优势。

·促进组织知识转化等。

知识创新战略的主要任务包括：

·制定组织知识创新的年度目标。

·制定和调整知识创新政策。

·培育支持知识创新战略的组织文化。

·建立知识创新组织和组建知识创新团队。

·制定知识创新预算，科学配置知识创新资源。

·培育知识创新氛围，激励知识创新行为。

·支持组织业务和管理变革。

·营销创新产品，开拓创新产品市场。

·建立现代化的知识创新平台。

知识创新战略的控制是对知识创新活动与过程的控制，主要任务包括：

·考察组织知识创新战略的基础，即对组织内外部环境进行动态监控和分析，对照战略制定时的内外部环境分析环境变化程度，为战略评价和调整提供客观依据。

·创新战略评价，对比分析既定的创新战略目标和实际的创新结果之间的差距，分析造成差距的原因。

·创新战略调整，结合创新战略环境的变化和创新战略评价结果，确定是否调整创新战略以及具体的调整政策。

创新战略控制的关键是要建立有效的创新信息反馈系统，制定创新评价系统，建立规范的创新评价制度。

4. 知识保护战略

知识保护是指维持组织知识的新颖与建设性状态，并利用安全与法律措施阻止组织知识非授权地转移到其他组织的过程。组织新技术可以直接转化为新产品和新服务，为组织带来经济效益。而技术知识出于本身存在的"溢出效应"和其他原因，总是存在扩散现象，造成技术流失和效益损失，如何有效地保护组织知识是每个组织关心的问题。在美国，防止商业犯罪每年要花费公司1280亿美元。资产安全成为许多公司主要关注的事情，其中有形资产保护每年要花费公司近300亿美元。现在越来越多的人认为公司价值主要在于公司的无形资产，即知识、技能、数据库、企业声誉、商标意识、忠诚度。

组织知识保护的主要对象是组织无形资产，它包括：商标、专利、版权、已注册的设计、合约、贸易秘密、信誉、网络关系、诀窍、文化。

这些无形资产的保护既是组织知识管理的重点内容，也是维持组织竞争优势的主要办法。一项英国的调查发现，公司执行总裁们认为公司各种无形资产的替代周期分别是：

·公司信誉——14年。

·产品信誉——6年。

·员工技能——4年。

·网络——4年。

·供应商技能——4年。

·数据库——3年。

·销售技能——2年。

这就说明两个主要问题：①某种无形资产的竞争优势并不是无限期的，超过其竞争优势时期的无形资产是无须进行知识保护的；②在优势期内的无形资产应该得到保护，否则就会缩减这些无形资产的竞争寿命和损失企业的竞争优势。

与有形资产保护相比，知识保护是更困难的。首先，知识产权法根据现有法律得到有限的定义，且撰写与执行这些知识产权是昂贵的。例如，专利只有在其有效期内才能保护其原产品，一旦专利被出版，它就把公司知识揭露给了竞争对手；版权只能为那些编码化产品如文字作品、音乐、艺术、电影、照片、软件和技术图纸等提供所有权，它也有有效期，难以执行，因为原告必须要在侵权行为中证实受版权保护的产品的新颖性；贸易秘密法则只适用于已经编码化和仍在继续使用的知识，非继续使用知识如投标邀请书、计划或原型、隐性知识都不受保护。另外，不同于专利或版权，贸易秘密法则不能反对竞争者使用"公正"方法来复制知识、使用知识，也不能约束第三方使用知识。因此，这些保护对于那些只是部分原始的或隐性的或长期存在的知识来说是相当有限的或不存在的。

其次，人们很难发现知识被征用或非法模仿。不同于有形资产，知识本质上是移动的，因为它存在于个人的头脑之中。知识只有通过特定行为才能呈现稳定性。例如，一种设计图很容易通过手工方式、邮件、计算机从某人传递到另一个人，而只有采取锁在保险箱内、存储在一个访问被严格限制的计算机文档之中或写成破译不出的代码等措施时，这个设计图知识才呈现稳定性。另外，知识具有公共商品的属性，可以被许多个体或组织同时使用，对任何用户来说并不会减少知识的生产力。因此，知识的非法使用是很难发现的。

虽然保护知识本质上是很困难的，但是不能因此放弃或忽视知识保护。知识保护战略可分为三类：法律保护战略、技术保护战略和契约制度保护战略。

知识法律保护战略就是利用各种知识产权法（如专利法、商标法、版权法等）来阻止非法用户不合理使用组织知识的强制性措施与行动。

知识技术保护战略是通过利用现代信息技术（如防火墙与密码技术）、建立有效的知识管理体系等措施来保护组织知识资产。

知识契约制度保护战略是指通过建立与知识保护相关的各种制度与合约，如建立员工行为准则、激励机制、工作安排、战略联盟（或知识联盟），确定合理使用知识的制度与程序，限制访问某种信息的员工数量等，来保护组织知识。

（四）　知识管理模式

正如知识管理有诸多定义一样，其在形成与发展过程中也形成了多种不同的模式。知识管理模式是对知识管理要素及其关系、核心业务或流程的简要与形象描述，它有助于更准确、更清晰地了解知识管理及其活动。早在 1999 年，麦克亚当和麦克兰蒂（McAdam and McCreedy）就对已出现的三种知识管理模式（即知识分类模式、知识资本模式和社会构建模式）进行了评论。后来，国内外许多学者，如道尔基（Dalkir）、格伯特（Gebert）、卡卡贝兹（Kakabadse）、霍尔斯阿普尔和乔希（Holsapple and Joshi）、霍国庆、夏敬华和金昕等，都对知识管理模式提出了各自的观点。

知识管理模式是一个前沿问题，它对于组织利用知识管理实现战略目标至关重要。从理论与实践进展来看，本书认为知识管理已经涌现了技术导向的知识管理模式、流程导向的知识管理模式、绩效导向的知识管理模式、知识创造模式、智力资本模式、知识价值链模式、客户知识管理模式、组织学习导向的知识管理模式、空间知识管理模式、综合知识管理模式等主要类型。

1. 技术导向的知识管理模式

信息技术的发展为知识管理提供了技术支撑。技术导向的知识管理模式特别注重技术在知识管理中的核心地位，技术被视为知识管理的主要贡献者与促进器，主要研究信息技术在知识管理中的应用和知识管理系统的构建，认为知识可以通过一些先进的信息技术得到管理，即被识别、处理和利用，认为技术可以开阔人的思维，从而改善组织行为，促进组织的持续改进与增长。

2. 过程导向的知识管理模式

过程导向的知识管理模式是以知识生产、知识获取、知识组织、知识共享、知识传播、知识存储、知识利用等过程作为知识管理的核心内容，考察各阶段知识运作的不同特点、方式、技术、实现途径及其对提升组织竞争优势的影响。

这种知识管理模式具有以下优势：

（1）面向价值链。过程导向观点把任务导向与知识导向观点组合成一种价值链导向的观点。那些有助于价值创造行为的知识可以成功地与业务流程联结起来。因此，这些知识可以以更有针对性的方式提供给员工，同时可以避免信息超载，因为只有那些与价值创造行为相关的信息才被过滤与利用。

（2）背景相关性。它可以提供一些对于解释与构建过程相关知识很重要的背景，包括有关的流程知识。

（3）普遍公认的管理方法。虽然业务流程再造已有十多年，但是再造知识密集业务流程仍是一种奋斗目标。这包括：合适的流程模型、扩展的建模行为和参照模型与工具。

（4）知识处理的改进。过程导向可以依据知识过程再设计在知识处理中产生目的性更强的改进。

（5）过程定标赶超。十分成功的知识密集型业务流程对比是知识过程再设计领域活动中的一种好的开始，因为这些弱的结构化流程经常是很难描述的，在这个方面的努力是完全值得的。

（6）获得支持。知识过程可以把知识纳入业务流程管理，可以综合知识管理的生命周期模式。

（7）过程控制。知识控制的实际方法得益于过程导向的方法，作业成本法领域中的一些方法也适合于知识密集型流程。

（8）设计与引入知识管理系统。来源于各种过程的信息可用来更加精确地说明知识管理系统。

3. 绩效导向的知识管理模式

绩效导向的知识管理模式是以考察知识或知识管理对组织绩效的影响（贡献）为主要内容来发现组织知识运营中存在的问题，然后针对这些问题采取进一步的改进对策以提高组织绩效。这种知识管理模式要深入研究知识管理与组织绩效的关系，建立知识管理绩效评价模型与指标体系，并运用合适的定量与定性评价方法来评估知识管理的贡献。

4. 知识创造模式

知识创造模式主要考察隐性知识（包括个人隐性知识与集体隐性知识）与显性知识在个人、团队、组织、跨组织之间的相互转化和知识螺旋，以如何实现隐性知识与显性知识之间的社会化、外部化、组合化、内部化作为核心研究内容或管理对象，涉及知识建造的不同阶段、促进条件与手段。

5. 智力资本模式

智力资本模式以考察、发挥和评价智力资本对组织生存、维持竞争优势和保障组织绩效的独特作用作为核心研究内容或管理对象，涉及方面很多，具体包括：

· 智力资本的界定
· 智力资本的分类
· 智力资本的开发
· 智力资本的保护
· 智力资本的监控与评价
· 智力资本战略的组织与实施。

6. 知识价值链模式

知识价值链模式是以企业生产、经营、管理相关的知识活动（包括主要活动与辅助活动）作为主要对象来分析与判断企业的知识管理战略和竞争优势。

涉及方面包括：知识审计、知识获取、知识编码、知识创造、知识共享、知识应用、知识领导、知识组织、知识协调、知识控制、知识测评。

7. 客户知识管理模式

客户知识管理模式是综合信息技术与知识管理原理来帮助组织理解其客户并服务于客户和向客户学习。客户知识管理不同于传统的知识管理，它是以客户知识为中心，通过了解和获取"客户需要的知识""有关客户的知识""来自于客户的知识""合作创造的知识"来促进产品、技术或市场的创新，最终提高组织的竞争优势。

8. 组织学习导向的知识管理模式

组织学习导向的知识管理模式是把组织学习与知识管理整合起来，通过两者的无缝连接和良性互动促进组织的进一步发展。它同时强调组织学习与知识管理的重要性，认为知识管理与组织学习是密切合作与相互促进的。

桑切斯（Sanchez）提出了"五种学习循环"（five learning cycles）模式（见图4-7）。

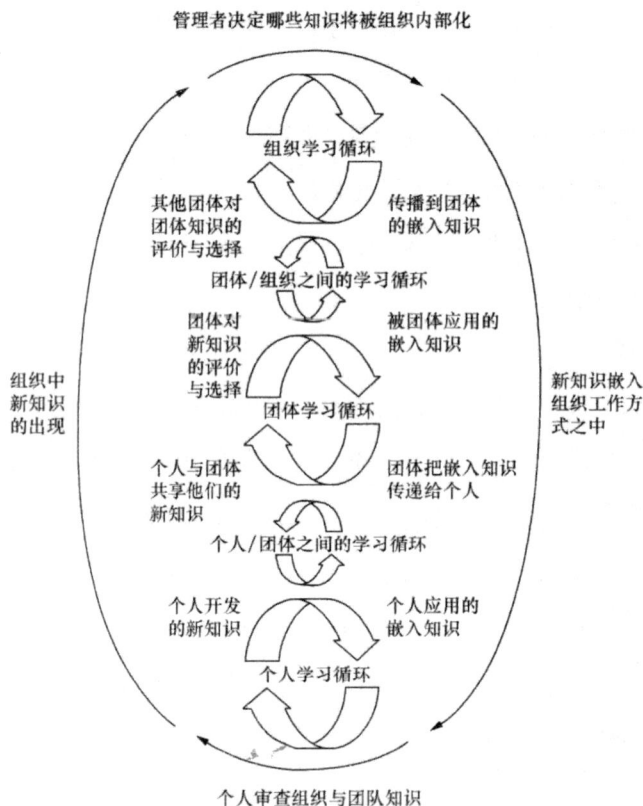

图 4-7 "五种学习循环"知识管理模式

它把组织学习表示为遵循一系列可确认的认知活动的集体意会过程。

9. 知识空间管理模式

知识空间管理模式旨在利用"抽象（具体的—抽象的）、扩散（扩散的—未扩散的）、编码（编码的—未编码的）"的三维信息空间来创造、维持与利用知识资产，以便在给定时间内最大化地实现它们的价值。在这种知识空间（见图4-8）中，编码可以被看作去除冗余数据从而在数据处理上实现节约的过程，编码维度是依据完成某一特定的数据处理任务所需要的信息的比特数来标度的；抽象是使完成某项特定任务所需的类别数最小以节约数据处理成本的过程，抽象维度是依据必须利用的类别数来标度的；扩散是构成信息空间的第三个维度，扩散维度可参照在不同编码和抽象程度上运作的信息可以达到的特定数据处理主体比例来标度。利用这三个维度，人们就可以确定任何一种信息（或知识）在信息空间所处的位置。

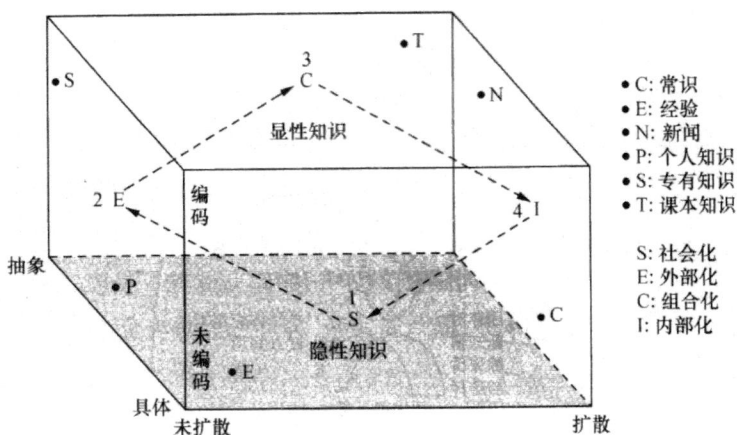

图 4-8　知识空间管理模式框架

10. 综合知识管理模式

综合知识管理模式是指组织通过综合业务流程、技术（或工具）、基础设施、人员来持续开发、改进或维持知识资产以实现组织目标。

它涉及知识管理的诸多因素，具体包括：知识管理促进因素、知识管理过程、知识资本和人员与技术。

业务流程、学习、企业文化、企业愿景、管理与领导能力都是知识管理的促进因素。这些促进因素与其他组织程序和惯例一起最终导致知识识别、创造、获取、适应与嵌入，最后可以形成被员工利用的企业知识库。预期的企业经营结果与目标在经营战略及政策的帮助下通过管理可以得到实现。而一旦实现这种目标，它们就有助于增加企业的金融资产。这种增强的金融能力必将产生更多的投资机会。从而，企业在无形资产与有形资产方面就面临投资更多金融资本的前景。结果是企业知识管理基础设施得到了加强，原有的促进因素也得到了改善。而这些改进后的促进因素反过来加强与补充了企业现有的知识库。这样继续下去，企业就可生产更多的有形与无形资产，并形成一种知识管理的良性循环（见图 4-9）。

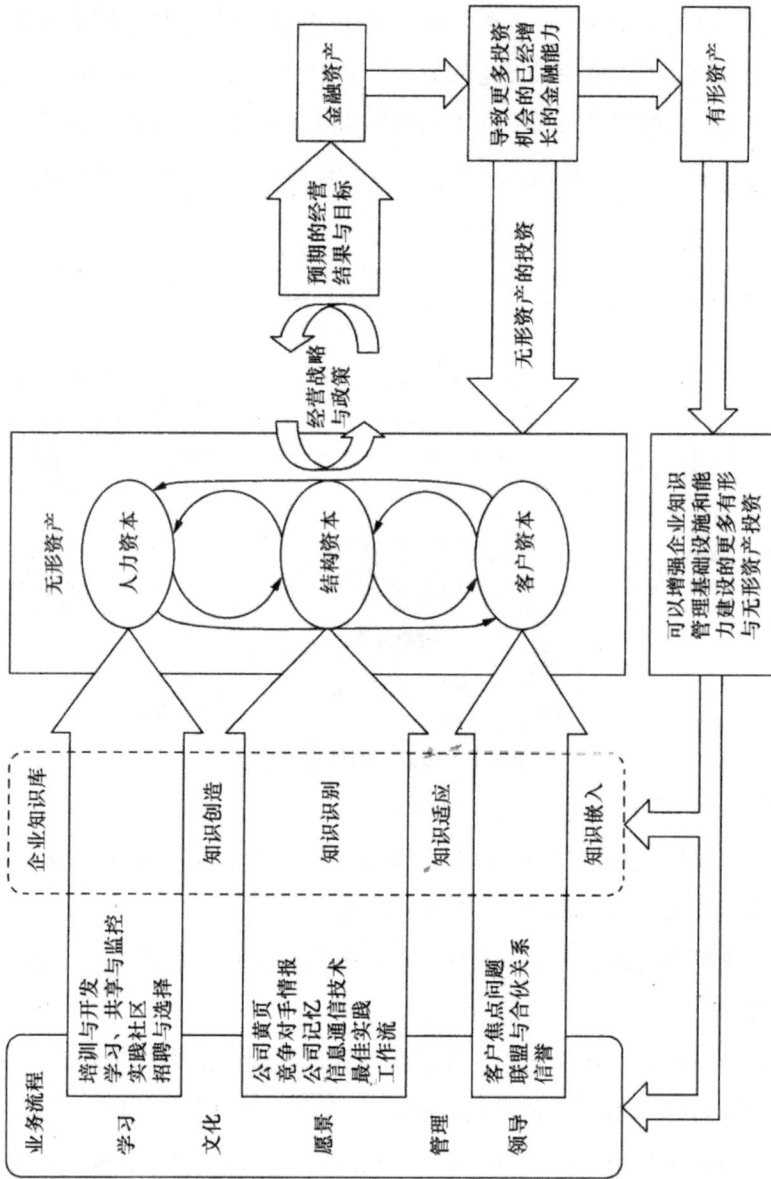

图 4-9 综合知识管理模式

二、企业文化的基础理论

（一）企业文化的含义与风险

"同心同德，方可成就大业。"你一定对此哲理并不陌生。那么，什么因素能使企业做到"上下同欲，同心同德"呢？答案就是企业文化。企业文化是支撑企业生产经营大厦的

"第一个基石"。企业文化与教育一样，它的作用不一定马上见效，但它对企业的影响更基础、更根本，也更持久。文化往往可供企业员工共享，它是一种超个性的群体意识，其价值具有更广泛、更深刻、更长远的社会意义。

在企业发展的两股内在驱动力中，一种是物质、利益、产权的纽带，另一种是文化、精神、道德的纽带。企业如果只有前一种纽带而没有后一种纽带，是不能得到健康发展的。更深入的持久竞争优势的研究正指引我们走向文化，而文化不是包装，现代管理的底蕴在于文化。

准确地说，企业文化中的文化不是指企业拥有多少工程师、经济师，也不是拥有多少文凭，而是拥有什么样的发展概念、对员工的影响程度、企业发展过程中的变革以及超越自我的能力。经营失误的企业给人的警示是：文化的丢失是生存权的丢失，文化的缺憾必然带来企业的畸形。文化虽然是无形的，但它是无处不在、无时不有的，"无形的比有形的重要、软件比硬件重要"，这就是社会经济时代的特征。在市场经济背后，有一只看不见的手，是经济规律；在此之外还有一只看不见的手，也是不能忽视的，那就是文化。世界 500 强企业的发展进程已经表明，企业文化是一个企业获得成功的关键动力，更是企业经营管理中一座有待挖掘的富矿！企业文化是指企业在生产经营实践中逐步形成的、为整体团队所认同并遵守的价值观、经营理念和企业精神，以及在此基础上形成的行为规范的总称。

加强企业文化建设至少应当关注下列风险：一是缺乏积极向上的企业文化，可能导致员工丧失对企业的信心和认同感，企业缺乏凝聚力和竞争力；二是缺乏开拓创新、团队协作和风险意识，可能导致企业发展目标难以实现，影响可持续发展；三是缺乏诚实守信的经营理念，可能导致舞弊事件的发生，造成企业损失，影响企业信誉；四是忽视企业间的文化差异和理念冲突，可能导致并购重组失败。

（二）企业文化的内涵与外延

"文化"正逐渐成为企业管理的一股重要力量，但是不少企业在企业文化建设上存在认识误区。正如在本章案例所描述的调研情况一样，不少企业在企业文化建设方面重形式、轻内涵，存在着认识误区。因此，需要集中分析企业文化的功能与作用机制。

1. 企业文化的功能区间

企业文化，从其长期体现的动力功能来说，主要包括以下几点：

（1）凝聚力。企业文化搞好了是一种"黏合剂"，可以把上下左右、领导与员工紧紧地黏合、团结在一起。这是一种凝聚功能和向心功能。

（2）导向力。导向力包括价值导向与行为导向，在企业行为中该怎么想、怎么做。企业价值观与企业精神，发挥着无形的导向功能。①

（3）激励力。企业文化所形成的文化氛围和价值导向是一种精神激励，能够调动与激发职工的积极性、主动性和创造性，把人们的潜在能力激发出来。

（4）约束力。在企业行为中哪些不该做、不能做，企业文化、企业精神经常发挥着一种"软"约束的作用，是一种免疫功能。

（5）纽带力。企业，包括大企业集团，维系发展要有两种纽带：一个是产权、物质利益的纽带；另一个是文化、精神道德的纽带。这两种纽带相辅相成，缺一不可。

从某种层次看，企业在市场上的实力并不仅仅取决于商品力和消售力，而常常与文化所滋生的软实力密切相关。

2. 企业文化的建设误区

调研发现，不少企业在文化建设领域，存在着一些相同或相似的误区，这些误区包括：

（1）将企业文化等同于企业形象识别。现阶段，国内不少企业将企业文化等同于企业形象识别。基于这一认识，这些企业将建立企业形象识别系统看成是企业文化建设的全部，这也正是它们在言及企业文化时必谈"CI""MI""BI""VI"的根本原因。事实上，企业文化包含了企业作为一个组织所追求的价值观念、行为模式和信仰等内容。企业文化的核心在于企业员工所共同认同的价值理念和受此价值理念指导的行为模式。从这个意义上说，企业文化并不完全等同于 CI，CI 仅仅是表象，是初始的、局部的。企业文化建设从 CI 入手是可以的，但如果将企业文化建设等同于 CI 设计，则设计出来的企业文化难免会成为一种对外对内的摆设，"作秀"的成分大于组织员工的力量。准确而言，企业文化不是秀给别人看的，有哪个优秀企业的文化是"秀"出来的呢？成功的企业文化核心只有一个理念，却能够始终如一地坚持和升华，并且从总经理到普通员工都对这一理念身体力行，从而使消费者更充分地感受到这家企业"爱的氛围和爱的行动"。

（2）将企业文化等同于全员文化。企业文化最终应成为被全体员工共同接受和遵守的价值理念、行为机制和行为模式。然而，对企业文化的形成起决定性作用的并非全体员工，而是企业的核心。可以说，企业文化便是企业家的文化，优秀的企业文化背后总有一位或几位优秀的企业家。大量的案例告诉我们，企业文化的形成呈现出由核心向核心管理层、中坚力量、普通员工逐层推进的特点，这点在创业型企业中尤为明显。企业文化的核心价值理念和行为模式很大程度上代表了核心的价值理念和行为模式，为核心所大力倡导，而普通员工更大程度上是对这个核心层企业文化的接受和认同，以及在既有基础上对

---

① 刘瑞鹏，刘玉普. 浅议国内企业文化建设之路 [J]. 现代商业，2008 (20)：74-76.

它的延续和发展。

（3）就企业文化本身论企业文化，将文化孤立于战略、组织、团队之外。一个企业由优秀到伟大，其核心竞争力的最重要组成要素便是企业文化，而使企业文化能有效发挥价值的关键在于企业战略、组织、团队的有效支持。孤立地谈论企业文化，将其脱离于企业其他管理元素之外；大而统之地认为文化无所不包，不需要其他管理元素的支持；在不明确企业战略的情况下便可以完成企业文化设计，在管理基础非常薄弱的情况下便可以进行企业文化建设等都是眼下我们见怪不怪的现状。成功的企业无不是战略、组织、团队、文化四个要素的有机融合与互动。其中，文化是企业的价值核心和理念精髓，是制定企业战略、构建企业架构、指导团队建设的理念基础。文化必须落地，而文化落地需要一整套的战略和制度支持，需要被团队真正地理解、接受、认同和实践。战略、组织、团队、文化形成企业的四个支点，它们有效构建起企业生存发展的基础，而且相互之间必须适应，相互匹配。离开战略、组织、团队三个维度的有效支持与协同，文化只能成为空中楼阁。

（4）将企业文化的关键定位于设计。许多企业认为企业文化是请人设计出来的，设计的语言越漂亮越好。基于这种思想，许多企业的企业文化建设将设计作为核心，追求语言的华丽，追求口号的响亮，这也正是为什么10个企业中有6个企业的企业文化雷同。其实，企业文化是对企业和企业员工价值理念的深层发掘和提炼，而非不着边际的空洞设计，是在企业的发展历程中积累而成，并由企业核心层向外围逐渐延伸、扩展，最终为企业员工所接受。企业文化并非语言越漂亮越好，越拔高越好，企业文化不仅要叫得响，而且更要用得着、分得出、立得住。对于企业文化建设而言，设计环节的重要性远远低于实施环节，不能有效实施的设计必然是失败的设计，具体的设计内容并不重要，重要的是要始终不渝地、持续一贯地对企业文化加以坚持和实践，要反反复复、不厌其烦地对员工进行宣传并使其贯彻。可以说，尽管并非有独特企业文化的企业一定能成功，但是成功的企业一定有文化。在这些成功企业的文化中，既找不出设计的痕迹和华丽的语言来，也找不出与他人雷同的地方。这些企业创造了独具特色的文化，文化成为它们独特的象征。

（5）将企业文化定位于职能部门的事情。有些企业管理者认为，企业文化建设与自己关系不大，只须将其作为一项工作分派下去即可。但事实上，离开了核心参与，企业文化建设根本不可能取得成功。领导者在企业文化建设中起码发挥着三个核心作用：一是所认可的企业的价值理念、目标设定、战略思考、经营动机、管理方针等是形成企业文化的核心基础，应当成为企业真正的精神领袖和形象代言人，就像我们谈到联想集团必然想到柳传志，谈到万科集团必然想到王石一样。二是应当身体力行地向员工宣传企业文化的精髓，推动员工对企业文化的认同和实践。企业应当通过高层—中层—基层的顺序逐层感染和影响员工，使企业文化的根基越来越牢靠。三是应当亲自推动建立以文化认同为核心的人才选拔、培养、使用、激励体系。

（6）企业文化的"唯变论"与"不变论"。企业文化既不是一成不变的，也不是捉摸不定的。在企业文化"变"与"不变"的问题上存在着两个相反的误区：一是将企业文化奉为圭臬，认为企业文化的各项内容甚至每一个理念、每一句话、每一个词都不应当被改变。二是认为唯一不变的是变化，企业的一切都应当不断改变，企业文化当然也不例外。誉满全球的企业研究力作《基业长青》，对企业文化的变化与否总结出了八字箴言"保存核心，刺激进步"，指出企业的核心价值观应当始终保持不变。世界上的著名企业一般都会虔诚地保持着它们的核心理念，它们的核心价值基础坚如磐石、始终不变。部分企业的核心价值观已经历百年而一成不变。同时，这些企业在稳保核心理念之余，也展现出追求进步的强大动力，不断改变却不会有损于其所珍视的核心理念。由此，我们可以得出结论：企业的核心价值观应当保持不变，而除了核心价值观外，其他的一切都是可变并必须改变的。企业文化建设是一个随着企业发展壮大不断规范、成形、优化、再发展的过程。

（三）企业文化与企业核心竞争力的关系

1. 企业文化是企业核心竞争力的核心要素

企业竞争力可分为三个层面：第一层面是企业生产产品及控制其质量的能力、企业的服务能力、成本控制的能力、营销的能力、技术发展能力（所有这些属于产品层）；第二层面是各经营管理要素组成的结构平台，企业内外人、事、物、环境、资源的关系，企业运行机制，企业规模、品牌，企业产权制度（所有这些属于制度层）；第三层面是以企业理念、企业价值观为核心的企业文化、内外一致的企业形象、企业创新能力、差异化个性化的企业特色、稳健的财务、拥有卓越的远见和长远的全球化发展目标（所有这些属于核心层）。第一层面是表层的竞争力，第二层面是支撑平台的竞争力，第三层面是最基础、最核心的竞争力。

企业要做到最优秀、最具竞争力，必须在企业核心价值观上下功夫。技术、高科技可以学，制度可以制定，但企业全体员工内在的追求这种企业文化、企业伦理层面上的东西却是很难移植、很难模仿的。从这个意义上来说，以企业理念为核心的企业文化才是最终意义上的第一核心竞争力。

任何企业（包括高新技术企业）的产品竞争力是企业竞争力的最直接体现，围绕产品竞争力做文章是提升企业竞争力的关键。而产品竞争力是由技术竞争力决定的，所以说技术是第一竞争力。而技术竞争力是由制度竞争力所决定的，制度高于技术，制度应是第一竞争力。认识到此还远未结束，这是因为，制度无非是物化了的理念的存在形式，没有正确的理念就没有科学的制度，因此，理念高于制度，理念才是第一竞争力。总之，理念决定制度，制度决定技术，技术决定产品。拥有正确的、不断创新的理念，才具有最强的竞争力。先进的企业在于导入先进的理念，海尔的张瑞敏在 1984 年企业亏损 147 万元的创业时期首先提出的就是企业文化先行、企业理念先行，现代企业的竞争已从产品平台的表层竞争转向深层次的理念平台的竞争。企业文化是企业生存和发展的"元气"，是企业核心竞争力的活力之根和动力之源，其在本质上所反映的则是企业生产力成果的进步程度。现在，管理已从"经验管理""科学管理"阶段发展到了"文化管理"阶段。与体现在制度层面的企业文化相比，精神层面的企业文化更能展示企业文化的本质和精髓，它在管理层体现的是企业家精神，在员工层体现的是士气。随着经济全球化和知识管理时代的到来，企业文化也日渐表现出人本文化、创新文化、虚拟文化、融合文化、团队文化、学习文化和生态文化等特征。未来企业竞争的根本必然是企业文化的竞争，企业文化已经成为企业核心竞争力的核心。美国加利福尼亚大学管理学院教授威廉·大内在《Z 理论——美国企业界怎样迎接日本的挑战》一书中特别强调"以人为本"的企业文化对其核心竞争力的作用，其主要论点有两点：①现代企业竞争的重点正从产品竞争上升到企业文化竞争，没有文化的企业是绝对没有竞争力的；②管理人的不是制度，而是"以人为本"的健康企业文化环境。美国维娜·艾莉则更明确地指出："企业价值链其实是一条知识链。传统观念认为人只是填充固定工作岗位的可替换工人，而新的管理理念则把人作为具有独特竞争力的知识节点。"只有激活通常情况下企业知识链的每一个节点，善于开发人的智慧与潜力，练好"内功"，企业核心竞争力才可能持续提高。从管理的角度来看，企业应首先把员工群体意识与企业的管理哲学、管理行为联系起来，建立一种从企业文化的角度出发的管理体系，把握好知识创新的机会，提供激化知识创新的氛围。因为，知识创新往往具有偶然性、非连续性特征。它往往突发于某个人或一些人的想象、创意。也就是说，创新有可能完全在例行公事之外发生，不一定与企业所期望的具有连续性、协作性的创新目标相一致。因而，企业应善于发现创意，抓住时机，并给予创意以支持、鼓励，甚至打破常规，为激化创意提供良好的环境与条件。这就是现代管理所提出的企业环境培养企业文化，而企业文化又反过来影响、改善企业环境，不断提高企业的核心竞争力。

2. 企业文化是企业核心竞争力的源泉

文化本身就是一种生产力。文化既是一定的生产力、生产组织方式的反映，又与一定的生产力、组织方式相适应。文化属于上层建筑，对经济有着反作用力。从一定的意义上来讲，它比生产力的硬件（劳动对象、劳动工具等）对生产力的进步所起的作用还要大。

我们可以看到这样的经验事实：在不同的社会文化背景下，可以创造不同的社会生产力，不同的企业文化也可以给企业创造不同的经济效益。文化作为生产力是通过生产力中最活跃的因素（人）去发挥作用的，不同的文化可以塑造不同品位的人，不同品位的人则可以创造出有着质的差别的其他生产力要素。这是由于：①文化包含着价值判断，标志着社会赞赏什么和反对什么。在特定的文化背景下，人们会近似于条件反射地找到自己的位置，知道该干什么和不该干什么。②文化作为生产力，其核心在于对人的创造性潜能的解放。

（1）企业文化——企业经营战略的指南针。企业经营战略都是建立在一系列的假设、前提与信念的基础之上的。许多公司往往难以实施其制定的战略，在企业基本假设正确的前提下，企业文化与经营战略不协调是其失败的主要原因。企业文化对企业经营战略有着重要的作用。一方面，企业文化的核心引导着经营战略的定位。现代企业的经营战略是在企业价值观、经营观等企业文化核心要素所规范、营造的总体经营思想、路线和方针的指导下产生的；另一方面，企业文化的氛围引导着经营战略的实施。企业经营战略需要企业全体员工共同自觉地去贯彻执行，否则再完美的战略都只是纸上谈兵。企业文化正是以其所营造的企业整体价值取向、经营观念和行为方式潜移默化地引导企业全体成员去贯彻、执行企业既定的战略，保证战略目标的实行。

（2）企业文化——企业组织的灵魂。企业组织以往被认为是一个静态的封闭系统，企业在运行中追求和谐的构造，以求产生组织效率，但是面对迅速变化的外部环境，这种刚性制度就会抵制变革，使企业失去对环境变化的敏感性、适应性和应变能力。对稳定的组织结构，企业文化的沟通、协调功能可以积极地、有效地防止减弱企业组织行为僵化的倾向，促成其从协调一致到创新张力的转变；对相对松散的网络化组织结构，企业文化的导向功能、凝聚功能，促使松散的结构形成一个有机的系统，使企业在庞大的机构和快速反应能力之间实现平衡。由此，在知识经济时代，独特的组织能力，不仅反映出静态的制度，更主要的是体现了组织过程和功能，从而与竞争力产生了一种更为直接和动态的联系，这种不具有模仿性的联系，正是通过独特企业文化整合而形成的核心竞争力。

（3）企业文化——企业创新力的原动力。企业文化的激励功能就是要形成一种有利于企业员工发挥创造性、倡导创新意识、运用创新思维、精通创新之道、敢于创新竞争、鼓励尝试风险的企业文化环境。良好的企业文化氛围不仅有助于新思想的产生，而且能使这些新思想迅速且有效地转变成实际运用。知识经济时代的创新特征是"团队创新，企业文化内化为团队精神"，这种团队精神将个体团队分力，整合为团队创新合力，如果没有团队精神的整合，"明星队"永远打不过"冠军队"，从这个意义上来讲，企业文化是企业创新能力的原动力。

（4）企业文化——企业竞争的最高境界。海尔之所以能用文化注入方式创造企业的成功，原因在于海尔不仅学习了西方发达国家的先进管理经验，更重要的是与中国国情相结合，创造了适合中国的管理文化。海尔倡导的"敬业报国，追求卓越"，以及建立在此基础上的海尔文化使海尔人紧密地团结在一起，为创国际品牌这个共同的目标而奋斗。这种文化不仅使它成功地跨地区兼并了合肥黄山电子有限公司、佛山顺德爱德洗衣机公司，还获得社会认同，对周围环境产生了巨大的影响，形成榜样效应，引起其他企业效仿。用文化注入代替资金注入不仅大大地降低了经营风险，降低了企业经营成本（甚至出现了零成本），而且也为优势企业迅速壮大探索出一条捷径。越来越多的企业重视企业文化在兼并、改造企业中的作用。企业文化将成为企业竞争的最高境界。知识经济时代是一个竞争异常激烈的时代。当代经济的竞争表面看来是产品和服务的竞争，深一层是经营管理的竞争，再深一层就是文化的竞争。

3. 核心竞争力是企业文化功能的体现

随着经济全球化进程的加快，越来越多的企业认识到企业文化的重要作用。一个企业的动力及凝聚力都来自于企业的文化，技术只是一个平台，没有一套成功的企业文化，企业的生命力是有限的。企业文化存在的理由有以下几点：

（1）企业本身的需要。企业文化是企业概念中必不可少的要素之一，尤其对现阶段处于由人治向法治转换过程中的国内公司，健康的企业文化将能削弱甚至取代个人影响力在企业中的过分存在，为企业的平稳发展创造条件。

（2）管理制度的需要。管理制度中存在的各种漏洞导致的后果的大小完全取决于员工对企业的忠诚度。

（3）人才竞争的需要。对共同价值的认同会使员工产生稳定的归属感，从而使企业能够吸引和留住人才。

（4）市场竞争的需要。良好、健康的企业文化能够提高效率，减少费用支出，提升品牌含金量，增加产品的价值，从而增强企业竞争力。

（5）经营业绩的需要。自从约翰·科特和詹姆斯·赫斯克特在《企业文化与经营业绩》一书中提出企业文化对企业经营业绩有重大作用以来，企业文化对企业经营业绩的促进作用已得到大家的公认。

（6）管理创新的需要。企业文化作为现代企业管理理论和管理方式的重要内容，其丰富的内涵、科学的管理思想、开放的管理模式、柔性的管理手段，为企业管理创新开辟了广阔的天地。加强有中国特色的企业文化的研究、运用和实践，是企业管理创新的必由之路，也是完善和建立现代企业制度的重要途径。

没有企业文化就没有核心竞争力。企业的发展源于核心竞争力，核心竞争力来自于技术，技术来自于管理、人才，而管理和人才靠的是企业文化。

4. 品牌是企业文化作用于企业核心竞争力的具体体现

品牌是企业综合优势的集中表现，是企业经济实力的重要标志，也是市场经济条件下企业取得竞争成功的主要支点。品牌根植于企业文化并成为企业文化的重要标志。同时，优秀的企业文化有助于增强企业创品牌的内在激励机制，可以保证品牌战略实施的成果。良好的企业文化是实施品牌战略的坚强后盾。倡导新的企业价值观，强化品牌意识是实施品牌战略的根本保证。企业文化、企业精神与企业价值观对企业实施品牌战略影响最大，两者之间是紧密联系、不可分开的。它们的联系主要表现在以下几个方面：

（1）品牌战略是一种竞争战略。创立一种或几种品牌商品，需要企业从产品的性能、规格、款式、技术含量及售后服务等方面能与竞争对手抗衡，并赢得消费者的信赖。在企业与同行的竞争中，竞争的残酷性、艰苦性表现得尤为突出。因此，企业领导人的竞争意识、拼搏精神及企业职工的奋斗精神、团结精神对实施品牌战略至关重要。品牌的后面是一种精神，是一种信念，是企业全体职工乃至整个地区、整个社会的力量的汇合，而这些正是企业文化的关键所在。

（2）品牌战略是一种形象战略。驰名商标、国际品牌，这些品牌商品的实体已不再重要，重要的是这些产品的外在形象与内在品质。如今，企业在公关设计、广告宣传、售后服务、营销策划、人才培训等诸多方面的行为都向外界展示了企业的内在品质与外在形象的重要性，这种形象是否与品牌内涵相一致也决定了品牌能否保持和发展，而形象设计的关键是由企业文化所显示、倡导的经营理念和管理风格决定的。

（3）品牌战略的支撑点是企业的全体员工。松下幸之助有句名言："在生产出合格商品之前，先培养出合格的人。"若企业员工对企业不忠诚、不热爱、缺乏职业道德、缺乏敬业精神、工作不负责任，那企业就不可能生产出合格产品，更不可能生产出品牌商品。因此，企业在创立品牌产品之前，先培养出合格员工是实施品牌战略的关键。只有将品牌战略、品牌意识变成全体职工的自觉行动，才能使品牌战略真正落到实处。

（4）品牌战略是一种文化战略。品牌创立既是物质的生产过程，又是精神的生产过程。品牌不仅追求丰富的技术含量，而且也包含深邃的文化内涵。成功的品牌里面包含该民族的优秀文化传统，包括企业自身的文化特色，反映企业的文化地位和价值观念。品牌是文化和生产方式的有机结合，是物质文明与精神文明的有机统一。注重品牌就是注重文化，创造品牌就是发展文化。除此之外，品牌战略还包括科技观、市场观、发展观、改革观。但笔者认为，这里面的关键还是文化观、价值观。一个没有相应的文化观念、精神和经营理念支持的企业，就不可能有效地实施品牌战略，也不可能开创出品牌商品，更不能保持品牌和发展品牌。实践和理论从正、反两面表明：企业文化建设与企业实施品牌战略密切联系、不可分割。在某种意义上可以认为：没有与品牌战略相配套的企业文化网络，没有相应的企业精神与企业经营理念，企业就不可能开创出品牌商品。即便一时创立了一种品牌，也不可能长期保持和发展下去。企业文化是企业品牌战略的支撑和基础，品牌则是企业文化的集中表现与结晶。

产品的市场竞争优势来源于产品的差异性。当产品的功能和质量难以体现产品的差异时，品牌文化就成为企业创造产品差异的主要手段。

（四）　企业文化对企业竞争力的影响方式

企业竞争力是企业在市场竞争中赢得竞争、实现可持续发展的能力。随着市场及竞争的演进，企业竞争力的内涵与要素也发生了嬗变：企业家战略取向、员工价值观与行为取向，以及企业与各相关利益方的关系已取代资本、技术等而构成当今企业竞争力的核心因素。

企业文化对企业竞争力的影响主要从以下三个方面发挥其作用：一是通过影响企业家的战略取向来影响企业经营方式与发展模式，进而影响企业经营和发展的绩效；二是通过影响企业员工的价值取向来影响其行为方向、行为方式、行为力度和行为效率，进而影响企业的整体运作效率；三是通过影响企业经营伦理、经营价值取向和经营宗旨来影响企业与各相关利益方（如顾客、竞争者、供应商等）之间的关系，进而影响企业存续发展的外部环境与条件。

1. 企业文化对企业家战略取向的影响

企业家是企业战略决策的主导者，其战略决策理念思想决定了企业的战略决策文化，反过来企业战略决策文化又直接支配和影响着企业家的具体战略决策取向和行为，并进而决定着企业的经营方式与发展战略模式。不同的战略决策文化会形成不同的企业经营方式和发展模式。一般来说，企业的战略决策文化大致可分为两种类型：其一是发散型战略决策文化，其二是内敛型战略决策文化。

（1）发散型战略决策文化。发散型战略决策文化的核心理念强调，机会是企业发展的关键，速度与规模是企业发展的两个"轮子"。这种战略决策理念所支持的企业经营方式与发展模式必然是粗放型和外延型的。在经济相对短缺、市场供给相对不足、市场机会较多的情况下，以及竞争相对缓和的时期，这种战略决策文化所支配的企业粗放式经营模式和外延式发展模式无疑有其积极的意义。因为在这一时期，机会是企业快速发展的关键，往往是抓住若干市场机会，企业的发展就会上几个台阶。企业间的竞争很大程度上表现为机会之争。同时，市场供给的相对不足一方面将消费者的优势需要定位在商品的使用价值上，使竞争力体现为企业能否在平均时间与平均成本的基础上多于和快于竞争对手而提供具有一定使用价值的产品；产品的市场扩张能力也主要取决于企业内部生产的数量扩张能力。因而速度化和规模化成为必需，企业之间的竞争表现为速度之争、规模之争；另一方面又为企业的快速扩张提供了巨大的空间，因而，速度化与规模化不仅是必需的，而且是可能的。正是在这一背景下，迈克尔·波特教授将企业的竞争优势几乎完全归结于企业的市场力量。四处出击、遍地开花的多角化经营模式成为这一时期主流和时尚的经营模式，而且快速造就了一大批"暴发户"式的企业。西方企业于 20 世纪 60 至 70 年代是如此，中国企业于 20 世纪 80 至 90 年代也是如此，这种战略决策文化的极端形式就是急躁冒进的浮躁文化。浮躁文化及其巨大的惯性会使企业不顾条件地变化而一味固守原来的扩张战略，从而使企业在无限扩张中耗尽有限的资源，最终使企业在速度中衰竭，在规模中瘫痪。因此，企业应根据环境与条件的变化及时调整战略，条件变了而战略未变就会导致"成也萧何，败也萧何"。西方企业在 20 世纪 70 年代末在多元化方面所出现的问题，以及中国一些企业在 20 世纪 90 年代中期左右的"纷纷落马"，就是鲜活的例证。

（2）内敛型战略决策文化。内敛型战略决策文化的核心理念注重资源和能力这一企业发展的两大基元，由企业关键资源及其积聚与配置整合能力所形成的企业核心竞争力是企业发展的核心动力。这一战略理念所支持的企业经营方式和发展模式必然是集约型和内涵型的。在经济相对过剩、市场相对饱和、市场机会相对少且较隐含、市场竞争越来越激烈的背景下，企业的竞争优势主要来自于企业内部，企业在资源的投向及外部市场的选择方面应持十分谨慎的态度，企业应通过其内部关键资源和核心能力的积聚来构建和提升企业的核心竞争力，并以企业核心竞争力为基础来选择企业的核心业务和企业资源的投向领域。回归主业是这一背景下企业经营战略的趋势，而专业化集中经营则是这一背景下企业经营的特点。

由此可见，不同的战略决策文化会对企业家的战略取向产生巨大的影响，这进而又会通过影响企业经营方式与战略模式的选择对企业的存续发展产生影响。

2. 企业文化对员工及其行为的影响

员工是企业及其活动的主体，其行为的方向与方式、行为的力度与行为的效率直接决定了企业的整体运作效率。而员工的行为又是受其价值取向和需要的影响而驱动的。因而，按照马斯洛的需求层次理论，企业文化必然是通过形成各种、各个层次的诱因与贡献相平衡的"诱因引导与成就驱动"文化来实现其对员工行为的影响，不同企业文化由于其"诱因引导与成就驱动"的性质和力度的不同而导致对员工行为影响效果有差别。

其一，企业通过形成一种物质诱因（或物质刺激）与职工贡献相平衡的分配文化来吸引职工为满足其基本的物质需要而聚集在企业文化共同体内。在其他条件相同的情况下，企业的物质刺激更强，其吸引力与激励力也就更大。这在事实上已演化成"高报酬和高奖励文化"。

其二，企业通过制定招工、雇用、内部待业（优化组合后的编外在职）、解雇（或辞退、开除)、养老及其他方面的规章制度，形成一种就业及其他安全保障文化，以满足职工安全感的需要。在其他条件相同的条件下，更能提供职业保障的企业，才更有吸引力。

其三，企业主文化和亚文化，在全体员工中制造了种种团队认同感和归属感，从而在职工甚至包括他们的家属中形成一种团队心理凝聚力，使人们先天固有的合群意识和群体行为找到了一种企业群体归属。在其他条件不变的情况下，更能激发并满足职工的归属欲、团体认同感的企业，更能把职工聚集在其名下，文化凝聚作用也就更大。这在事实上已发展成了一种"家族主义企业文化"：那些优秀的公司、企业都犹如一个个和谐美满的大家庭，员工们爱厂如家，亲如手足，同事之间的关系和情感联系得到升华。这种"家族主义企业文化"同建筑在任人唯亲、家天下的劣根性文化传统基础上的企业文化，同早期西方资本主义的家族控制、家长式统治的家族所有企业文化毫无共同之处。它是一种后天形成的、建立在非血缘亲情基础上、靠团体事业凝聚起来的、具有紧密社会联系的社会集团文化。这种文化的维系，靠的是人们的身体、人格、精神完全独立和自主基础上的自动趋向和自愿归属，它既不同于各种人身和非人身的依附关系，又不同于血缘纽带关系。

其四，企业文化通过制造"使命感、成就感、公平感（机会均等、平等竞争）、自豪感"等，为企业成员提供追求成功、追求卓越需要的心理满足。在其他条件相同的情况下，更能使职工获得机会满足、成就满足的企业文化的激励功能更强。在一个企业文化共同体成长和发展的过程中，高级领导和决策层能否形成一种强烈的使命感、成就感固然重要，但企业文化做到这一点通常并不难。因为，这个层次的人物一经做了扶择并充当了某种领导角色，他们通常都会有自发的"领头羊"意识和成就感。困难的是如何在普通职员，尤其是在工序最末端、作业最具体的职工心目中，焕发出那种强烈的在平凡的岗位上做出不平凡的事业来的意识和成就感。

其五，企业文化通过对群体中自发的价值追逐与企业经营总目标的协调，通过对各种、各类职员提供不断拓展的发展可能性空间，为他们提供最高境界的自我实现的满足。在其他条件相同的情况下，一种企业文化越是能提供追求自我实现的满足感，对职工的激励力就越大。随着员工教养、学历的不断提高，企业行为主体内在的自我实现的欲望必然越来越强，因而，企业文化应尽可能地向员工提供相应的满足感，使员工自我实现的欲望与企业的发展在互动中共同提高。

从这里，我们可以看出，企业文化对员工行为的影响不仅具有层次性，而且作用的层次不断提高。这就要求企业要根据员工的具体情况构建和调整相应的企业文化价值体系，以充分调动各层次员工趋向企业目标的积极性和创造性。而这只有在以人为本的"员工本位"型企业文化环境中才有可能做到，在单纯追求企业效率、忽视员工需要和人性的"效率本位"型企业文化环境中是不能做到的。

3. 企业文化对企业存续环境的影响

企业的存续环境主要是指与企业的生存和发展密切相关的一系列相关利益集团，如企业的顾客群、供应商、金融机构、股东、竞争者，以及代表社会公众利益的其他各社会压力集团（如政府等），等等。这些相关利益集团有的为企业的存续提供市场、顾客，有的为企业的存续提供资源（如供应商、银行、股东等），有的则为企业的经营与发展提供外部动力或压力（如竞争者和政府等），但无论哪一类相关利益集团，也无论它为企业提供什么，都是企业存续不可或缺的，更不可忽视的外部因素。因此，企业能否正确处理与各相关利益集团的关系，是影响企业经营绩效乃至存续发展的关键之一，也是衡量企业竞争力的主要标准之一。可以这样讲，善于处理和各相关利益集团之间关系的企业更能赢得它们的青睐和支持，从而具有更优越的存续环境，进而更具有企业竞争力。但如何看待企业各相关利益集团、如何处理与它们的关系，是受特定企业价值取向、经营哲学和经营伦理观念的影响和支配的。不同的企业文化理念会表现出不同的企业价值取向、经营哲学和经营伦理观念，以及不同的对企业各相关利益集团的态度及关系处理方式，而这反过来又必然会影响到相关利益集团对企业的不同态度和反应，最终影响企业经营、存续和发展的外部环境。

在看待和处理与各相关利益集团的关系方面，大致有两种类型的企业文化：一类可称为"企业本位"型企业文化。这类企业文化以本企业利益为中心，在看待和处理与各相关利益集团关系的问题上，以本企业利益最大化为原则，在本企业的利益与各相关利益集团的利益发生冲突时，以本企业的利益为重。甚至为了最大化其利益空间而不惜损害各相关利益集团的利益，以尽可能地外化成本，内化收益。在该种经营价值取向和经营伦理的指导下，企业必然会把顾客视为利润榨取之源，利用其信息优势，通过不平等交易，用质次价高的产品攫取顾客利益，甚至冒天下之大不韪，制假贩假、制毒贩毒、制黄贩黄，坑害消费者，污染毒害社会，牟取非法利益，把供应商、股东及金融机构当作资源的攫取之源，无视市场规则和经营伦理，采取包括不守信用甚至欺骗在内的各种花招手段，廉价甚至无偿占有并使用供应商、金融机构等提供的生产资料、资金等资源，借上市招（募）股之名行"圈钱"之实，侵害股东利益；视竞争对手为不共戴天之敌，采取包括价格战、垄断原材料、勾结某些政府机构，甚至动用暴力手段等在内的各种经济或非经济的手段来对付同行或其他相关竞争者，必欲灭之而后快，搅得市场硝烟四起、秩序紊乱。这类企业无视国家法规，无视人类整体和长远利益及经济社会的可持续发展，一方面对自然资源进行掠夺性开采和破坏性开发，另一方面肆意污染自然环境，破坏生态平衡。这种"企业本位"型企业文化及其所指导的经营伦理和经营行为，在短期内可能会使企业获得非正常的高利益，但由于这种高利益是以牺牲相关利益集团的利益为代价的，必然会引起作为平等的社会经济利益主体的相关利益集团的不满，从而恶化企业与构成其存续发展环境的相关利益集团的关系。从长远的角度来看，这种关系的恶化，必然会使企业的存续发展因失去社会环境的支持而受到极大的不利影响。

另一类可称为"社会本位"型企业文化。这类企业文化当然也注重本企业利益，但它又把整个社会经济的利益作为对本企业利益的约束条件，在考虑和谋求本企业利益的同时，关注并兼顾社会其他相关利益集团的利益。在该种经营价值取向和经营理念的指导下，企业必然会将相关利益集团视为平等的社会经济利益主体，充分尊重它们的正当利益，在平等合作中互惠互利，谋求"多赢"。例如：在对待顾客方面，视顾客为"衣食父母"，在为顾客提供优质产品和精致服务以使顾客满意的基础上，求取合理的利润；在对待供应商、金融机构和股东方面，讲求公平交易、诚实守信，切实保障各方的合理利益；在对待竞争者方面，视竞争者为伙伴，而非敌人，遵守市场规则，按照优势互补、共存共荣的原则与竞争者展开亲密合作，以求得"多赢"和共同发展；在对待社会责任与义务的问题上，一方面公开公正地确认并积极处理企业的生产经营活动所造成的社会影响，正视并确定企业对这种影响应负的具体责任，另一方面确认社会问题的存在，并积极参与社会问题的解决，即把社会问题转化为企业经营发展的机会，从而使企业的活动既满足了社会的需要，又为企业本身的发展奠定了基础；在对待自然环境方面，以人类整体和长远利益为重，遵循社会经济的可持续发展原则，严格遵守相关法律法规，科学合理地开发利用自然资源，保护环境，维护自然生态平衡。显然，这种"社会本位"型企业文化及其所指导的企业经营伦理与经营活动，也许在短期内不会使企业取得高的利益，但企业与各相关利益集团和谐而融洽的关系必然会使企业赢得它们的普遍青睐与支持，从而使企业的存续发展获得极为有利的外部环境与社会环境。

第二节　知识管理与组织效能的关系

知识管理可以看作是组织面对日益加剧的环境变化时，为满足组织提高竞争能力、发展能力、创新能力的需要，将组织信息技术处理数据和信息的能力与组织成员的创造和革新能力整合在一起的管理过程。理论和实践证明，知识管理与企业组织效能密切相关，知识管理水平的高低在一定程度上决定着组织效能的强与弱。

一、知识管理能提高组织竞争能力

知识经济时代，组织核心竞争力的培养是组织得以生存和发展的关键因素。组织竞争的取胜不是依靠转瞬即逝的产品开发或战略经营的成果，而是依靠组织核心竞争能力发挥作用。拥有自己独特的知识管理模式和机制是企业保持竞争优势的根源所在。企业的知识分为两类：一类是显性知识，一类是隐性知识。显性知识是可以编码，可以通过物质载体和媒体传播扩散的知识，每个人通过接受教育或者培训的方式直接学习显性知识，并转化为个人的人力资本。隐性知识是不可编码的个人化知识。它主要由个人的显性知识和经验积累，通过个体的感悟和品格来升华为个体内在的知识和能力，决定企业经营难以模仿的知识是隐性知识。① 可以说，显性知识是组织竞争能力的基础，但隐性知识才是组织提高组织竞争能力的根本因素。组织对显性知识和隐性知识管理如果到位，尤其是对隐性知识的有效管理，会显著提高组织的竞争能力。相反，如果企业没有知识管理或者知识管理水平很低，那么它就很难形成自己独特的竞争优势，其竞争能力也就很难经得起市场的考验。

二、知识管理是组织创新能力的源泉

随着经济的发展，原有的市场开始衰落，新技术突飞猛进，竞争对手极速增长，产品的生命周期日益缩短。只有那些持续创造新知识，并将新知识应用到产品或服务中的具备创新能力的企业才能成功。知识管理的对象是知识，知识创新是知识管理的最高层级。知识创新是指通过科学研究，获得新的基础科学和技术科学知识的过程。知识经济时代的创新与工业经济时代的创新最大区别在于创新的核心已经从技术、组织、制度等拓展到了知识。知识创新是组织持续发展的动力源，知识管理是组织创新能力的源泉。知识管理的知识资源不会因使用的人增多而损耗，而是使用越多越有价值。知识管理的知识获取使得知识不仅来源于企业内部，更多来源于企业外部各个渠道各种形式，知识的广源和丰富促成了企业的知识沉淀。② 野中郁次郎1991年在《哈佛商业评论》上发表《知识创新企业》，其中提出了利用显性知识和隐性知识互相转化的知识螺旋来达到创新的目的。

三、知识管理是组织发展能力的持续动力

组织的知识决定了组织未来发展的能力，其他任何资源不可能给组织带来持续的竞争优势，进而不能保证企业的持续发展。从这点来说，组织的发展能力也是组织长期的竞争优势。通过知识管理引进的信息技术系统、知识存储机制和知识共享的要求等会改变组织原有的结构，使组织结构更精简和扁平化，使组织结构更具弹性，能够根据外界环境及时

---

① 霍海涛. 知识管理、企业文化与组织效能的相关性研究 ［M］. 长春：吉林大学出版社，2013：68.
② 方振邦，徐东华. 战略性人力资源管理 ［M］. 北京：中国人民大学出版社，2015：138.

进行调整。知识管理提倡的知识共享、组织学习等都有利于组织间意见、观点、思想的交流，也能培养组织员工适应变化的能力，培育员工善于接受新东西的能力，如此，当组织需要根据市场环境变化而调整发展计划变革组织时，就不会遭到组织内部的阻挠。相反，缺乏知识管理，组织安于现状，做井底之蛙，毫不关注外界信息、市场变化，这样的组织是严重缺乏发展能力的，最终将会被激烈的经济环境所淘汰。另外，知识管理使得信息越来越充足，也有利于企业经营的决策和战略的制定。战略是决定企业成败的首要问题，执行在战略的指导下进行，此时知识管理处于执行的层面，执行的力度关系到战略的实施，进而也关系着组织发展的能力。

总之，知识管理影响组织的竞争能力、创新能力、发展能力，知识管理水平越高，对组织效能的贡献就越大，也越有利于组织效能的增强与提高。

第三节 组织文化与组织效能的关系

自企业文化诞生以来，企业文化与组织效能的关系一直是组织领域关注的焦点问题之一。早期研究如 Deal 和 Kennedy（1982）、Peters 和 Waterman（1982），都强调企业文化强度的重要性，认为组织越是强调、重视某些文化内容，某些文化的强度越大，则组织绩效也就越高。Denison 认为组织效能是组织员工所持的价值观和信念的函数，是组织政策和实践的函数，是将核心价值观与信念持续一致地落实到政策和实践的函数，是核心价值观和信念、政策和实践，以及组织的商业环境之间相互关系的函数。具体来说，正是通过企业文化的建立，成员形成共有价值观，提升了组织承诺、组织忠诚，并被激发表现出角色外行为，从而提高了个人效能，组织内员工个人效能的集合协同，则会增强组织效能，最终间接影响到组织的竞争能力、创新能力和发展能力。企业文化对组织效能的影响表现在参与性、一致性、使命和适应性对组织效能的影响。

一、组织的参与性与组织效能

组织强调向员工授权，重视员工的参与管理能极大地发挥员工的个人能力，以团队进行管理能显著提升企业的绩效。个人的知识是有限的，但是集合所有人的知识能发挥比简单相加多很多倍的功效。员工对组织有强烈的归属感，能极大地鼓舞员工的士气，为组织的建设添砖加瓦，士气高斗志昂，完成任务的能力极大地提高，提升企业的竞争能力。同时组织为员工的发展出谋划策，进行投资，将不断提高员工的知识素质，员工的个人发展就能带动组织整体的发展。

二、组织的一致性与组织效能

组织的一致性指核心价值观、协调、综合三个方面。在组织的关键问题和领域达成一致能将组织凝聚成一个不可分割的整体。俗话说，"人心齐，泰山移"，遇到难题，组织都能上下一心一起面对，就容易渡过难关，迈向另一个发展阶段。而且组织要发展，必须各方面步调统一协调，痛了任何一条腿都不行，任何一个方面不一致都将影响整体，使之达不到目标。就像研究生考试，三门都必须合格才能获得复试资格。资源分配经常导致组织内部矛盾，严重影响企业绩效的达成，进而影响到组织效能的水平。如果企业能够在这些引起矛盾的问题上达成一致，善于协调各方面利益，综合各方面的优势，就能达到提升组织竞争能力的目的。所以，组织的一致性是组织发展的基础要件。

三、组织的适应性与组织效能

组织的适应性与组织的创新能力息息相关。开展组织学习，使组织每位员工都能够方便和快速获取、共享和重复利用组织中的知识，能从根本上提高员工的知识水平，促进知识的流动，不断提高员工个人的知识竞争能力，同时通过支持、激励个人将知识应用到工作中，以提高组织以知识资源为基础的竞争能力，从而奠定良好的创新能力基础。员工不断学习新知识，能够使组织保持对新知识的敏感性，不断关注外界变化，也更倾向于接受新知识，这能大大减少组织变革时的内部阻力。促进各部门、各专业不同背景的人进行知识交流，也能极大地激发知识的交叉创新。以顾客为中心的经营理念则使组织时刻关注顾客需求，根据顾客需求的变化不断调整自己的产品结构、战略方向等培养自己的竞争能力。同时，顾客是组织财富的最终来源，以顾客为核心也关系到组织的发展。①

四、组织的使命与组织效能

组织需要有自己的愿景才能找到自己的发展目标，员工必须对组织的愿景达成一致才会有动力为此愿景与组织一同努力奋斗。同时，组织必须制订详细的发展规划和路径来领导员工，让员工的工作和行动有所依循，有目的性地去开展各自的工作才能事半功倍。组织的战略制定和规划能力在一定程度上影响企业的竞争力，很多企业就是因为有清晰的战略，有具体的执行计划才能保质保量完成任务，满足客户的需求。比如服务业麦当劳等，其产品流程被严格制定并严格执行，快捷就是它们的竞争能力。如果光有计划但不按计划执行，势必耗费大量探索的时间，损害组织的竞争能力。组织拥有英明的领导者也是组织一大优势，其独特战略眼光能指引组织走向最佳发展方向，是组织发展能力的一分子。

---

① 霍海涛. 知识管理、企业文化与组织效能的相关性研究［M］. 长春：吉林大学出版社，2013：72.

第五章 战略性人力资源管理对组织效能的影响与提升策略

本章以战略性人力资源管理对组织效能的影响与提升策略为主线，对国内外企业组织效能提升经验借鉴、战略性人力资源管理对组织效能的机制与模型、战略性人力资源管理下企业组织效能提升策略三方面的内容展开详细论述。

第一节 国内外企业组织效能提升经验借鉴

一、国外企业组织效能提升介绍

（一）谷歌公司的组织效能

谷歌作为科技公司，其组织效能很大层面上是通过持续的创新实现的。在创新方面，公司高层凭借技术驱动，通过投入科学研究来促进企业的持续发展，发现精神已经深入到谷歌的 DNA 里面，谷歌每年会花数十亿美元进行研发投入。除此之外，谷歌也会积极投资创新型企业，通过持续的收购处于早期的具有创新性的企业来完成企业自身的创新力提升。谷歌每年也会投入超过 250 项以上的研究计划，邀请 30 位以上的顶尖学者到谷歌开展研究，而这些学者很多慢慢也就留存下来。谷歌为科学家提供独一无二的工作环境。

同时，谷歌内部成立了育成中心，结合科学家预测的前沿市场需求进行项目设计，包括前沿数学、神经科学以及资讯科学等领域都有国际顶尖科学家的加入开展研究工作，这种基于需要，立足科学的研究精神也大幅度帮助谷歌中心在后期能够进行项目转化，为企业带来了巨大的收益。谷歌内部的 Google Brain 是谷歌创新生态系统，谷歌各个项目团队均为谷歌大脑的合作伙伴，通过以谷歌大脑为创新核心，以团队为触点实现公司效能的提升，并且谷歌开放自己的 TensorFlow（开源软件库），谷歌任何一个员工都能够打开这个工具服务自己的项目，这样一来项目间的经验交互大幅度提升了各个部门的工作效率，产品从设计层面到上线，其服务能力也大幅度提升，客户体验也超过同类竞争对手的产品，为企业赢得了很好的声誉。

可以说，立足创新，基于需求，善用科学，提升员工满意度成为谷歌提升组织效能的关键要素。

（二）亚马逊公司的组织效能

亚马逊是贝佐斯在 1995 年成立的，一开始叫作 Cadabra，主要做网络图书销售，在持续的发展过程中，亚马逊在成本管理方面都是通过开源节流的方式完成的。实际上亚马逊凭借多年来的客户积累，不断优化公司的品类，通过技术赋能实现智能推送、个性化推送来强化产品的捆绑销售，以及更多销售订单的可能。并且，亚马逊在后期的经营过程中，专门针对自己的会员优化了会员体系，一个强大的会员体系 Prime 诞生，该项业务直接将亚马逊的收入推向了顶峰，大量的基础性会员采购升级版会员服务，反而更好地锁住了游离的客户，让越来越多的客户在亚马逊消费。在节约方面，亚马逊与产品的源头大宗经销商保持沟通和联系，采购最优质的产品给到客户的同时，也节约了大量的渠道成本和管理成本，从而优化了自身的采购流程。

另外，除成本优势外，在战略层面上亚马逊也有独特的考虑，纸质书的发展成为亚马逊早期经营业务的主打产品，但是随着互联网业务的普及，以 Kindle 为主的智能硬件以及版权书籍业务也帮助亚马逊在 C 端消费者面前树立了良好的科技公司形象，来自世界各地的用户不但能线上购买亚马逊的产品，也在智能硬件终端成为亚马逊的客户。针对用户体验，亚马逊的产品也在迭代升级，更好地满足用户的体验，例如阅读灯、字体页面的优化等都成为众多同类竞争产品学习和模仿的对象。

由此可见，实际上亚马逊的发展离不开其优秀的内部管理系统，同时切实把握客户需求，以客户为中心，实现产品服务全闭环，使其组织效能不单单在美国得以展现，更是在全世界范围内成为一家大名鼎鼎的公司。

（三）宜家公司的组织效能

作为传统的家居制造销售企业，宜家一直以来都是都市人群关注的生活品牌，越来越多的消费者会选择以第三生活空间作为宜家的品牌带入，多年来宜家在企业的品牌布局层面上持续优化更新、迭代消费者对于宜家的认知，从普通的家具制造商到现阶段的城市第三生活空间创造者，都展示出了其品牌意识的持续迭代。从 2018 年后，宜家便与小米公司共同布局智能家居品类的开发和设计工作，这意味着宜家的品牌正向着具有科技元素的高纬领域探索，在数字科技高速发展的今天，中国的消费者在智能家居的体验和尝试上也有着巨大的尝试潜力，作为家居品牌，十足的科技感，使其在万千品牌中凸显出来。

同时，通过宜家多年的海外经营，单单在中国 20 年的经营经验可以知道，以中国式扩张带来了 25 家家居商城的落地。以简洁美观的产品设计、低于市场销售价格的实体店铺体验，成功地捕获了中国消费者。不单单在体验上做精良的设计，宜家在其销售体系层面上也做足了功夫，包括通过削减成本打造样板包装来让利客户，通过掌控全产业链来获取行业竞争优势，争取更多的议价权，采用 Family 会员俱乐部来维护数以千万的忠诚粉丝会员，为自己的会员提供个性化家居生活方案。

可以看出，宜家通过全球化战略使其业务得到很好的扩展，并在当地灵活地培养市场客户注重品牌及口碑的打造，种种方式都持续帮助宜家在中国同品牌企业中保持较好的优势，其组织效能也恰恰通过其品牌持续放大，通过其客户维护能力得到沉淀和巩固。

二、国内企业组织效能提升介绍

（一）海尔公司的组织效能

在海尔有这样一句话："只有所有海尔人凝聚在一起，才能迸发出海一样的力量。"实际上海尔公司在人员的管理方面，往往不看文凭看贡献，不看资历看实绩，也正是这样的一种实干精神才让海尔拥有今天的成就。[①]

在海尔的组织管理中，其创始人张瑞敏坚信海尔集团有内部市场和外部市场，内部市场就是海尔要如何提高员工的需求，提高员工的积极性。在海尔，每一名员工都对自己负责，在这样的机制下，使海尔出现大量自我经营的管理者，他们坚守岗位一线，通过节能减排、改进产品和服务质量而逐步优化企业的组织管理能力，提升企业的运营能力。在多年来的经营过程中，也是逐步从市场链 SBU 模式发展出人单合一 1.0 模式，到人单合一 2.0 模式。在组织的持续变革下，企业依然投入大量的资源服务员工，打造和谐的人际关系，强化组织凝聚力，关心员工，爱护员工，真正发挥出海尔人的实干精神。在互联网时代下，海尔集团将员工与用户结合在一起，激活员工让员工为用户实现价值，而正是海尔持续地为员工创造价值，关爱他们，员工才有足够的动力成为外部世界的接口，激活全世界的一流资源。多年来海尔的组织运营能力持续提升，效能显著。

由此可见，海尔以提升员工积极性为目的，创新性地打造了"人单合一"等管理模式，从而实现部门间的协同合作，团队绩效考核贴合实际，内部任务分工清晰明确，最终

---

① 彭丹. CMIOT 公司组织效能提升策略研究 [D]. 西南大学，2020：16.

使组织效能得以提升。

（二）中国联通公司的组织效能

2015 年中国联通集团成立沃创客项目，主要针对公司内部有创业想法的员工的项目进行征集，通过申报、选拔、辅导、路演、入孵的流程在全国 426 个项目中集中筛选出 30 个符合入孵资格的项目。联通一方面希望通过开展内部创业活动为实现企业的持续创新提供服务，同时也通过内部创业活动来激活组织的活力，提升有创业意愿的员工对于联通组织的持续满意和忠诚感。通过路演、入孵的项目最终都拿到了联通的项目启动资金，这些资金一方面强化了项目本身的价值，为项目的后续经营提供了帮助，同时也是联通为员工站台，提供项目强大通信商背景的有效展示，为项目的后续融资提供了帮助。

目前，项目通过几轮运行后，也有部分企业成功孵化，成为行业的典型代表，并成功地使联通集团开展下游业务成为可能，为持续获得客户、促进客户忠诚提供了大量的第三方服务，帮助联通的存量市场得到了有效的转化。

可以说，开展内部创业的形式不但大幅度提升了员工的工作积极性，也减少了优秀员工的流失，并且以联通创投为主的产业基金开始向自身优秀员工进行转移，也激活了优秀员工的创业热情，为企业的持续发展、提升组织的效能提供了可能。

（三）华为公司的组织效能

华为的激励机制在多年来的管理中逐步优化为以价值创造、价值分配、价值评价为基础的管理机制。华为通过员工的劳动、知识企业家资本、培训开发、绩效、组织发展来衡量员工的价值创造，同时在价值分配上以机会、期权、工资、奖金、养老、医疗、股票和荣誉为主要激励措施开展激励行为。

在具体的考核层面上，通过价值创造要素与价值评价间的牵引来实现，而通过一定的价值分配来激励员工进行价值创造、回报员工的价值创造。以价值评价为依据对员工的贡献行为进行价值分配，以价值评价持续改进价值分配，在三大维度上持续优化企业的激励机制。

在激励形式上，针对大学生持续以高薪来激励优秀的学生留在华为，开展系统化的培训体系，全员低重心培训，从新员工到管理培训逐级递升，配备导师制和讲师，通过无依赖的教材压力促进企业员工保持激活状态，同时为 56% 的员工分配了公司 98% 的股票（含虚拟受限股），形成较大范围的利益共同体，为企业发展提供足够的激励措施。所以即便在华为承受一定的加班、压力和高强度的工作时，依然没有引发在其他企业出现的管理矛盾，反而依靠其优势激励机制和措施凸显了组织的效能优势。

从上面亚马逊、谷歌、宜家、海尔、联通以及华为几家公司在组织效能层面的成功经验可以看出，实际上各个公司都会凭借自身的组织特点进行以多元化的形式开展组织效能提升，其开展的策略也并非单一的。综上所述，可以集中在以下几个方面来提升组织的效能，为战略性人力资源管理下的企业组织提高效能提供借鉴，具体来看：

第一，可以考虑通过加大产品创新力度来实现公司的服务品质；第二，可以从企业的成本层面进行优化，从而提升企业的盈利能力。第三，通过拓展新的业务，开发新的市场来提升企业对于市场的控制能力；第四，通过优化组织的内部管理来提升企业的运营能力；第五，强化员工对于企业的满意度，逐步培养员工的忠诚感；第六，通过持续优化企业的激励方式来帮助企业提升效能；第七，以投资为手段开展内部创业，促进企业效能提升。

第二节　战略性人力资源管理对组织效能的机制与模型

一、战略性人力资源管理影响组织效能的机制

战略人力资源管理是为了能够达到组织目标而采取的一系列有计划、具有战略意义的人力资源部署和管理行为。其最显著特征就是强调人力资源管理与企业战略目标的有机结合，围绕战略目标的实现而系统、全面地设计和实施人力资源管理活动。依据资源基础理论，人力资源符合资源的价值性、稀少性、不易被模仿及竞争者无法取代的特性。组织可通过人力资源管理系统而建立自身的持久竞争优势，提升组织效能。

虽然有效的战略性人力资源管理能够带来更高的组织效能，已经成为学术界日渐统一的观点，但是时至今日，已有的理论模型对战略人力资源管理影响组织效能的机制还没有一个比较一致的、系统全面的论述，对战略性人力资源管理与组织效能之间关系的联结方式尚无深入系统的研究，而选择合适的中介变量有助于深入分析战略性人力资源管理与组织效能间的作用机制，有助于充实影响模型的结构内容，有助于为实证研究提供更加清晰的概念框架，也将有助于向实践者说明人力资源管理职能的重大价值。那么，这种影响作用究竟是通过什么机制产生的？作用的结果如何？本节将对战略性人力资源管理影响组织效能的机理与机制进行探索，将战略性人力资源管理与组织效能之间的关系"黑箱"明朗化。

（一） 战略性人力资源管理影响组织效能的机理分析

战略性人力资源管理是实现组织战略的一个非常重要的因素。依据权变视角的观点，要想实现组织战略取得理想的组织效能，战略性人力资源管理就必须与组织整体战略相匹配，不同的组织战略类型下战略性人力资源管理应当有不同的特点。那么，战略性人力资源管理具体是通过怎样的过程来保证战略的实现、取得期望的效能呢？人力资源管理系统必须能创造出一个明确的组织环境，使员工们都知道组织所期待与赞许的行为，这样才能影响企业效能（Bowen & Ostroff，2004），而这个组织环境正是指组织的文化氛围。战略性人力资源管理系统通过其政策和实践均能形成和影响组织的文化氛围。例如，当一个组织特别强调成本领先战略时，就离不开对组织运作的严格控制，为了达到战略的要求，将相应地强调对人力资源的控制，以达到有效地控制员工行为。于是，在人力资源管理实践中，需要员工遵守详细的工作规范，强调员工对规章制度的遵守，久而久之，人力资源管理的严格控制特点将使组织形成稳定与控制的文化氛围。当一个组织特别强调差异化战略时，就离不开通过组织的卓越创新能力，以实现产品的独特性。为了达到战略的要求，相应地将对人力资源提高创新能力方面的要求。于是，在人力资源管理实践中，需要通过注重对员工创新能力的考察，进而在组织中形成鼓励员工尝试新事物、寻求创新的一种组织文化氛围。Ferris（2008）等提出的社会背景理论也认为，组织文化是影响人力资源管理系统对组织效能发挥作用的关键。通过在人力资源管理的社会化活动环节，企业组织可以使组织成员受组织文化的价值理念的影响，从而形成默示性知识（叶海英、刘耀中，2010），能够使组织员工很好地了解什么是最重要的，组织需要及奖励的行为是什么样的，从而调整自己的行为。不同的组织文化氛围能使组织在不同方面的效能表现突出，当组织文化强调稳定与控制时，能有力地保证组织的工作环境稳定，工作开展井然有序，实现组织降低成本的目标；当组织文化强调创新变革时，组织往往能得到员工积极提出的更多创新想法，能成功地获得外部资源，从而使组织不仅增强创新能力生产出独特产品，而且还能在适应环境过程中使组织获得成长与发展。

组织战略的实施离不开从事具体工作的员工，战略性人力资源管理系统的最主要作用对象是组织的员工，尤其是人力资源管理实践的各个环节对员工能力、动机和态度均产生决定性作用，而员工的能力、动机和态度等又会对组织效能产生直接作用。员工的高组织承诺，给组织带来良好的员工忠诚度，能降低员工对他们的要求以后，就会在工作中愿意发挥自己的能力，为组织做出贡献。当员工感觉组织对员工的管理非常人性化、在组织中成员之间的关系融洽时，往往会对组织产生情感依赖，使得员工对组织有较高的情感承诺，从思想意识里自发地愿意在本组织中工作并发挥自己最大的才能，这样就能够有力地保障组织效能的实现；当员工在组织培训等社会化活动中经常接受要对组织忠诚的教育和渗透，久而久之，组织成员就会将忠诚于组织内化为做人的基本要求，就会自我规范自我约束，形成高度的规范承诺，希望维持组织成员身份主动地为组织贡献力量，以帮助组织实现目标。Delery & Shaw（2001）明确指出，人力资源管理系统能提高员工的组织承诺，进而有利于企业效能。组织通过人力资源管理善待自己的员工，员工就会改进工作态度，并不断增加满意感和承诺感；这种态度会不断地影响到行为，促进组织绩效的改善（Edwdars & Wrihgt，2001）。Collins 等学者提出，战略人力资源管理通过塑造组织能力影响组织绩效的机理。而其中组织能力的维度之一便是雇员的激励水平（工作满意度、承诺度）。MacDuffie（1995）在战略性人力资源管理对组织绩效的作用机理研究中，更是从理论推演出发，指出组织承诺作为员工对组织的态度，在该作用过程中扮演重要角色，其提出的作用机理模型如图 5-1 所示。

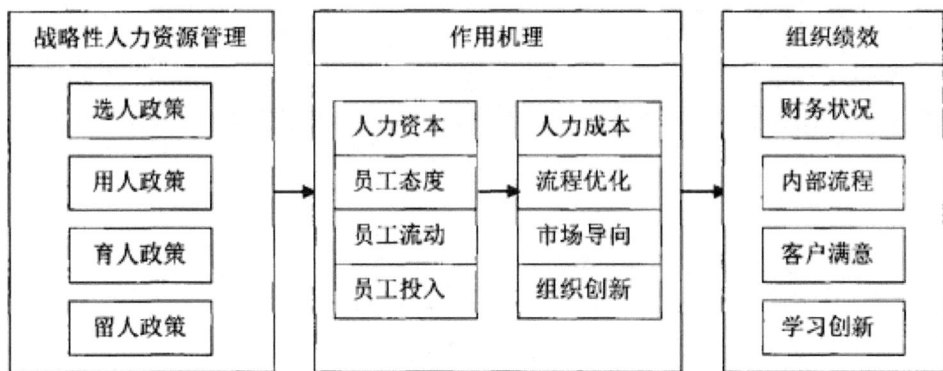

图 5-1　战略性人力资源管理对组织绩效的作用机理

SHRM 通过具体管理实践能建立起组织文化氛围，在组织文化的引导下，组织成员依靠个人能力等基本要素，基于一定的态度，将采取一系列有目的的个人行为。通过战略性人力资源管理塑造良好的组织文化，并采取有效措施在组织中渗透，当员工从意识形态真正认可了组织文化，就会增加员工工作的积极性、责任感和创造性，进而增强员工的组织承诺，在工作中尽心尽力，最终达到提升组织效能的目的。

综上所述，战略性人力资源管理影响组织效能的机理包括两个方面：一是战略性人力资源管理影响组织文化进而影响组织效能；二是战略性人力资源管理影响组织承诺进而影响组织效能。

（二）战略性人力资源管理影响组织效能的机制构建

在明确了战略性人力资源管理影响组织效能的机理之后，问题的关键就成为明确各变量之间的关系，构建战略性人力资源管理影响组织效能的机制。

首先，战略人力资源管理对组织效能的作用需要通过组织文化来实现。

1. 战略性人力资源管理是形成和维系组织文化的重要因素。人力资源管理实践中严格的员工甄选工作，能帮助组织招募到与本组织文化相匹配的员工，保证组织共同愿景的达成；人力资源管理实践中的培训工作，能有效地向员工灌输组织价值观和组织发展目标等，可以影响员工的思维和行为，可以更好地维系组织文化；人力资源管理实践中的薪酬激励措施以及绩效反馈工作，可将信息传递和反馈给员工，让员工意识到组织文化的倾向和自身的差距，并朝着组织的战略目标而努力。Robbins（2008）在研究组织文化形成时指出，人力资源管理活动影响组织文化的形成（如图5-2所示）。具体来说，虽然最初的组织文化雏形来源于创建者的经营理念，但若要维系和发展组织文化，则需要战略性人力资源管理来实现，组织通过人力资源管理活动中的社会化过程，帮助员工来适应组织的文化，帮助新员工学习组织的做事方式，从而为实现良好的组织效能奠定基础。在位的最高管理者也以行动营造了一种氛围，使人们了解到哪些行为可以接受，哪些行为不可接受。如果社会化过程成功的话，在甄选过程中，它会使新员工的价值观与组织的价值观相匹配，并能在员工加入组织后学习解决问题的诀窍时给员工提供支持。

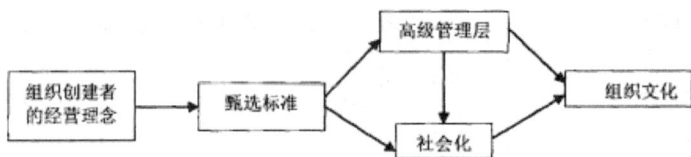

图5-2　组织文化的形成

2. 组织文化又是影响组织效能的重要因素（Cameron & Quinn，2006；李成彦，2005；朱青松，2009）。当组织明确的价值观为员工所熟悉后，员工就能够清楚地知道他们应该做什么，被期望做什么；当组织明确的价值观为员工广为接受后，员工就能按照组织的导向，快速反应并解决遇到的问题，这样可以有力地保障组织效能的实现。正是由于组织文化能帮助员工了解组织功能、规范行为，因此组织文化是影响企业绩效的重要变量之一（李伟、聂鸣、李顺才，2010）。Cameron & Quinn（2006）也强调，组织文化是衡量组织效能的重要理论工具之一。组织文化影响组织效能的实证有力地支持了理论推演出的观点，例如，欧阳国南（2005）的研究指出，军队的组织文化与军队效能呈显著的正向相关关系；Gregory 等（2009）对美国99家医院的组织文化与效能研究发现，团队文化与组织效能正相关；Wei Zheng、Baiyin Yang & Gary N. Mclean（2010）指出，组织文化与组织效能有积极的相关关系。

人力资源管理最终目的是为提升组织效能。人力资源管理实践对组织文化有着显著的影响，而组织文化对组织效能有着显著的作用，因此从逻辑上可以推断：人力资源管理对组织效能有着显著的作用，但这种作用需要通过组织文化来传递。

其次，战略性人力资源管理对组织效能的作用还需要通过组织承诺来实现。

1. 战略性人力资源管理能促进员工提高对组织的承诺。组织对员工的选拔程序和方式，会影响应聘人员对选拔评价的准确性和公平性等方面的知觉，而这些知觉对员工的组织承诺有着重要的影响；组织对员工的培训开发是否能够有效落实，会直接影响到员工对组织是否支持个人发展等方面的感受，进而影响员工的组织承诺度；组织对员工的绩效评估和奖励是否准确，也会影响员工的公平感，进而影响员工的组织承诺水平。已有的实证研究发现，组织承诺与人力资源管理实践如招聘（Wanous, et al., 1992）、社会化（Ashforth & Saks, 1996）、培训开发（Skas, 1996）、评估晋升（Koslowsky & Shalit, 1992）、薪酬福利（Grover & Crooker, 1995）等存在显著的相关性，人力资源管理实践对组织承诺的形成与提升有着明显的作用，上述这些研究结果充分说明了人力资源管理实践确实能影响员工的组织承诺。

2. 组织承诺是影响组织效能的重要因素之一。组织承诺涉及对组织作为一个整体的总的感情性反应（孙卫敏，2006），组织行为、管理战略、组织发展和变革领域皆非常关注组织承诺。员工对组织的态度影响和决定员工的行为，进而影响行为的结果，组织承诺作为员工对组织的态度变量影响着组织的结果，即组织效能。大量的证据表明，员工的组织承诺是组织获取持续竞争优势的关键条件。周明建（2005）总结了以往组织承诺的结果变量研究，发现组织承诺影响个人绩效和组织绩效，其中组织绩效包括市场扩展、组织盈利、竞争力、任务完成和公司成长等方面。朱青松（2009）研究发现，当员工个人与组织的价值观相匹配时，员工较易认同组织，并愿意留在组织里面，即组织承诺度较高，这对提高组织效能有重要作用。Porter &Steers（1974）认为组织承诺高的人往往愿意把捍卫和实现组织的利益和目标置于本人或所在小群体的直接利益之上，以促进组织目标的实现。江帆等（2007）以及唐芳贵等（2008）的研究结果表明，教师的感情承诺和继续承诺对工作绩效具有显著的预测作用。Steers（1977）通过对382名医护人员和119位科技人员进行研究，得出"工作绩效是组织承诺的主要结果变量之一"的结论，其组织承诺模型如图5-3所示。

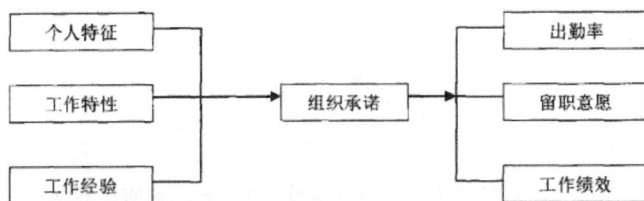

图5-3 Steers 的组织承诺模型

人力资源管理最终目的是为提升组织效能。人力资源管理实践对组织承诺有着显著的影响，而组织承诺对组织效能有着显著的作用。因此，从逻辑上可以推断：人力资源管理对组织效能有着显著的作用，但这种作用需要通过组织承诺来传递。

最后，在组织文化与组织承诺两个变量之间的关系上，组织文化显著影响组织承诺。

组织文化对组织承诺的影响已得到许多研究的支持。例如，Cameron & Quinn（2006）通过实证研究发现，企业文化是影响组织承诺的前因变量。郭玉锦（2001）提出了组织承诺模型（见图 5-4），认为影响组织成员组织承诺的因素主要包括：社会的价值观、组织文化和组织成员的个体特征，因为组织承诺是对组织的一种态度，态度受组织文化的直接影响，而组织文化又是由所处社会的道德和价值观培养形成的。

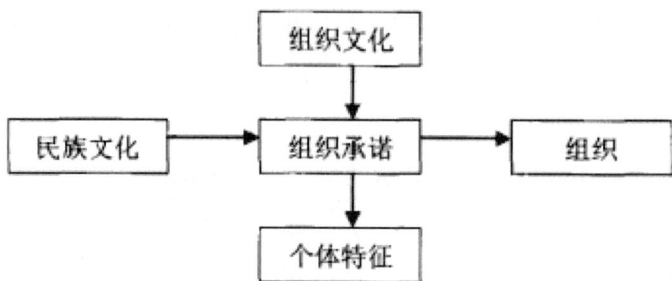

图 5-4　郭玉锦的组织承诺模型

组织文化对组织承诺有着显著的影响，而组织承诺对组织效能有着显著的作用。因此，从逻辑上可以推断：组织文化对组织效能有着显著的作用，但这种作用需要通过组织承诺来传递。

综上所述，战略性人力资源管理影响组织效能的机制包括两个方面：一是战略性人力资源管理通过组织文化来实现对组织效能的影响，同时战略性人力资源管理通过组织承诺来实现对组织效能的影响；二是组织文化对组织承诺具有影响作用。因此本研究认为，战略性人力资源管理对组织效能的影响机制可以表示为图 5-5 所示。

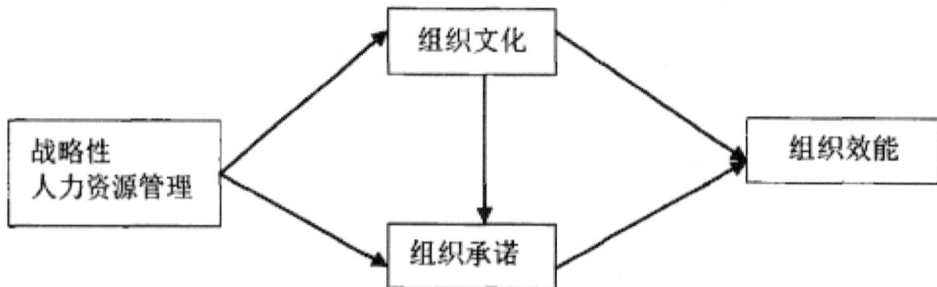

图 5-5　战略性人力资源管理对组织效能的影响机制图

二、战略性人力资源管理、组织文化与组织效能的关系

（一）战略性人力资源管理与组织效能的关系

资源基础理论认为，人力资源是企业竞争优势的源泉（Wright、McMahan & McWillians，1994），因此，有效的人力资源管理将会为企业创造价值。大量的研究者已从实证角度论证了战略性人力资源管理对组织效能（或组织绩效）具有积极影响，例如，Leonard（1990）发现在薪酬设计方面有长期激励计划的组织，能达到更高的财务绩效。Huselid（1995）通过实证研究得出"企业高绩效工作系统可以提高企业生产率、改善企业绩效"的结论；Lam & White（1998）发现人力资源导向（如有效招募、高薪酬以及广泛培训）与资产报酬率、销售成长率以及价值成长率呈正相关。Bae & Lawer（2000）以138家韩国公司为研究对象，发现人力资源管理措施与公司绩效呈显著关系。Guthrie（2001）通过对新西兰企业的调查，发现高绩效的人力资源管理系统能够提高生产率和留职率。Guest 等（2003）以366家英国公司为样本，验证了 HRM 与组织生产力和收益率之间的关系，证明了 HRM 对提高组织绩效的积极作用。Datta，Guthrie & Wright（2005）发现合理的 HRM 实践系统能够提高劳动生产率。张正堂（2006）通过企业调查，验证了人力资源管理活动与企业绩效之间的显著关系。还有许多实证研究进一步验证了不同的战略性人力资源管理类型（或模式）对组织效能的影响，例如，很多研究证明承诺型的人力资源管理对组织效能存在积极的正向影响关系（Arthur，1994；Delery & Doty，1996；黄家齐，2000；Guthrie，2001；徐国华、杨东涛，2005；Smith 等，2006；刘善仕，2007；唐素萍，2007；邢周凌，2009）；lehniowski & Shaw（1999）指出创新型战略性人力资源管理与企业绩效正相关；Delaney（1995）的研究发现，在制造业中广泛使用创新型人力资源管理系统，对降低企业的员工流失率具有极大的效果；徐国华和杨东涛（2005）验证了制造业中支持型人力资源管理实践与组织绩效的关系；刘善仕（2008）发现，内部发展型人力资源管理系统的多样化培训、基于员工发展的绩效评估、内部晋升式的员工发展规划、员工参与等实践活动都在不同程度上与组织绩效有正相关作用，促进组织获得高绩效。

但是也有一些学者认为战略性人力资源管理与组织效能之间弱相关或不相关。Wright 等人认为人力资源管理系统必须同其他部门实现横向整合才能实现组织绩效。McMahan & Virick 等人（1998）认为，人力资源管理系统首先必须符合特定的组织战略和组织目标，才会提高组织绩效。Lepak & Snell（1999，2002）的研究结果显示，人力资源管理系统对销售增长率和利润增长率的影响并不显著。Daley & Vasu（2005）以社会服务机构为样本，

发现 SHRM 实践仅仅是适度影响福利改革绩效。苏中兴和曾湘泉（2007）认为，只有当人力资源管理系统适应公司目标，产生协同作用，才能使得企业获取难以模仿的竞争优势，产生高的企业绩效。王晓玲（2009）总结发现，只有在企业的人力资源管理系统的一些关键方面与企业的目标和环境不相冲突时，高绩效人力资源管理系统可以在某种程度上提高企业绩效，否则可能对企业绩效产生不利影响。Wright（1992）和 Becker（1996）均认为人力资源管理系统与组织绩效之间不存在相关关系。蒋春燕和赵曙明（2004）通过对香港企业的调查，发现各项人力资源管理实践与组织绩效之间不存在显著正相关关系。在刘善仕（2007）的研究中，人力资源管理系统与财务绩效之间的关系只得到较弱的证据。Lee & Rhee（1996）以 48 家韩国企业作为研究对象，也发现人力资源实践与组织绩效无关。蒋春燕和赵曙明（2004）指出，不相关和负相关的原因可能是人力资源管理实践对企业绩效的影响是非线性的、滞后的和互为因果的。刘善仕、周巧笑和晁罡则认为，没有相关性的一个可能的原因是这些企业人力资源管理还停留在早期阶段，人力资源仅仅扮演着低价值附加活动的管理角色。

通过本书前面对战略性人力资源管理对组织效能影响机理和机制的分析，笔者认为上述研究悖论的出现，很可能是因为在战略性人力资源管理影响组织效能的过程中存在着重要的中介变量，探究战略性人力资源管理与组织效能的间接关系更能揭示战略性人力资源管理对组织效能的影响，因此在这一部分本研究不提出假设。

（二）战略性人力资源管理与组织文化的关系

组织创建者或高层管理者对人性的基本假设决定管理员工时的管理态度、管理行为和方法手段，从而决定着组织的文化氛围，但这种影响过程离不开人力资源管理的传递与增强。战略性人力资源管理中的培训活动可以使组织高层管理者对人性的基本假设得以清晰传递，绩效评估活动可以使组织对行为过程或结果的重视程度差异得以明确展现。若组织的高管倾向于"经济人"的人性假设，那么必然将通过人力资源管理政策和实践加强对员工的控制，以量化的经济手段衡量员工的工作成果，进而在组织中将形成注重层级控制和注重利润目标的文化氛围，使得员工明确知道组织的倾向。若组织的高管倾向于"社会人"的人性假设，那么必然通过人力资源管理政策和实践塑造出友善和谐的工作场所，希望员工能更多地参与和协作，进而在组织中将形成浓厚的关心员工和团队协作的文化氛围，使得员工在人性化的组织中采取组织希望的行为。

虽然目前分别研究战略性人力资源管理和组织文化的文献非常多，但是在人力资源管理研究领域中考虑组织文化的文献还比较少，即将战略性人力资源管理与组织文化结合起来，探究二者之间关系的文献并不多。Verburg 等人（1999）认为其原因可能是测量组织文化比较困难，开发的测量工具有效性低。在不多的文献中，学者们对二者之间的影响关系有不同看法，有些学者认为文化对人力资源管理有着普遍而深入的影响，如 Adler（1997）和黄孝俊（2002）等，有些学者认为人力资源管理影响着组织文化，认为战略性人力资源管理是形成和维系组织文化的重要因素。例如，魏威（2010）认为，在人力资源管理中，优秀的组织文化既能够使人力资源的开发深刻化，又能够使人力资源管理自主化。Dessler（1994）发现，通过人力资源管理实践，尤其是注重与员工的良好沟通、注重实施多方位的员工参与计划，可以建立鼓励员工为企业努力的组织文化；Ulrich（1995）认为，在实际工作中，人力资源经理所要强调的那些角色、方法、目标和能力必须能够加强公司里的主导文化或所希望的文化。发挥不同的人力资源作用能帮助建立或巩固一种不同的组织文化。Schneider（1998）等发现，在各类组织中人力资源管理对组织文化均有着显著的影响。Buckley（2001）认为人力资源管理实践可使组织建立起强文化；McAfee 等人（2002）发现，对员工的获取、培训、薪酬和绩效评估四种人力资源管理政策对组织文化有显著影响；熊建、毛良才（2006）指出，人力资源管理对企业文化维系起着重要影响作用；Robbins（2008）在研究组织文化形成和维持时指出，人力资源管理活动影响组织文化的形成，并探讨了如何通过人力资源管理活动使组织文化得以维持和继续。

人力资源管理通过对新员工的社会化活动和对新老员工的培训，可以向员工灌输组织规范和惯例，可以自然地导入组织文化，可以更好地加强组织文化的影响力。人力资源管理实践强调授权、团队工作时，将为组织构建高参与性的团队组织文化奠定坚实的基础；组织人力资源管理实践从外部招聘具有行业经验的员工，有利于组织在原有基础上利用外脑进行创新，有助于组织建立灵活创新的文化氛围；组织通过广泛的培训员工，可使员工的能力得到提高，为组织学习提供前提条件，促进知识共享，有利于员工开展团队协作，有助于建立团队文化氛围。当组织强调运用量化指标对员工的绩效评估时，组织建立起重视短期绩效的市场文化。在认同战略性人力资源管理影响组织文化的文献中，有一些研究已经具体。（1998）等发现，那些能够提升员工服务质量能力的人力资源管理实践，将有助于形成服务取向的组织文化。Klein 等（2000）的调查显示，支持创新的人力资源管理实践有助于形成创新文化。

基于以上理论依据和结论，本书提出以下假设：

H_1 战略性人力资源管理对组织文化有显著正向影响作用。

H_{1a} 协作式 SHRM 对组织文化有显著正向影响作用。

H_{1b} 创新式 SHRM 对组织文化有显著正向影响作用。

H_{1c} 控制式 SHRM 对组织文化有显著正向影响作用。

H_{1d} 绩效式 SHRM 对组织文化有显著正向影响作用。

（三） 组织文化与组织效能的关系

组织文化是组织适应外部环境和进行内部整合时的基本假设模式，组织文化是一个多元的系统，有些价值观和信念是内含的，有些价值观和信念则是外显的。根据组织文化现象的可见程度，这些基本假设模式共有人为饰物、价值观和基本假设三个层面。组织文化能帮助员工了解组织功能、规范自己的行为，当组织文化中的价值观为员工所熟悉后，员工就能够清楚地知道他们应该做什么，被期望做什么；当组织文化明确的价值观为员工广为接受后，员工就能按照组织的导向，快速反应并解决遇到的问题，这样可以有力地保障组织效能的实现，成为影响组织效能的重要变量之一。组织文化对组织取得良好效能发挥着强有力的影响，优秀的组织文化所体现出的组织共同价值观和组织精神，有利于形成组织凝聚力，实现企业经营目标；优秀的组织文化能够实现组织管理制度的规范性，从而有助于实现组织运作的高效率，最大限度降低运营成本；优秀的组织文化所体现的良好管理道德和伦理意识，有助于吸引外部资源的加入，获得外部环境因素的支持，使得组织得以成长和发展。

许多实证研究，或以企业为样本或以教育机构为样本，均证实了组织文化与组织效能的显著关系。例如，Kott 等通过对美国 207 家公司的 11 年追踪调查，发现企业文化对企业长期经营业绩有着重大的作用；Denison 通过对美国企业的实证研究发现，四个组织文化维度（参与性、整体性、适应性、使命）分别与公司的某些效能指标（如市场份额、销售增长量、收益率、员工满意度、产品和服务质量以及新产品的研发等）有明显的相关度，不同的文化特质能够预测不同的效能指标，例如整体性和使命影响组织的经济绩效，参与性和适应性则影响产品的开发和创新；Kanter（2002）的研究表明，注重对员工参与性、自主性和创造性的培养，可以给组织带来高绩效。卢美月等（2006）研究了海峡两岸的企业，实证结果表明企业文化的四个特性（弹性、控制、外向、内向）与组织绩效（财务指标与非财务指标）显著相关。Mohammadi（2010）对爱尔兰大学的组织文化进行研究，指出组织文化非常重要，因为适宜的组织文化与组织的效率和生产率有密切联系。

还有学者进一步研究了不同的组织文化类型对组织效能的具体影响程度。不同类型的组织文化直接决定了组织在多个领域，尤其是组织效能的表现和特性。例如，团队文化能提高组织的凝聚力；灵活文化能提高组织的创新能力、环境适应能力及组织的成长；市场文化能提高组织的生产力、效率及竞争能力；层级文化能提高组织的规章制度管理与稳定控制。张德等对中国制造企业的研究发现，宗族文化、活力文化、市场文化、层级文化分别对学习与成长、内部流程、顾客维度以及财务维度有显著正向影响。

基于竞值架构视角的组织文化对组织效能影响研究，目前还限于学校和行政单位的研究，还没有拓展到企业领域的应用，但是可为在企业领域的应用提供有力的依据。例如，Smart，Kun & Tierney（1997）从竞值架构视角，根据对美国二年制学院的研究认为灵活文化和团队文化对学校效能有正向影响，层级文化和市场文化则对学校效能有负面影响。孙瑞英（2002）从竞值架构视角，以中国台湾地区技术学院为研究对象，研究结果表明，市场文化对理性目标效能和内部过程效能的影响相当；层级文化对内部过程效能、团队文化对人际关系效能、灵活文化对开放系统效能具有较大的影响倾向。林慧玲（2004）采用竞值架构视角，对中国台湾地区台东县基层行政机关组织文化与组织效能关系进行研究，研究结果表明，竞值架构对该地区行政机关组织文化和组织效能的探究具有适用性，并发现组织文化与组织效能间具有显著相关关系。陈文庆（2008）采用竞值架构视角，对中国台湾地区国民小学的组织文化与学校效能之间的关系进行研究，研究结果显示，学校组织文化的四种类型（理性文化、发展文化、共识文化、层级文化）与学校效能的四种模式（理性目标模式、开放系统模式、人际关系模式、内部过程模式）均呈显著正相关（相关系数 0.54~0.80，皆达到 0.05 的显著水平）。

基于上述理论分析和实证结果，本研究提出以下假设：

H_2 组织文化对组织效能有显著正向影响作用。

H_{2a} 团队文化对组织效能有显著正向影响作用。

H_{2b} 灵活文化对组织效能有显著正向影响作用。

H_{2c} 层级文化对组织效能有显著正向影响作用。

H_{2d} 市场文化对组织效能有显著正向影响作用。

（四）组织文化在战略性人力资源管理与组织效能之间的作用

在对战略性人力资源管理领域的研究中，尤其是对人力资源管理影响组织效能的探究中，越来越多的学者认为在这个影响过程中离不开组织文化的中介作用。积极的战略性人力资源管理实践能够培养积极的组织文化。战略性人力资源管理通过人力资源管理理念、政策以及具体管理实践能影响组织文化，而组织文化则对组织效能有着举足轻重的影响力。如果组织利用战略性人力资源管理塑造出良好的组织文化，并采取有效措施在组织中加以渗透，使员工不仅明晰了组织在价值观方面的要求，而且从意识形态真正认可了组织文化，那么员工将自觉地提高其工作的积极性、责任感和创造性，最终有力地保障组织实现提升组织效能的目的。杨丽（2009）提出，组织文化是人力资源管理实践对组织绩效影响的中间变量，并构建了一个人力资源管理实践对组织绩效影响的作用机制图，如图 5-6 所示。

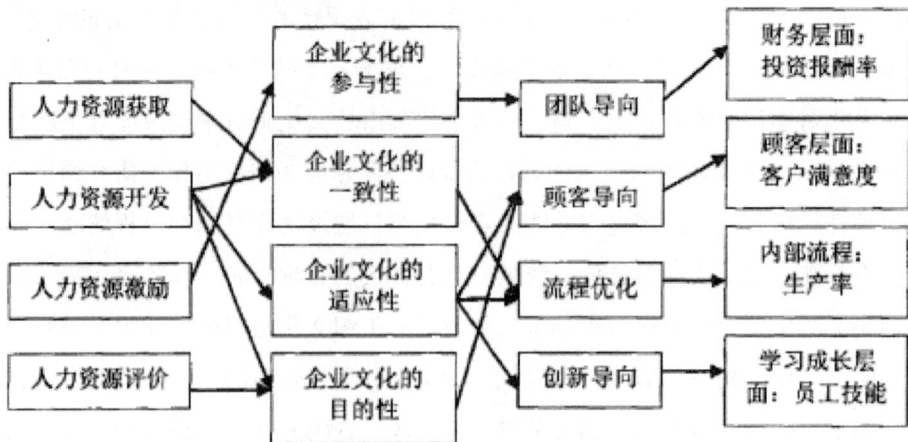

图 5-6　基于组织文化视角的 HRM 实践与组织绩效之间作用机制图

在杨丽（2009）的人力资源管理实践对组织绩效影响机制图中可以清晰地看出人力资源管理对组织绩效的具体影响路径：人力资源获取活动直接影响到组织文化的一致性维度，人力资源开发活动直接影响组织文化的一致性、适应性和目的性三个维度，人力资源激励实践直接影响组织文化的参与性维度，人力资源评价实践直接影响组织文化的目的性维度；然后，组织文化的参与性维度形成文化中重视团队导向的人力资本，从而影响组织财务层面的绩效；组织文化的一致性维度重视组织的流程优化，从而影响组织内部流程的运作绩效；组织文化的适应性维度重视组织的顾客导向和学习创新导向，从而影响组织内部流程运作绩效和学习成长绩效；组织文化的目的性重视组织的顾客导向和学习创新导向，从而影响组织在顾客层面的绩效和学习成长层面的绩效。

杜娟（2007）在回顾总结已有研究中发现，很多研究均认为人力资源管理实践活动在影响组织效能过程中，有一个重要的中介变量，即组织文化。本研究在查阅文献中也发现，目前已累积不少实证研究成果证明了组织文化在战略性人力资源管理与组织效能之间的中介作用。例如，Kopelman 等（1990）以组织文化为中介变量，研究了人力资源管理与组织绩效的关系。Kotter & Heskett（1992）研究表明，公司文化的强度大小与组织长远财务绩效存在显著正相关。Bowen &Ostroff（2004）也以组织文化为中介变量，研究了战略性人力资源管理与组织效能的关系。Appelbuam（2000）认为建立学习型文化，是人力资源管理积极影响企业绩效的关键。Bowen & Ostroff（2004）具体指出，HRM 系统须能创造出一个组织环境使员工都知道组织所期待与赞许的行为，这样才能影响企业绩效。Collins & Smith（2006）对高科技企业的研究表明，基于承诺的人力资源管理实践能够培养企业内部相互信任和合作的社会氛围，这种氛围促进了企业知识交换和整合能力的提高，从而提高了企业销售增长和新产品开发的利润。

基于以上研究基础，可以推测战略性人力资源管理对组织效能的影响需要通过组织文化的中介作用来实现。综上所述，本研究提出以下假设：

H₃组织文化在战略性人力资源管理对组织效能的影响中，起完全中介作用。

三、战略性人力资源管理、组织承诺与组织效能的关系

（一）战略性人力资源管理与组织承诺的关系

人力资源管理对组织承诺有着显著的影响（Arthur，1994；Walton，1985），从学者们对组织承诺的前因变量研究中也可以清晰地看出人力资源管理对组织承诺的影响，如表4-1所示。

表4-1 组织承诺的前因变量

学者	前因变量	影响维度
Porter, Steers & Mowday（1974）	工作责任感、工资报酬、晋升机会、员工地位与自由度	情感承诺
Gaertner & Nollen（1989）	人力资源管理实践（如绩效评估、晋升政策和薪酬福利等）	情感承诺
Huselid & Day（1991）	承诺型的人力资源管理实践	情感承诺
Meyer & Allen（1991）	工作特征、领导与成员的关系、角色特征、组织结构特征和个体特征	情感承诺
	受教育程度、专业能力、改行的可能性、福利因素、已有投入	持续承诺
	工作经历、员工社会化过程、受教育类型	规范承诺
凌文轮、张治灿、方俐洛（1997、2000、2001）	信任领导、支持组织生活、依赖组织	情感承诺
	工作的社会公平交往水平、员工对同事的依赖、员工所处团队的团队合作精神	规范承诺
	组织支持、受教育程度、职位、领导风格、晋升制度、对工作的满意感	理想承诺
	工作年限、员工的社会公平交换水平、对领导的信任度	经济承诺
	报酬满意度、对组织的依赖性、受教育程度、年龄、改行的可能性	机会承诺

学者	前因变量	影响维度
王重鸣（2000）	工作单位能够激发潜能、价值准则与组织相似、已经选择最佳单位、对组织形成自豪感、庆幸选择这家单位	情感承诺
	为组织成功付出努力，很愿意留在组织工作、关注组织的发展前途、感到马上离职会难受、对于组织缺乏忠诚感	规范承诺
	其他工作机会很少，可供选择单位较少、离职造成个人损失、离职会使生活混乱、为留人会做任何工作	持续承诺
Porter & Christopher（2005）	人力资源管理目标与战略和在员工身上的投资	情感承诺

另外，实证研究也显示战略性人力资源管理与组织承诺相关。组织采取授权参与的人力资源管理实践，员工会因为组织的信任而对组织产生情感承诺，希望自己在工作中有更努力的表现。组织通过培训等活动成功地传输对组织忠诚的观念，将使员工有意识或无意识地提高规范承诺。例如，李鑫、孙清华（2010）通过实证研究发现，战略人力资源管理能够影响员工的组织承诺度，并提出，企业应满足员工的心理需求，尽量不违背企业与员工之间的心理契约，使员工对企业形成较高的组织承诺度，以实现组织与成员的共同成长。Qgilvie（1986）实证研究提出，人力资源管理实践（如绩效评估、晋升政策和薪酬福利等）显著影响员工的情感承诺。Gaertner & Nollen（1989）提出，就人力资源管理实践的整体而言，能够显著影响情感承诺。Meyer & Allen（1991）人力资源管理实践中的福利因素显著影响持续承诺，员工社会化过程则显著影响规范承诺。Kuvaas（2003）发现员工对绩效评价的满意感与其情感承诺显著相关。凌文轮、张治灿、方俐洛（1997，2000，2001）人力资源管理实践使得员工感觉到的社会公平交往水平、对同事的依赖以及所处团队的团队合作精神的状况，显著影响规范承诺，人力资源管理的薪酬令员工的满意度显著影响机会承诺。Ramsay 等（2000）提出，高绩效工作系统中的高承诺管理类型强调获得情感承诺和规范承诺。Huselid& Day（1991）承诺型的人力资源管理实践影响员工的组织承诺。

基于以上理论依据和实证结论，本研究提出以下假设：

H_4 战略性人力资源管理对组织承诺有显著正向影响作用。

H_{4a} 协作式 SHRM 对组织承诺有显著正向影响作用。

H_{4b} 创新式 SHRM 对组织承诺有显著正向影响作用。

H~4c~控制式 SHRM 对组织承诺有显著正向影响作用。

H~4d~绩效式 SHRM 对组织承诺有显著正向影响作用。

（二）组织承诺与组织效能的关系

Allen 和 Meyer（1990）对组织承诺概念的界定是组织承诺研究领域的基石。他们指出，组织承诺由情感承诺、持续承诺和规范承诺组成，其中情感承诺是组织成员对组织的情感依赖、认同和投入程度，组织成员对组织表现出忠诚并努力工作，主要是对组织有深厚的感情，而并非是因为物质利益；持续承诺是组织成员对离开组织所带来损失的认知，由于成员不愿意失去过去付出所换来的待遇或为了发展而继续留在该组织内的一种倾向；规范承诺是组织成员对继续留在组织的义务感，它是成员受到长期社会规范约束形成的社会责任而留在组织内的承诺。Meyer & Herscovitch（2001）对组织承诺维度的进一步探究也支持了 Allen 和 Meyer（1990）的观点。

虽然直至目前，对组织承诺对组织效能影响作用的研究还不算太多，但是关于组织承诺对组织绩效的影响研究在 20 世纪 70 年代就已引起学者们的关注，成果也很丰富。许多研究者认为，组织承诺显著影响组织效能的实现，并进行了实证研究。例如，Meyer 和 Allen（1997）认为组织承诺是影响员工生产率的主要因素，工作满意度与情感承诺和持续承诺的相关都很显著。Riketta（2002）的研究认为组织承诺可以影响工作绩效。Jaramillo 等（2005）的研究指出，组织承诺越高的销售人员表现出的工作绩效越好。Porter（2008）发现，组织承诺是预测工作绩效和离职倾向的重要指标，高绩效与高组织承诺相关。叶先宝、沈娇彩和王金光（2010）的研究也表明高绩效与高组织承诺是相关的。赵欣、李美丽和谭婷婷（2011）对高校教师组织承诺与工作绩效的研究结果表明，组织承诺与工作绩效水平显著相关（r=0.156，且 P<0.05）。

还有一些学者详细研究了组织承诺的不同维度对组织效能的影响力度。Meyer 等（1991）发现绩效与情感承诺和持续承诺之间存在不同关系。上级对一个人工作绩效和晋升的评价与他的情感承诺水平正相关，但对持续承诺的关系是负相关，较高的持续承诺是与低水平的晋升评价相联系的。增强持续承诺会导致较低的工作绩效，而提高情感承诺则对提高组织绩效有积极作用。钟璟（2011）通过对文献梳理以及实证数据的分析讨论，对比分析了正式员工和派遣员工的组织承诺现状和特点，正式员工、派遣员工的组织承诺和工作绩效关系。研究结论为组织承诺能够影响员工的工作绩效，其中，正式员工的情感承诺和规范承诺水平显著影响工作绩效水平，而对派遣员工工作绩效有影响的主要是持续承诺。郑春（2011）组织承诺对企业核心员工工作行为有多方面的影响，主要体现在工作绩效、离职率、出勤率、迟到率等方面。研究发现，情感承诺高的员工与工作绩效呈正相关关系。

也有一些研究者认为组织承诺与组织效能相关性很低，例如，Randall（1987）的研究结果显示：组织承诺与工作绩效的相关性较低，两者间的相关系数仅为 0.12；Mathieu & Zajac（1990）的研究结果显示：二者间的真实相关系数为 0.13。探究其中的原因主要包括：①采用的组织承诺概念或类型所局限，如 Randall（1987）没有对情感承诺、规范承诺和持续承诺加以区分；2. 对两者间的相关性研究采用了不同的工作效测量方式，有的采用客观绩效指标，有的则采用特定的绩效指标类型（如角色外行为）。

基于上述理论分析和实证结果，本研究提出以下假设：

H_5组织承诺对组织效能有显著正向影响作用。

H_{5a}情感承诺对组织效能有显著正向影响作用。

H_{5b}持续承诺对组织效能有显著负向影响作用。

H_{5c}规范承诺对组织效能有显著正向影响作用。

（五）组织承诺在战略性人力资源管理与组织效能之间的作用

通过战略性人力资源管理，组织建立起与组织目标相一致、主动并能胜任工作的员工队伍，能够促使组织目标的实现。Mowday 指出，需要更多地考察人力资源管理实践与成员的组织承诺水平以及绩效的关系，因为组织承诺很有可能是连接人力资源管理策略与绩效关系之间的关键中介变量。Wright（2002）、Delery & Shaw（2001）等学者则进一步指出，人力资源管理系统会导致员工行为的改变，提升其生产力，以及提高其工作满足与组织承诺，进而有利于企业绩效。Meyer & Allen（1997）总结出，人力资源管理政策和实践会直接影响员工的组织承诺，而员工组织承诺能促进工作绩效的提升和组织运行效率的提高。还有学者从高绩效工作系统的研究出发，发现高绩效工作系统能促进员工产生组织承诺，从而导致良好的组织效能（Huselid, 1995; Shaw et al., 1998; Guthrie, 2001）。王晓玲（2009）以组织承诺为中介变量，提出 HRM 过程系统实践影响组织绩效的机制模型（如图 5-7 所示）。在该模型中，人力资源管理的主要实践活动均直接影响员工对组织的承诺，而组织承诺度直接影响着组织在市场绩效和创新能力等方面的效能表现。

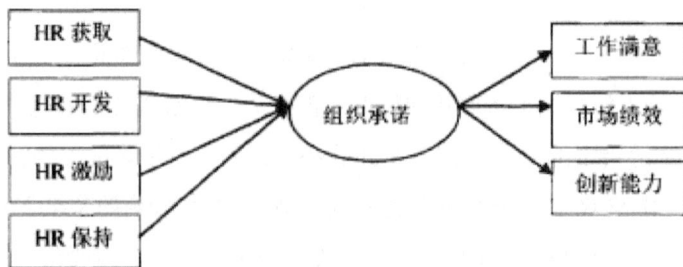

图 5-7 企业 HRM 系统对组织绩效影响的模型

在实证研究方面，Moynihan et. al.（1998）的研究选择了13个服务型企业中35个工作小组的样本，证明了组织承诺水平是人力资源管理与企业绩效之间的中介变量。Wright & Snell（1998）的研究证实了员工的态度（承诺度、满意度）确实部分中介了战略性人力资源实践与组织绩效之间的关系。Wright 等（2002）研究发现，人力资源管理能够影响员工对组织的承诺，而组织承诺和企业绩效之间存在正相关关系。Wright（2003）证实，人力资源实践与员工的组织承诺以及事业部绩效正相关，员工的组织承诺与事业部绩效正相关。Wright & Gardner（2003）通过实证证明了人力资源实践与组织承诺正相关，并且两者也与组织运营绩效和税后利润显著正相关，即组织承诺中介了人力资源实践与组织绩效的关系。Katou & Budhwar（2006）在对德国制造业领域中 HRM 系统与组织绩效的中介模型检验时，肯定了组织承诺对 HRM 系统和组织绩效起中介作用。郝云宏、曲亮和吴波等（2009）指出，企业采取的教育培训、合理的薪酬福利等人力资源管理活动影响着员工的组织承诺，从而影响着企业的绩效产出。Steven（2012）的研究认为，人力资源管理实践可以通过影响雇员的组织承诺度对顾客满意度发生影响。

基于以上的研究基础，本研究提出如下假设：

H_6 组织承诺在战略性人力资源管理对组织效能的影响中，起完全中介作用。

四、组织文化、组织承诺与组织效能的关系

（一）组织文化与组织承诺的关系

组织文化通过组织成员的知觉、习惯、动机、期望以及信仰等微妙的文化心理来沟通组织成员的思想，使成员对组织目标、准则和观念产生认同感，对组织产生归属感和自豪感，即产生组织承诺，并使组织成员积极参与组织事务，发挥自己的能力，为组织的发展做出贡献。组织文化对组织承诺还具有规范作用，组织的基本价值观构成一种无形的软约束，使得组织成员在意识形态中形成定势尤其是对组织的忠诚意识，有助于提高组织成员的规范承诺，进而对组织成员的行为产生影响。

已有的研究不仅证明了整体的组织文化影响组织承诺，而且证明了不同类型的组织文化对组织承诺的不同维度均产生影响，但是影响的方向和程度不同。Robbins（2008）认为，强势文化对组织承诺有着深远的影响，组织文化越强势就有越多的员工增强其对组织核心价值观的承诺；韩笑（2008）在企业文化与组织承诺的实证研究中发现，企业文化的四个维度（灵活性、稳定性、关注内部、关注外部）对组织承诺的三个维度（情感承诺、规范承诺、继续承诺）分别有不同的影响方向；Dirani（2009）指出，银行组织的学习文化影响组织承诺。Song Kim & Kolb（2009）验证了韩国营利性组织的学习型文化对组织承

诺的影响。Padma & Nair（2009）对比印度公共组织和私人组织中组织文化对组织承诺的影响时，运用了 Quinn 等的组织文化量表（OCAI）和 Meyer 的组织承诺量表（OCQ），发现灵活文化对情感承诺和持续承诺有显著影响；市场文化对规范承诺有显著影响；层级文化对组织承诺的任一维度均无显著促进作用，反而是降低了员工的持续承诺和规范承诺。在公共组织中，团队文化对组织承诺的三个维度均有显著的促进作用；市场文化降低了情感承诺。韩笑（2008）在企业文化与组织承诺的实证研究中发现，企业的"内向程度"和"灵活性"与情感承诺正相关，"外向程度"和"稳定性"与情感承诺负相关；"稳定性"和"内向程度"与规范承诺正相关，"灵活性"和"外向程度"与规范承诺负相关。孙海燕（2010）发现，优秀的企业文化能够在饭店管理者与员工之间建立一条情感纽带，增加员工对组织的承诺。张金（2011）指出，职工导向文化与教师组织承诺正相关；任务导向文化与教师组织承诺负相关。孙丽娜（2011）发现，外资企业背景下的组织文化与持续承诺是密切相关的，而国有企业背景下的组织文化与情感承诺是密切相关的。Cameron & Quinn（2006）通过实证研究发现，不同的企业文化类型对组织承诺的各因子影响程度不同，其中灵活文化与理想承诺显著相关，科层文化与规范承诺显著相关，团队文化与感情承诺显著相关，市场文化则与经济承诺和机会承诺显著相关。何丹、李文东和时勘（2009）从竞值架构视角，采用实证研究的方法，考察了组织文化的四个维度（诚信导向、团队导向、成就导向和创新导向）对员工组织承诺的影响作用，研究表明组织文化四个维度对员工的情感承诺有显著影响。

依据以上的理论基础和研究成果，本研究提出如下假设：

H_7 组织文化对组织承诺有显著正向影响作用。

H_{7a} 团队文化对组织承诺有显著正向影响作用。

H_{7b} 灵活文化对组织承诺有显著正向影响作用。

H_{7c} 层级文化对组织承诺有显著正向影响作用。

H_{7d} 市场文化对组织承诺有显著负向影响作用。

（二）组织承诺在组织文化与组织效能之间的作用

组织文化对组织效能的影响过程可以表述为，通过构建良好的组织文化，改善组织与员工间以及员工之间的沟通，促进组织内的参与协作，可以起到双因素理论中的激励因素的作用，从而改善员工的态度，增强员工的组织承诺，提高其工作的积极性、责任感和创造性，进而产生良好的组织效能。组织文化通过对组织价值观的传递，能够加强组织的内部整合，提高员工对组织的认同感与承诺，从而提高组织效能。Likert 等（1963）指出，特定的因变量将影响一系列中间的态度性变量，然后这些中间变量影响组织效能。Siechl

& Martin（1990）认为，组织文化首先对例如承诺、工作满意度等员工态度因素产生影响，然后这些中介因素直接影响组织效能。好的文化环境能产生更好的产品和服务，能吸引更有才能的员工，变革的阻力会更小，能降低产出成本（Levering 1998）。Appelbuam（2000）认为激发员工的自主努力，给予员工高的心理授权和建立高的学习型文化，是人力资源管理积极影响企业绩效的关键，当员工察觉到时，他们会显现出更高的组织承诺。一个组织如果想要在产品和劳动力市场拥有持续竞争优势就必须有高的员工承诺。在 HRD 领域，组织承诺是探究满意度、绩效、变革和创新时最常用的变量之一。

在实证研究中，Kopelman（2000）提出组织文化与组织效能的关系，受到工作满意感、承诺和工作投入等认知和情感状态的中介作用，员工对工作环境的知觉诱发了对结果的预期、评价，而这又会对个体动机产生直接效应，从而推进组织效能的进一步提升。Parker 等（2003）认为组织文化对组织效能的影响受到工作态度变量（工作满意感、组织承诺和工作投入）的中介作用。常亚平、郑宇、朱东红和阎俊（2010）将组织承诺作为文化匹配影响工作绩效的中介变量，并将加以证明，得出"个人 - 企业文化匹配可以通过组织承诺的中介作用影响工作绩效"的结论。张金（2011）的研究表明，组织文化影响组织承诺，而组织承诺是连接教师与学校的心理纽带，影响着学校组织的效能。Joo and Shim（2010）发现心理授权和组织的学习型文化对韩国公共部门员工的组织承诺有积极且显著影响。当员工察觉到高的心理授权和高的学习型文化时，他们会显现出更高的组织承诺。

基于以上研究基础，本研究提出如下假设：

H_8 组织承诺在组织文化对组织效能的影响中，起完全中介作用。

五、战略性人力资源管理影响组织效能的概念模型

在以上各章的理论研究和相关假设的基础上，本书构建出战略性人力资源管理影响组织效能的概念模型，如图 5-8 所示。该模型清晰地描绘了战略性人力资源管理与组织效能之间的理论关系。

本节前面的这些假设为我们描述了变量之间的理论关系：战略性人力资源管理对组织效能的影响，首先，战略性人力资源管理通过影响组织文化间接影响组织效能。组织文化在战略性人力资源管理与组织效能之间起到了中介作用。战略性人力资源管理的各维度对组织文化均产生积极显著的影响。各种类型的组织文化均对组织效能产生积极显著的影响。其战略性人力资源管理通过影响组织承诺间接影响组织效能。组织承诺充当了战略性人力资源管理与组织效能之间的中介变量。战略性人力资源管理的各维度对组织承诺均产生积极显著的影响。各种类型的组织承诺均对组织效能产生积极显著的影响。最后，组织文化还可以促进员工的组织承诺度，组织承诺充当了组织文化与组织效能之间的中介变量。值得说明的是，上述分析是分别进行的，但是影响过程却是同时发生的，战略性人力

资源管理通过中介变量对组织效能产生最终影响。

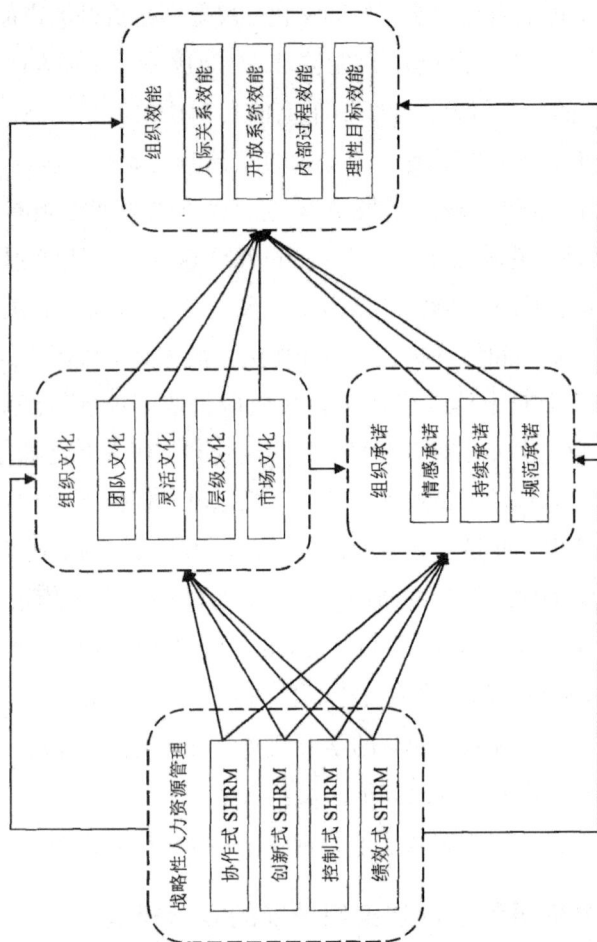

图 5-8　战略性人力资源管理影响组织效能的概念模型

第三节　战略性人力资源管理下企业组织效能提升策略

一、提升公司服务品质

（一）增强知识产权意识

战略性人力资源管理下的企业要紧盯市场需求，加大科研投入，同时紧跟物联网行业技术发展趋势，结合国家相关政策，加快新产品研发，坚持自主创新提高核心竞争力。第一，增强自主创新能力，增强企业核心竞争力，已成为企业发展的关键。在企业范围内大力宣传提倡自主创新意识、促成企业创新氛围的形成，无疑是企业生存发展的基础条件。可在企业内部成立专项技术突破基金等形式，调动创新积极性。实践证明，自主创新是企业得以长久发展的保障。只有增强企业科技自主开发能力，掌握自主知识产权，突破头部企业的技术垄断和封锁，企业在市场上才能争取到更为有利的贸易地位和竞争优势。同时，加强自主研发队伍建设的根本是需要高素质人才自主创新。战略性人力资源管理下的企业可以考虑优化现有研发中心，开发中长期的应用技术和基于底层的基础技术，用于发展潜在的市场需求，需要有专业队伍从事研发工作。第二，提高知识产权意识。知识产权的创造和应用能力，已上升为企业乃至国家综合竞争力的一个主要特征。缺乏自主创新的知识产权，无法推出有竞争力的产品，就不能适应国际、国内市场上的激烈竞争，为节约资源，各个环节都将长期处于劣势。战略性人力资源管理下的企业要提高核心竞争力，就必须加大科技自主创新力度，加大科技投入的步伐，将技术成果以专利形式推向市场。第三，战略性人力资源管理下的企业也可以考虑利用区块链的新技术来强化企业自身的技术优势，通过上链来维护企业版权的有效分发，从而为创新驱动的技术专项提供新的发展可能。

（二） 以需求为导向

首先，要以客户为中心的导向来打造和完善服务体系。一方面，为了获取用户的真实需求，可以进一步优化客户沟通渠道，深入客户企业，多方面听取客户的需求，吸收客户的合理化建议，从而针对客户在产品使用中常见的问题建立一套完善的问题响应处理机制，并通过满足客户的各项需求，搭建企业服务体系闭环；另一方面，服务工作不能仅仅局限于客服部门，需要企业的各个部门共同协作，让企业成为一个服务整体，从售前到售中再到售后，贯穿销售的三个环节，促进企业完善的一体化的保障体系。

其次，一方面，通过细化服务项，提升服务质量。主要考虑细化服务标准，完善监管制度，从客户服务需求角度出发，并统一、公示各项服务标准，在处理客户反映的问题时，耐心地了解客户的问题，找到客户需求点，为客户讲解处理流程，并第一时间协调各个部门及时为客户解决问题；另一方面，优化服务流程，提升服务质效，及时响应客户的需求，为客户提供更为便捷直观的服务。对于客户提出的要求，有针对性地减少涉及部门，所有问题通过单一窗口传递，实现高效快速解决实际问题。在服务过程中，积极听取群众意见及建议，接受客户监督，坚守监督制度，借以提升服务质量。

二、优化企业成本

（一） 鼓励员工参与成本优化

企业需要设置一些针对"开源"或"节流"方面的单项奖励，激发每一个员工的创造性，借以提高企业的盈利能力。

首先，从"开源"的角度出发有以下方面：①开发有盈利能力的新产品；②保证产品质量，提高客户满意度，进而增加订单；③对老产品进行性能改进，通过在岗革新等手段提高产品的品质，这样既可增加订单，也可提高产品的价格，增加盈利；④增强自身对产品质量的信心，进行市场推广，增加订单；⑤加快产品更新换代周期，并快速落地；⑥提高产品合格率。

其次，从"节流"的角度出发主要有以下方面：①控制人力成本。减缓人员招聘速度，提升现有员工工作效率，从而节约人力成本；②进一步规范采购流程；③提升差旅效率；④控制日常办公及车辆运营成本，提高各种物料的使用率；⑤控制企业招待费用。

最后，将各项举措纳入公司绩效考核体系之中，将各项行为形成考核指标，并将各项指标进行量化，通过考核的手段，抵制浪费行为，同时对于为企业节约成本做出突出贡献的员工，及时给予相应的奖励，使得"开源""节流"的意识深入每一个员工的内心，并将这种意识融入日常工作中①。

（二） 兼顾内外市场发展战略

首先，战略性人力资源管理下的企业要制定适合企业发展的战略，即选择自己的优势产品和市场，以避免低层次的重复建设而使自己陷入被动的恶性竞争之中。同时，考虑到传统的组织结构已经成为制约企业发展的一个重要因素，因此要正确选择企业的发展战略来实现企业组织架构的现代化。

其次，企业经营的核心首先是生存，进而是发展，最终实现盈利，利润则在很大程度上衡量一个企业是否优秀的标准。随着当前行业形势进一步加剧和蔓延，业界平均利润率水平不断缩水，企业发展的机会和空间会越来越小，因此企业必须优化企业成本，不断拓展外部市场（如海外市场），寻找新的利润增长点，灵活打造出一个适合自己的盈利模式，提升企业盈利能力，并且，在激烈的市场竞争中，企业成本水平的高低直接决定着企业盈利能力的大小和竞争能力的强弱，要想在日益激烈的市场竞争中谋求经济利益最大化，取

---

① 彭丹. CMIOT 公司组织效能提升策略研究 ［D］. 西南大学，2020：24.

得持续性的竞争优势，更要精打细算，开展精细化管理，加强成本控制，不断完善外部市场布局，并根据企业的实际情况，提出成本控制的合理化建议，优化企业成本，加大外部市场的开拓力度。

三、提升市场控制力

（一）维护市场稳定

首先，战略性人力资源管理下的企业市场开拓较为传统和粗放。一般而言，战略性人力资源管理下的企业仅依靠集团各省销售渠道，采用底薪加提成的方式，用一个硬性指标来衡量销售人员的业绩，这种方式对企业的可持续发展有很大的害处。一方面，销售人员为了完成任务量，完成考核，往往不计后果，根本不考虑客户的质量、规模、产品结构等因素，只在意是否能够出单；另一方面，通过这种破坏式开拓市场的方式，即使把客户开发出来，也会由于管理不善，无法满足客户更多的诸如产品分销、市场规划之类的必须需要。由此一来，区域内市场，形成了极差的口碑，致使产品无法深入人心，形成品牌效应。其次，破坏式的开拓市场，在区域内形成恶性竞争，使得多家产品在区域内形成恶性竞争，客户容易进入观望状态，从而直接导致产品在该区域内滞销，员工也会因为看不到市场的前景而背离公司，历史遗留问题便会无限叠加，使区域市场陷入混乱，从而形成恶性循环，这些短期行为，最终伤害的还是企业，只有退出市场这一途径。中国虽大，但是市场资源也无法经受得起这样的浪费。战略性人力资源管理下的企业需要科学地制订市场开拓计划和发展目标，根据区域和行业有计划地拓展市场，切分市场优先等级，维护市场的稳定性，从而使市场得到长足维护和拓展，最终处于良性循环之中。

（二）拓展外部市场

首先，区域市场也是样板市场，战略性人力资源管理下的企业在这里可以组建并训练销售队伍，同时也可作为检验新产品销售前景的试验田。企业可以尝试着去拓展外部市场。

其次，在市场的开拓过程中，战略性人力资源管理下的企业要做好市场的战略规划，确定好优先市场和次优市场，以利于公司资源的有效选择和投放。要确定目标市场，制定出市场开发政策，通过产品的价格优势以及为客户所能提供的利润来吸引客户，促进与客户成交的可能性，进而逐步占领市场，通过对市场的占有率进一步提升对整个市场的控制力度。

四、优化组织内部管理

（一）优化企业制度

首先，建立科学的管理制度。战略性人力资源管理下的企业在制定管理制度时，一方面要明确企业的经营目标，以目标为导向，以结果为标准不断地优化企业管理制度；另一方面，在制定制度时，要注意综合研发、产品、市场营销、管理等各个方面，全面分析，将它们的需求结合起来。制度执行时也不能太僵硬，要根据实际情况不断调整内容，提高企业实际的管理能力。在制度推行时，要注意制定明确的奖惩制度，既可以促进管理制度的顺利推行，又可以使员工主动参与经营管理并严格约束自己。

其次，提高管理能力。战略性人力资源管理下的企业在完善管理制度的同时，也要不断提高管理者的管理能力，引导管理者充分依据企业的目标开展日常管理工作，充分调动员工积极性，以工作结果为导向，一切工作都要围绕着工作成果展开。这里可向互联网公司学习，通过 OKR 工作管理模式，配以合理的绩效手段，从而提升工作效率。

最后，适应新常态下的发展要求。战略性人力资源管理下的企业管理者要不断提高自己的经营管理能力，更好适应新常态下的发展要求，使企业能够在新环境下抓住机遇，朝着更好的方向发展。

（二）定位发展模式

首先，战略性人力资源管理下企业经营能力的提升是一个长期的过程，也是一个动态调整的过程。在企业发展的不同阶段，对于企业经营管理能力的要求也不同。在这个基础上，战略性人力资源管理下的企业要注重自身在各个阶段的实际需求，制定出符合自身发展的经营模式。这个经营管理模式要在原有的经营模式基础上进行创新，才能保证其与企业实际状况的契合性。

其次，战略性人力资源管理下企业的经营是企业按照发展规划和经营目标，对企业内部各项事务进行管理和开展经营活动。随着市场经济的发展，市场竞争不断加强，管理问题不断涌现，管理理念和组织管理等方面问题都会直接影响到企业的经营管理能力。明确企业的发展目标，找到合适的发展运营模式。

最后，战略性人力资源管理下的企业需要全面提升综合效益，而企业经营能力是关键。在提升企业经营能力过程中，需要根据企业自身运营情况，采取针对性的策略，提升经营管理能力，进而提升核心竞争力，创造经济效益，推动企业快速发展。市场经济的发展给企业经营能力提出了新的要求，经营能力是一个企业应对市场竞争和人才管理的必备能力。企业的经营推动现代企业发展，是现代企业发展的核心力量，是提高企业体制改革的动力。经营能力是管理者职业担当的基础，企业要想长久地发展下去就必须提高自身经营管理能力。

五、提升员工满意与忠诚

（一）增加企业凝聚力

战略性人力资源管理下企业的发展离不开员工，员工的收入离不开企业。一个优秀的企业能够吸引各种人才成为企业的员工，而一个衰败的企业却流失了大量的优秀员工。一个企业，能否处理好与员工的关系，是一个企业能够长远发展的关键，直接关系到企业的成败兴衰。员工对企业满意与否直接影响着其对企业的忠诚度，很难想象一个对企业不满意的员工会忠于企业。

培养员工的忠诚度首先要提高员工的满意度。员工对企业及其工作满意是员工忠诚于企业的前提与基础，员工对企业及其工作不满意必然导致员工离开企业。员工不同的心理感受会直接影响员工的工作效率与效果，因此提高员工满意度，提升员工的信任指数，培养忠诚的员工队伍，是所有企业追求的最终目标。企业可以通过"创造和谐的组织氛围""构建公平的激励机制""科学整合工作岗位及工作内容"以及"帮助员工科学规划其职业生涯"四个方面来培养员工的忠诚度。同时企业要通过不断优化管理体系，打造强有力的管理团队，借以提高企业的凝聚力。

（二）关心员工成长

一个优秀的企业，无论是管理层还是一线员工，都需要与企业目标一致，围绕企业的目标，齐心协力，共同发展。

首先，战略性人力资源管理下的企业要以人为本，企业应当关心每个员工的成长。企业管理层应该多深入一线，充分了解一线员工的实际情况，充分了解一线员工在工作中、生活中遇到的实际困难，并且能够及时帮助员工解决这些困难。同时要有一整套现代企业管理体系，用以明确管理人员的聘用、人员的晋升方法、员工发展通道等一系列制度。要在企业建立起公开、公平、公正的考核制度，并且鼓励企业员工积极参与到管理岗位的竞聘工作中。对于人员的晋升应当更加透明，并多听取广大员工的意见，不能搞暗箱操作。

其次，战略性人力资源管理下的企业要有计划地提高广大员工的福利以及待遇。员工们积极地为企业做贡献，企业就应当回报员工。企业应该在可持续发展的基础上，把员工们创造的利润拿出一部分来用于改善员工的福利、待遇。特别是在年终，企业应当拿出一部分利润用于年终奖发放，以此振奋员工的精神，提高员工的工作激情。

最后，要培养员工对企业文化的接纳。一个企业要生存和发展，就必须培养员工的企业文化。培养员工的企业文化，是要培养员工对企业的忠诚度、员工和员工之间的协调配合精神、员工个人的牺牲精神以及员工与企业之间的团队精神，企业文化是企业可持续发展的必要条件。

六、优化激励机制

（一）建立健全激励机制

人力资源是企业发展的重要资源，作为人力资源管理的核心任务——建立良好的绩效激励机制，越来越受到组织的重视。激励机制的设计和运用的有效性在一定程度上决定着企业能否健康稳定地向前发展，能否在人才竞争甚至企业综合实力竞争中获得优势。

战略性人力资源管理下企业的方向和发展，虽然受政策导向的影响，同时也是全体员工知识储备和能力水平的综合作用结果。一方面，该企业的管理层对于现代化科技企业管理的相关知识掌握度有待提高，这决定了企业整体管理水平，对于管理人员的选拔、考核、激励直接关系到整个企业未来的发展前景。另一方面，激励没有到位，企业没有一套有效的激励机制，就不能把握企业员工的需求动机，致使员工满意度下降，工作积极性也受挫。改善工作环境、提高工资激励机制能最大化员工的积极性，同时使企业的收益最大化。

（二）丰富企业激励形式

首先，激励形式要以员工为切入点，在实行绩效目标的同时，注意不同员工的不同需求，采取各种措施，要建立使员工满意的激励形式，并且要分别使员工满意。同时，要以战略性人力资源管理下企业的组织目标为导向，根据调查数据、薪酬对员工的激励占了相当大的比重，增强其归属感和责任感，凸显企业竞争优势。

其次，企业要着重激发员工的工作积极性，使其能够全身心地投入工作中。然而有效激励形式不仅与企业的规模、部门、工作性质以及企业文化有关，也与其战略目标有关。建立起科学、丰富的人员激励形式，并随着企业环境的变换，及时优化调整激励形式，这样才能激发出员工的工作积极性。

七、开展多元投资布局

（一）加强多元化投资管理

多元化投资是一种通过在各种金融手段，在行业和其他类别中分配投资，通过投资不同领域实现最大化回报，从而达到降低企业风险的效果。

首先，大量专业的投资者认为，虽然多元化投资不能保证不会造成损失，但是多样化投资是实现长期财务目标，同时能把风险降到最低的重要因素。一方面，市场风险是无法预测的，这种风险也同样影响着企业的发展，常见于通货膨胀、汇率、利率等，这些风险并非针对特定公司或行业，是不能通过多元化投资消除或者减少的，这是投资者必须接受的风险；另一方面，风险是可分散的，这种风险也成为非系统性风险，这种风险可能来自公司、行业、市场、经济、政策等。这些风险可以通过多样化投资来降低风险和亏损。

其次，在不同的资产类别之间进行多元化投资也很重要。资产类别的组合将降低企业的投资组合对市场波动的敏感度。如果要全面实现多元化，不仅要考虑不同类型公司的互补性，也要考虑不同类型行业的增长趋势。多元化可以帮助企业管理风险并减少资产价格变动的波动性。

（二）鼓励员工开展内部创业

为了进一步强化战略性人力资源管理下企业的多元投资管理以及降低企业的运营风险，可以从下面三个方面来考虑：

第一，为战略性人力资源管理下的企业员工提供相对安全的内创业环境，通过对已有行业高度认知相应资源的员工提供一定的公司支持，来帮助内创业伙伴增加创业资源，补充创业短板，通过占股内部员工来增加未来的多元化发展机会。

第二，为员工提供相应业务辅助支持，例如通过内部创业服务机构帮助内创业者提供相应的众创空间、公司注册、报税、代理记账等相关服务，为内部创业者的业务发展添砖加瓦，伴随着员工公司的成长，在外部投资进入后，战略性人力资源管理下企业的所占股份估值也必然提升。

第三，对接相应投资人。通过持续为内创业项目提供外部投资来增加创业者投融资机会，以外部资本的进入来帮助内创业员工的项目降低管理风险，同时也帮助战略性人力资源管理下的企业降低管理风险。

第六章 战略性人力资源管理的员工薪酬激励与个人成长

本章以战略性人力资源管理为前提，对企业的薪酬管理体系与薪酬设计、员工绩效管理与实施、员工个人成长与职业规划三方面的内容进行深入讨论。

第一节 企业的薪酬管理体系与薪酬设计

一、企业员工职位薪酬体系的内涵及利弊

（一）职位薪酬体系的内涵

职位薪酬体系作为一种基本薪酬制度，目前在世界范围内的应用最为广泛。职位薪酬体系是企业根据职位本身的客观因素，来决定承担这一职位的员工与该职位价值相当的报酬的薪资制度。职位薪酬体系由来已久，是一种比较传统的薪酬制度，它最大的特点是"按劳分配"。

技能薪资体系和能力薪资体系是两种新兴起的薪酬体系，与职位薪酬体系注重岗位职能不同，它们更看重职工在工作岗位上的工作效果。职位薪酬体系是建立在每一个职位上的人都能恰好具备完成工作的能力这个基础之上的，但是实际操作中这种理想情况并不是绝对成立的，员工可能不能胜任工作也可能会具备超过工作需求的能力。想要正确认识这一薪酬体系我们必须对其优缺点进行了解。

（二）职位薪酬体系的利弊

1. 职位薪酬体系的益处

职位薪酬体系具有以下三个方面的优点：

（1）实现了真正意义上的同工同酬，因此可以说是一种真正的按劳分配体制。

（2）对于按照职位进行薪酬管理比较便利，在操作上简单有效，有利于降低管理成本。

（3）有助于刺激员工提升自己的技能，增加工作的积极性。

2. 职位薪酬体系的弊端

（1）薪酬与职位的挂钩导致员工在没有获得职位晋升之前不会获得较大幅度的加薪，这不利于员工积极性的发挥。

（2）由于过度追求稳定导致员工薪酬难以适应多变的外部经营环境，这对员工的激励造成了一定的困难。

二、薪酬体系的设计原则

（一）公平原则

公平原则是保证员工积极性的基础，不公平的薪酬体系不仅会影响员工的积极性，还会对企业形象造成一定的影响。薪酬制度的公平原则主要包括以下两个方面：

1. 内在公平

内在公平指企业的薪酬制度要得到员工的认可，使员工得到心理上的平衡。这一点很难把握，企业薪酬管理人员除了了解员工的薪酬期望外，还要采用公平、公正、透明的薪酬管理制度，打消员工对薪酬公平性的疑虑。

2. 外在公平

外在公平这是企业薪酬水平应该参考同行业内其他企业的薪资水平，这也是保证企业在人才市场加强竞争力的需要。如果企业的薪酬水平比同行业其他企业的薪酬水平高，那么企业所提供的薪酬是具有竞争力的，这样就可以招聘到优秀的人才，留住现有的优秀员工。为此，要进行薪酬调查从而保证企业的薪酬水平处在一个合理的水平，保证企业人才的低流失率。

（二）竞争原则

薪酬水平往往是人们在择业时考虑的最主要因素，高薪对任何人才都具有很强的吸引力。在技术创新更迭频繁的今天，企业一旦停止进步就会面临被迅速淘汰的命运，企业制定较高的薪酬水平，会增加企业对各类人才的吸引力，保证企业发展的活力和动力。但是企业的薪酬水平并不是越高越好，而是要以企业的财力以及对人才的需求程度为依据。企业在人才市场的竞争力是一个综合指标，它既可以是企业的薪酬水平，也可以是企业声誉、形象或者工作环境。

劳动力市场的供求状况也影响到薪酬设计。在我国，劳动力市场总体处于供大于求的状态，但是这并不意味着所有行业和领域都处于这样一个相对饱和的状态，就某种类型的人才来说，可能会出现供不应求的情形。因此，管理者在进行薪酬设计时要充分考虑劳动力市场的供需状况。

（三）经济原则

薪酬是企业留住员工的重要手段，因此，部分企业不惜一切代价提高企业的薪酬标准，这是一种错误的做法。其原因我们可以从两个方面来考虑：一是薪酬并不是优秀人才留在一个地方的最重要的原因，有时候企业在其他方面不能让人才得到满足的话，即使是高薪也难留住人才；二是高薪酬的工资结构会使得企业的成本增加，如果只吸引了人才却创造不出同等级别的绩效，会影响企业的利润。因此，在进行薪酬设计时要以经济为原则，进行人力成本核算，保证人力成本在一个合理的范围内。

（四）合法原则

法律是我们进行一切社会活动的准则基础，薪酬设计当然也要遵守国家法律和政策。合法性是企业活动获得法律保护的基础，在薪酬设计中管理者要严格遵守法律的相关规定，特别是国家有关的强制性法规（最低工资的规定、加班的工资支付等），才能获得法律的保护和承认，因此企业必须遵守。合法原则对企业人力资源管理者特别是薪酬管理者提出了严格的要求，企业人力资源管理者应该了解国家有关法律法规特别是劳动法的有关规定。

（五）战略性原则

战略性原则也是企业薪酬体系设计的一个重要原则。传统的薪酬体系设计中人们往往会忽视这一原则，但是随着人们认识的不断发展，近年来战略性原则在薪酬设计诸原则中的重要作用得到了越来越多的认可和重视。坚持战略原则主要是指坚持薪酬体系与企业战略体系目标的一致性、企业战略对薪酬体系设计的指导性两个方面。战略原则包括以下三个层面：

1. 战略层面

每个企业都有自己的战略定位，有的是为了赚钱，有的是为了做大做强。不同的定位催生不同的价值取向，这也决定着企业是关注长期利益还是短期利益。不管怎么说，人力资源都要与企业的战略目标相匹配，从而保证企业战略目标的顺利实现。[①]

2. 制度层面

制度是企业战略理念价值导向的载体，也是企业战略目标实现的基本保障。企业战略为制度设计明确了方向，制度保障了战略目标的顺利实现，二者相辅相成。因此，在薪酬制度的设计中要综合考虑各种要素，以保障企业在发展过程中遇到不同的问题可以及时得到解决。

薪酬制度是伴随着企业的发展形成的，工资制度、奖金制度、福利制度、股权制度可能是在企业发展的不同时期制定的，最终才形成完善的薪酬制度。企业在设计这些制度时要充分考虑工资、奖金、股权之间的关联性，在对薪酬制度系统进行结构优化的同时保证其准确的价值导向。

3. 技术层面

薪酬设计技术属于操作层面的工作，但在实际工作中，有许多人力资源专业人员经常陷入设计误区，为了追求所谓先进的科学方法，却舍本逐末地忽略了技术设计的战略要求。因比，人力资源部门设计的制度经常会遭到高层管理者的否定，技术是完成制度设计的手段和方法，而不是设计工作的出发点。企业人力资源部门在制度设计时应该找准核心，在其指导下采取先进灵活的技术手段完成设计工作。

三、薪酬体系的设计流程

（一）制定薪酬策略目标

这是任何工作都不能缺少的重要组成部分，薪酬体系的设计首先要明确企业的战略目标和价值导向，这也是企业文化的一部分，对许多工作起着重要的指导作用。企业薪酬体系的策略包括对职工人性观、总体价值、管理骨干及高级专业人才的评估等核心价值观，以及由此衍生的有关薪资分配的政策和策略，如薪资等级间差异的大小、薪资及奖励与福利费用的分配比例等。

（二）市场薪酬调查

市场薪酬调查主要指对企业所在地区及行业的调查，在调查过程中企业需要研究两个问题，即调查什么、怎么去调查。调查的内容也就是我们所说的调查什么的问题，主要是

---

① 张超，谢晓东，文艺苓. 战略性人力资源绩效管理与员工激励分析［J］. 中小企业管理与科技（上旬刊），2020（12）：1-2.

本地区、本行业，尤其是主要竞争对手的薪资状况。有了参照标准企业可以科学合理地制定自身的薪酬制度，既保证了自己在人才市场的竞争力，又可以减少人力资源成本，保证企业的利润水平。

（三）职位分析与工作评价

职位分析就是对工作进行分析，包括设计组织结构和编写职位说明书两方面内容；工作评价主要是确定薪酬因素和选择评价方法。这两个方面是企业薪资制度建立的依据，它可以设计产生组织机构系统图以及详细对工作说明计划书。这是保证内在公平的关键，要以相当的精确性，以具体的金额对每一职位对本企业的相对价值进行表示，此价值反映了企业对各工作承担者的要求。需要注意的是，工作相对价值金额的确定，并不是在实际工作中各个工作承担者就可以得到相应数额的薪酬，在这个数额确定之前还需要进行薪资分级与定薪的工作。

（四）薪资结构设计

经过职位评价和工作分析，企业可以确定每一工作价值，但是还必须将这种价值转换成实际的薪资值，因此需要进行薪资结构设计。一般来说，工作的难度性越大，那么其就为企业带来更大的利益，对企业来说就更为重要，同时也说明其所蕴含的价值也就越大。在企业经营中，为了保证企业薪资制度的内在公平性，企业员工的薪资可以按贡献大小来确定。

从上面的描述中我们可以看出，所谓企业的薪资结构，实际上指的就是企业中各个职位的相对价值与其实付员工薪酬之间所保持的关系。

（五）薪资分级和定薪

薪资分级和定薪，指的是针对企业中所设置的不同岗位制定与之相应的薪资水平，确定薪资的数值范围。薪资分级和定薪是在企业对工作进行评价之后才能进行的，这样才能根据岗位所蕴含的不同价值，将岗位的薪资分为不同的等级，最终组合成一个完整的薪酬体系。通过该流程，企业可以确定不同职位的薪资范围，确保员工薪资水平的公平。

（六）薪资制度的控制与管理

通常，企业在制定薪资制度之后，在短时间内不会轻易变动，这样有利于维护企业经营的稳定。在不断变化的经济发展形势下保证企业的薪资制度的正常运作，并保证其在人才市场上的竞争力，需要企业对之实行科学合理的控制与管理，使其发挥应有的功能。

四、典型岗位人员的薪酬设计

（一）高管岗位薪酬设计

高级管理者（简称高管）通常指的是企业中的决策层，他们拥有较高的管理权限和较大的责任，这类岗位通常包括总经理（CEO/总裁）、常务副总经理、分管某个模块的副总经理、子公司总经理等。

1. 高管岗位薪酬设计要点

企业之间的竞争不仅是产品、营销、金钱、设备等领域的竞争，也是高级管理人才资源之间的竞争。如果把企业比作一艘行驶在海上的战舰，高级管理者就好像是这艘战舰的领航人和引路人，带领着整艘船的人躲开暗礁、避开冰山、穿过风浪，驶向一个又一个目标港湾。[①]

在一个企业中，如果高管得不到相应的激励，没有基本的获得感和满足感，那么我们很难期待他们能够带领企业健康发展。所以，一个企业最关键、最重要的薪酬设计环节就是高管的薪酬设计。

（1）职责特点。高管岗位的共同职责特点通常包括但不限于如下几点：①制定并实施公司的总体战略；②制订并保证公司的年度发展计划方案的实施；③为公司日常管理的各项经营管理工作做出重大决策；④负责处理公司重大突发事件，建立良好的沟通渠道；⑤建立健全、统一、高效的组织体系和工作体系。

在设计高管岗位的固定工资、岗位津贴和福利时，应考虑这些因素需要的能力价值。

（2）相关影响。高管岗位通常直接影响着公司的经营业绩，与高管关联比较紧密的指标包括但不限于以下几点：①公司业绩情况，如业务收入、主营业务增长率、利润总额、利润增长率等；②经营效率情况，如净资产收益率、总资产周转率、成本费用利润率等；③计划完成情况，如年度战略计划完成率、投融资计划完成率等；④市场营销情况，如市场占有率、品牌市场价值增长率、新业务拓展完成率等；⑤顾客满意情况，如顾客满意度、顾客忠诚度、新顾客增长率等；⑥内部员工情况，如员工满意度、员工敬业度等。

在设计高管岗位的激励工资时，应充分考虑这些因素的变化对浮动工资的影响。

2. 高管岗位薪酬设计策略

高管存在的重要作用是有利于企业的存续和长期稳定发展，因此对高管的物质激励应更偏向于长期激励而非短期激励或固定收益。有的公司过分重视经营业绩，给高管设置的

---

① 文跃然. 人力资源战略与规划 [M]. 第 2 版. 上海：复旦大学出版社，2017：166.

薪酬结构中，与经营业绩直接相关的绩效工资占比很高。这样做容易导致高管们"杀鸡取卵"，为了高额的回报只追求短期的经营结果，不考虑企业的长远发展。

高管人员的薪酬结构通常包括固定工资、各类津贴和福利、月度/季度/年度绩效工资（短期激励）和股权/分红（长期激励）。各部分的占比情况如表6-1所示。

表6-1　高管人员薪酬结构比例参考

固定工资	各类津贴或福利	短期激励	长期激励
10%~20%	10%~20%	20%~40%	30%~60%

与业绩直接相关的绩效工资设置时需要谨慎。适合激励销售人员的方法并不适用来激励高管。相反地，正因为给销售人员的定位和设计是更重视短期的经营业绩，才更需要有一部分管理者与之形成管理上的制衡。

通常而言，除了本身就是销售型的公司，不建议对高管设置月度和季度绩效工资。最安全的做法，是高管直接采取年薪制，绩效工资按年度发放。

高管的工资不是"一成不变"的，同样可以和其他岗位一样设置多级工资。当高管人员达到一定的能力、职级或年限等条件后，固定工资相应提升。

一般情况下，高管的津贴偏向于住房、交通、保险、健康等花费较大或保障性较强的领域，津贴的金额标准通常比普通岗位更高。当给高管设置一个其他岗位都不具备的津贴时，往往会使高管的心理满足感更高。

（二）销售推广岗位薪酬设计

销售推广岗位包括公司的销售经理、销售主管、销售业务员、地推人员等负责终端产品的推广与销售、与客户直接接触或接触较紧密的人员。

1. 销售推广岗位薪酬设计要点

销售端是组织最直接的业绩来源，销售队伍对于一个企业来说就好比是一台挖掘机的"爪子"，"爪子"越大、越结实，一次能挖起来的东西就越多。因此，在设计销售推广岗位的薪酬时，需要重点考虑薪酬的激励性和保障性。

（1）职责特点。销售推广岗位的职责特点通常包括但不限于以下几点：①销售规划。例如：制定战略性大客户的开发策略及维护；根据公司战略规划和发展需要和目标，制订年度市场规划和市场拓展计划，并进行公司年度市场和拓展计划的分解、实施、跟踪分析；采取有效的销售策略，并完成销售目标。②销售管理。例如：制定销售相关的流程、制度等政策性、规范化管理文件；统筹公司及事业部各销售业务和开发单元。③客户维护和管理。例如：项目跟踪、客情跟进和维护；战略性的大客户和重要客户的相关来访接待工作；将顾客在质量、技术等方面反馈的信息及时传递到相关部门，及时有效地解决客户方面的问题；做好客户台账和客户信息的管理工作，保证客户台账和客户信息的真实、完整。④保证回款。例如：销售货款的及时回收和催收；完善销售回款业务循环的业务流程及风险的识别和防控。

在设计销售推广岗位的固定工资、岗位津贴和福利时，应考虑这些因素需要的能力价值。

（2）相关影响。销售推广岗位通常直接影响着公司的经营业绩，与这类岗位关联比较紧密的指标包括但不限于以下几点：①销售收入情况；②销售费用情况；③销售回款情况；④客户开发情况；⑤客户维护情况；⑥计划完成情况。

在设计销售推广岗位的激励工资时，应充分考虑这些因素的变化对浮动工资的影响。

2. 销售推广岗位薪酬结构设计

销售人员的薪酬组成，通常包括以下要素：

（1）固定工资。销售人员的固定工资也可以叫作"底薪"。销售底薪通常分为三种类型。

第一，"无责任底薪"或"无业务底薪"，这种底薪是每月的固定收入与销售人员的业务完成情况无关，只与出勤有关。

第二，"有责任底薪"或"有业务底薪"，这种底薪是随着销售人员的业务完成情况而呈一定比例变化的，计算时同样需要兼顾出勤情况。

第三，"混合制底薪"，这种底薪模式是前两种的结合，通常是把底薪分成两部分，一部分为"无责任底薪"，另一部分为"有责任底薪"。

（2）岗位津贴。销售岗位的特殊性决定了销售人员可能经常会有出差、加班等需求，有的甚至长期驻外，作息的时间、耗费的精力和付出的情感通常与"朝九晚五"的 8 小时岗位不相同。除了必要时产生的加班费，销售岗位通常会设置一定的差旅津贴、交通津贴、探亲津贴、餐费津贴等各类具备一定补贴性质的岗位津贴。

（3）销售提成。一般人认为，销售提成应是销售人员薪酬结构中占比最大的部分，但也不可一概而论。选择"低提成"（提成工资在销售人员的整个工资结构中占比较低）模式还是"高提成"（提成工资在销售人员的整个工资结构中占比较高）模式，需要根据行业、企业、市场、品牌、产品特性、管理体制、客户群体等的不同而有所不同，划分方法如表6-2所示。

表6-2 销售提成类型选择参考

提成类型	企业发展阶段	企业规模	品牌知名度	管理体制	客户群体
低提成	成熟期	较大	较高	成熟	稳定
高提成	成长期	较小	较低	薄弱	不稳

"低提成"模式的优势是能够稳固和维持企业现有的客户和市场，保持企业的外部稳定，有利于企业平稳发展；"高提成"模式的优势是能够激励销售人员市场开发和扩大销售的积极性，有利于企业开拓新业务、快速占领市场。

一般的销售提成计算公式如下：

销售提成＝提成基数×提成比例-各类扣项

提成比例可以根据公司所处的行业、公司业务情况、产品的特性以及竞争对手的薪酬水平计算而来，而销售提成基数的确定最常见的方式有以下三种：

第一，按照公司销售的实际回款金额计算，这种方式的好处是能够有效避免销售人员一味地追求销售合同金额、发货量或成交量的持续增长，忽略实际到账金额，而造成公司产生大量呆账、坏账等现金流风险。

第二，直接根据销售合同、发货量或成交量的金额提成，这种方式并不是完全不可取。比如公司最新推出一款新产品，希望快速推广应用时，或公司最新发展了一项新业务，正处在初期阶段，缺乏经验和成熟度，希望快速得到市场的认可和应用时，这种提成方式就相对比较有效。

第三，将提成分成两部分，一部分按照销售合同、发货量或成交量的金额提成，另一部分按照实际回款的金额计算。这种方式的好处是既考虑了新产品或新业务的拓展，又考虑了公司现金流的风险。

一般来说，销售提成基数的选择可参考表6-3。

表6-3 销售提成基数选择参考

提成基数	公司战略	公司发展阶段	公司经营风险
按实际回款金额提成	稳定经营 降低财务风险 持续的现金流	成熟期	较小
按合同额提成	迅速推广应用 快速抢占市场	成长期	较大
按回款额和合同额相结合提成	保障当前的现金流 创造未来的现金流	成长期	中等

（三） 客户服务岗位薪酬设计

客户服务岗位一般包括担任客户接待、客户投诉受理、客户关系维护等相关职责的岗位。

不同行业对客户服务岗位的定位差异较大。有的行业公司中客户服务岗位的定位是偏销售推广的职能定位，这种情况可以参考销售推广岗位薪酬设计的介绍。如果是通用的客户服务定位，可以参考本部分内容。

1. 客户服务岗位薪酬设计要点

与销售推广岗位类似，客户服务岗位也是直接面对终端用户的岗位。客户服务岗位的工作质量，直接影响着公司客户的良好维护或流失。

（1）职责特点。客户服务岗位的职责特点通常包括但不限于以下几点：①售前支持。如接受顾客咨询，向客户介绍产品，向客户提供完整准确的方案信息，解答客户问题，引导并说服客户达成交易。②售中跟踪。如客户订单生产、发货、物流状态跟进，回答客户商品交付过程中的各项问题。③售后服务。如及时妥善处理客户反馈的问题及投诉，及时为客户退换货，及时记录客户的意见并整理汇报。④流程改进。如协助公司开展客服相关知识管理，从客户服务角度对公司流程提出改进建议。在设计客户服务岗位的固定工资、岗位津贴和福利时，应考虑这些因素需要的能力价值。

（2）相关影响。与客户服务岗位关联比较紧密的指标包括但不限于以下几点：①客户服务情况。如客户意见处理及时率、客户意见反馈及时率、客户投诉解决满意度、客户回访率、大客户走访次数、大客户流失率等。②费用控制情况。如客服经费使用情况、客服费用控制等。③客户反馈情况。如外部客户满意度、内部客户满意度等。在设计客户服务岗位的激励工资时，应充分考虑这些因素的变化对浮动工资的影响。

2. 客户服务岗位薪酬设计思路

客户服务职能是在营销职能发挥后的下一步，客服人员的职责通常包括定期回访客户、解决客户投诉、管理客户信息、管理落单的客户，通过良好而持续的客户服务和不断跟进，促进客户再次成交。

客服人员需要具备一定专业素养，客户服务做得比较优质到位的企业，不仅客户的流失率会比竞争对手低，而且会通过客户间口口相传的口碑效应，为自己增加更多的客户。所以，客服人员不仅要实现保留客户的作用，而且要具备一定的客户开发能力。

客服人员的薪酬组成，通常可以包括以下几点：①固定工资，根据组织的规模、任职能力的不同，可以分成三到七个等级；②岗位津贴，可以有保密费、出差补贴等常规津贴，由于客服岗位的特殊性，有时需要接待大量的顾客投诉，有的企业每月甚至可以增加部分"委屈费";③绩效工资，每月/季度/年，根据绩效考核结果，发放与绩效对应的工资；④销售提成，客服岗位也能够产生销售，也能够为公司带来直接的业绩和收益，增加销售提成可以增强客户的再次成交和客户的转化力度。

客服人员的首要职责是客户服务，而不是营销，同时也应防止客服人员内部为了销售提成业绩而相互竞争。因此，客服人员薪酬设计时要体现客户服务的核心，团结一心、相互配合的导向，以及业绩转化的结果。基于此，客服人员的整体薪酬结构比例可参考表6-4。

表6-4 客服人员薪酬结构比例参考

固定工资	各类津贴或福利	绩效工资	销售提成
40%~60%	5%~20%	20%~30%	10%左右

需要注意的是，客服人员销售提成的比例通常比销售人员要低，一般可以是销售人员提成比例的20%~50%，且客服人员一般不应按照个人的销售业绩提成，而是要按照部门整体的提成比例计算后，在部门内部分配。

客服人员销售提成的分配比例一般为：部门可将业绩提成的10%~20%分配给客服部门管理者；60%~70%分配给其他客服人员；余下的10%~30%对绩效相对较高或业务量相对较大的客服人员给予合理的奖励分配。

第二节　员工绩效管理与实施

一、绩效管理在人力资源管理中的定位

绩效管理在人力资源管理中处于核心的地位。通过绩效管理对企业战略的传承和目标的分解，通过对人力资源规划的支持，通过与招聘管理、培训管理、薪酬管理、员工关系的交互作用，实现企业的经营战略和发展目标。

（一）绩效管理与企业经营

绩效管理能够帮助企业梳理创造价值的过程，帮助企业清晰地认识到价值创造的整个链条，找到其中的关键价值点，并充分发挥其价值。企业经营创造价值的过程如图6-1所示。

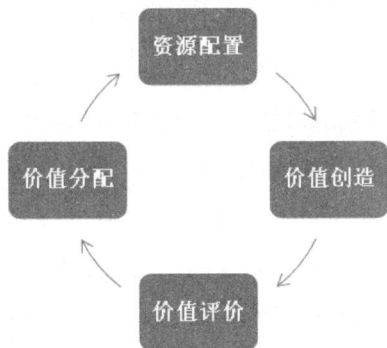

图 6-1　企业经营创造价值的过程

人才配置是企业人力资源配置的关键环节。在这个环节中，人力资源部应根据企业的战略制订人力资源规划，并在企业中合理配置人力资源。招聘管理和人才调配等人力资源管理工作在这个环节中为资源配置创造了资源的源泉。

在价值创造的环节，岗位管理中的岗位分析、能力管理中的人才胜任力模型以及人才的能力培养和开发起到了关键的作用。在这个环节中，人力资源部应当为企业的价值创造提供人才的"能力要素"，人力资源部要想方设法培养人才的能力。同时，要为人才创造良好的环境，让人才更容易、更好地为企业创造价值。

绩效管理在价值评价环节中充分发挥作用，绩效管理对于企业人力资源管理价值评价具有关键性作用。在这个环节中，管理者和人力资源部应对人才工作的过程和结果进行评估，在工作过程中给予员工充分的辅助，帮助员工达成绩效目标，并最终评价员工的绩效情况。

企业进行价值分配的过程中，薪酬管理和绩效管理相辅相成共同发挥着关键作用。在这个环节中，企业将根据管理者和员工价值创造的情况、价值评价的结果，采取一定的分配形式，进行经济利益的分配。

在价值分配之后，企业要根据当前的价值创造以及基于战略的未来的价值创造情况，重新评估资源配置。

（二）　绩效管理与人力资源规划

人力资源规划是一套战略的、系统的工程，以企业的发展战略为指导，以企业的内外部环境为条件，以现有人力资源情况的评估为基础，以预测企业未来人才供需状况为切入点，涵盖了人才配置计划、人才补充规划、人才晋升规划、人才培养规划、薪酬管理规划、绩效管理规划等涵盖人力资源管理各模块工作的规划工作。

绩效管理与人力资源规划之间不仅存在着单纯的指令关系，二者作用关系主要体现在三个方面：一是岗位分析，二是人力资源配置，三是人力资源质量的测评和预测。

1. 岗位分析

绩效管理是企业进行科学岗位分析的基础，同时岗位分析也是企业开展合理绩效管理的重要条件，二者之间存在着相辅相成的重要关系，必须正确看待二者的关系。

岗位分析的直接输出结果是岗位说明书，它是将岗位的职责、权限、任职资格、工作内容等具体化的过程，是企业人力资源管理和规划的基础。

绩效管理需要在岗位分析和岗位说明书的基础上展开实施，岗位分析的细致程度、岗位说明书的准确程度直接决定了绩效管理方案的科学性、有效性和可操作性。绩效管理过程中发现的问题，可以进一步为企业进行岗位分析和岗位说明书的编写，提供理论依据和借鉴意义。

2. 人力资源配置

人力资源配置是企业对人才合理调配的重要工作。具体来说，人力资源配置就是指企业或部门为了战略或经营需要，通过改变人才的工作岗位、工作职务、隶属关系等，让人才在部门与部门之间或者企业与企业之间实现合理的流动。

通过绩效管理，企业可以发现员工的能力、行为和工作业绩还存在哪些问题需要改进。一方面可以为员工是否适合或适应现在的岗位提供依据；另一方面，也可以通过评估发现员工擅长从事哪类工作、适合从事哪类岗位。

3. 人力资源质量的测评和预测

通过有效的绩效管理体系，企业能够对人才当前的知识和能力水平做出准确的评价，能够评价企业现有的人力资源质量，可以为未来人力资源的供给和需求质量的预测提供有价值的信息。

（三）绩效管理与薪酬管理

薪酬管理是企业人力资源管理的重要组成部分，企业为了完成发展任务、实现发展目标，以人力资源战略规划为指导，通过岗位价值分析和薪酬市场调研分析，对薪酬战略、薪酬策略、薪酬模式、薪酬结构、薪酬水平等薪酬制度和政策等进行分析、设计、确立、实施和调整的环状进步过程，以及依据薪酬制度和政策，进行薪酬预算、薪酬控制、薪酬支付、薪酬沟通和薪酬调整的动态管理实施过程。

绩效管理与薪酬管理之间的关系非常直接。绩效管理是薪酬管理的基础之一，建立科学的绩效管理体系是进行薪酬管理的首要条件。

在实践中，企业通过绩效考核评价员工实际情况，也就是说绩效考核的结果直接决定了员工的绩效工资和奖金。针对员工不同的绩效表现，及时给予其相对应的薪酬奖励，能够合理地引导员工的工作行为，确保企业目标与员工目标的一致性；同时提高员工的积极性，促使员工能力、效率和业绩持续提升。

薪酬管理与绩效管理相辅相成，可以将二者的组合看作一把衡量员工工作情况的尺子，薪酬管理是这把尺子的形态，绩效管理是这把尺子的刻度。有了绩效管理的刻度，才能够有效地度量员工的表现，准确评价员工的业绩贡献。针对员工不同的绩效，针对性地给予薪酬激励，才能够增强激励效果。

薪酬管理和绩效管理需要紧密地联系在一起，才能发挥彼此的作用和价值。二者相互作用，相互促进，相辅相成，缺一不可。薪酬管理与绩效管理对人才的作用关系如图6-2所示。

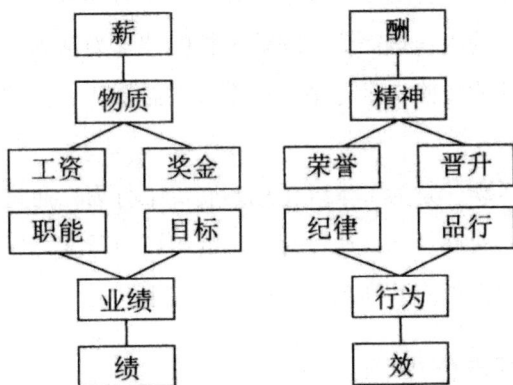

图 6-2　薪酬管理与绩效管理对人才的作用关系

有效的薪酬管理能够促进企业绩效的提升。员工的态度和技能直接影响着绩效，有效的薪酬管理能够具备激励效应，能够提高员工的技能，激发员工的积极性，最终提升企业的效能。

（四）　绩效管理与招聘培训

人才招聘是企业开展科学人力资源管理的重要基础，人才管理是人力资源部根据企业经营战略的需要，根据各部门、各岗位的人才配置标准和岗位说明书的要求，找到、选拔出适合的人才，并把适合的人才放到适合岗位的工作和管理过程。

绩效管理通过对员工的绩效进行评价，能够对不同招聘渠道招来的人才质量做出比较，从而可以实现对招聘渠道的持续优化。对员工绩效的评价也是检测招聘管理系统有效性的一个有效手段。

需要注意的是，招聘管理和绩效管理之间存在一定联系，人才招聘会在一些层面对绩效管理产生影响。如果招聘管理的质量较高，甄选录用人才的态度、能力以及与岗位的匹配程度比较高的话，人才在工作中就会输出良好的绩效，就可以大大减轻绩效管理的负担。

　　培训管理是指企业为开展业务及培育人才的需要，采用各种方式对员工进行有目的、有计划的培养和训练的管理活动，使员工不断积累知识、提升技能、更新观念、变革思维、转变态度，开发潜能，更好地胜任现有工作或担负更高级别的职务，从而促进企业效率的提高和企业目标的实现。

　　企业进行科学的绩效管理，有利于企业通过绩效评价结果进行人才分析，从而进一步优化自身的人才培训体系，强化自身的人力资源管理水平和质量。人力资源部可以根据绩效评价的结果不断改善员工的培训管理方案。

　　员工的培训与开发作为一种员工激励手段和提高能力的方法，对于提高企业绩效有重要的作用。确定培训开发的内容也需要以绩效考核的结果为基础，只有通过绩效管理中的绩效考核和绩效结果反馈才能确定企业中有什么人，需要什么样的培训，需要培训哪些知识和技能。

　　企业开展员工培训活动，是为了系统化地改变员工行为，通过这种方式可以改善员工的工作绩效，实现企业的战略目标。通过对员工的培训与开发可以弥补绩效管理中发现的不足，进而重新制定或调整相应的绩效评价指标或权重。

二、绩效管理的基本作用

（一）绩效管理发挥作用的领域

　　企业绩效管理是企业管理的重要部分，企业通过开展这项工作关系并影响到员工的工作任务、绩效考核、职业发展和员工个人生活四大领域。当然，要有效地处理好这四大领域之间的关系，对管理者需要完成的任务和需要具备的能力有明确的要求。

　　1. 工作任务领域

　　企业绩效管理在不同领域会发挥不同作用，在不同领域会有不同的任务和要求，在工作任务领域，绩效管理对管理者的任务和能力要求如表6-5所示。

表6-5　工作任务领域管理者的任务和能力要求

管理者的任务	保证员工有明确的工作任务
	保证员工按要求的标准操作
	保证员工在规定的时间内完成
	让员工对工作任务趋于熟练化

管理者需要具备的能力	能够辨识出工作任务的要求和下级员工的工作能力
	能够分析员工的能力是否达到工作要求
	能够向员工介绍清楚工作任务的具体要求
	能够在必要时传授员工需要的知识和技能
	能够检查员工的工作过程，给予其支持并评价其工作任务结果

2. 绩效考核领域

企业绩效管理在不同领域会发挥不同作用，在不同领域会有不同的任务和要求，在绩效考核领域，绩效管理对管理者的任务和能力要求如表6-6所示。

表6-6　绩效考核领域管理者的任务和能力要求

管理者的任务	保证绩效结果达到企业要求
	分析绩效下降的原因
	激发员工提高自身技能和水平的动机
	为员工的学习和发展创造更多的机会
管理者需要具备的能力	能够明确规定员工应达到的绩效水平
	能够诊断出员工在绩效上出现问题的原因
	能够提供员工支持和适度的挑战
	能够和下级员工一起总结经验，并获得最大的收益

3. 职业发展领域

企业绩效管理在不同领域会发挥不同作用，在不同领域会有不同的任务和要求，在职业发展领域，绩效管理对管理者的任务和能力要求如表6-7所示。

表6-7　职业发展领域管理者的任务和能力要求

管理者的任务	挖掘员工职业发展的潜力
	帮助员工做出最适当的选择
	对员工在职业生涯的抉择提出建议
	支持员工达到预期目的
管理者需要具备的能力	能够了解员工的内在需求和动机
	能够评价员工职业发展的愿望与自身能力是否相称
	能够为员工设计职业生涯发展的最佳途径
	能够协助员工制定实现其职业生涯的具体策略

4. 员工个人生活领域

企业绩效管理在不同领域会发挥不同作用，在不同领域会有不同的任务和要求，在员工个人生活领域，绩效管理对管理者的任务和能力要求如表6-8所示。

表6-8　员工个人生活领域管理者的任务和能力要求

管理者的任务	弄清楚员工个人生活问题的本质以及对绩效的影响
	协调员工处理个人生活与企业利益之间的关系
	策划并帮助员工达到预期的生活目标和方案
	适时地、有感情地表明自己对员工的支持
管理者需要具备的能力	能够清楚自己能为员工提供帮助的边界
	能够帮助员工思考他们所面临的问题
	能够倾听并归纳出员工的真实需求
	能够帮助员工找到处理问题的最佳方法

（二）绩效管理的应用回报

从以上分析可以看出，绩效管理可以在各个领域发挥作用，而实际上绩效管理在不同领域的应用也会获得一定回报，也就是所谓的绩效管理应用回报，可以从员工、管理者和企业三个角度分析绩效管理的应用回报。

1. 员工的绩效管理应用回报

（1）能够让员工有机会学习新技能，不断提升个人能力。

（2）能够帮助员工及时得到完成工作所需要的资源支持。

（3）能够让员工明确知道自己拥有什么样的权利和义务。

（4）能够让员工了解自己工作的优势以及存在的不足。

（5）能够帮助员工及时了解管理者对自己的看法和意见。

（6）员工将会因对工作及工作职责有更好的理解而受益。

2. 管理者的绩效管理应用回报

（1）减少员工之间因职责不清、分工不明而产生的误解。

（2）通过帮助员工找到错误和低效率的原因来减少错误和差错。

（3）能够使管理者不必介入到所有正在进行的各种事务中。

（4）通过赋予员工必要的知识帮助他们自我决策，从而节省管理者的时间。

3. 企业的绩效管理应用回报

（1）企业的目标与员工的任务得到关联。

（2）企业的生产经营活动获得更高效率。

（3）企业的整体士气和氛围能得以提升。

（4）企业评判员工的工作获得有力依据。

绩效管理是一种投资，它需要大量时间成本的付出。但如果运用得当，它将给管理者、员工和企业带来更多意想不到的回报。

三、绩效管理的重要意义

（一）有利于提高企业竞争力

在企业内部，由于某种原因，可能存在高岗低能或者低岗高能的现象；同一职位不同员工之间的绩效也可能存在非常明显的差别，而且越是在高层次知识和技能的工作岗位上，这种差别越明显。为使员工能够在一个公平、公正的环境下开展竞争，实现内部人才合理流动以及人与岗位的最佳匹配，提高各自的绩效，企业必须建立有效的绩效管理制度，只有进行公平、公正的绩效管理，才能为员工搭建公正、平等的竞争平台，让员工尽情施展自己的才华，实现个人的最大价值，同时也能提高企业的竞争力。

（二）有利于优化管理流程和业务流程

企业管理涉及对人和对事的管理，对人的管理主要是激励约束问题，对事的管理就是流程问题。所谓流程，就是一件事情或者一个业务如何运作，涉及因何而做、由谁来做、如何去做、做完了传递给谁等几个方面的问题，上述四个环节的不同安排都会对产出结果有很大的影响，极大地影响着组织的效率。在绩效管理过程中，各级管理者都应从企业整体利益以及工作效率出发，尽量提高业务处理的效率，应该在上述四个方面不断进行调整优化，使组织运行效率逐渐提高，在提升组织运行效率的同时，逐步优化企业管理流程和业务流程。①

（三）有利于组织战略目标的实现

企业一般有比较清晰的发展思路和战略，有远期发展目标及近期发展目标，在此基础上根据外部经营环境的预期变化以及企业内部条件，制订出年度经营计划、投资计划，以及企业年度经营目标。企业管理者将企业的年度经营目标向各个部门分解，就成为部门的年度业绩目标；各个部门向每个岗位分解核心指标，就成为每个岗位的关键业绩指标。

---

① 蒋学玲. 战略性人力资源绩效管理与员工激励探讨［J］. 全国流通经济，2021（04）：100-102.

（四） 有利于人才的选拔和聘用

人员任用的标准是德才兼备，人员任用的原则是因事用人，用人所长、容人之短。要想判断员工的德才状况、长处短处、优点缺点，进而分析其适合何种职位，必须经过绩效管理。对员工的思想素质、知识素质、业务素质、工作作风、工作态度以及履行岗位职责的情况进行评价，并在此基础上对员工的能力和专长进行判断。而事实上员工能否融入新的工作环境，能否在新的岗位上做出优良的绩效，以及在实际工作中是否具备新的工作岗位所需要的能力和素质，尚须在实际工作中通过绩效管理来进行评价。绩效管理是"知人"的主要手段，而"知人"是"用人"的主要前提和依据。

（五） 有利于进行科学的薪酬分配

对于薪酬体系来说，另一个重要的支撑体系就是绩效管理体系。按劳分配是公认的企业员工分配原则，准确地衡量"劳"的数量和质量是实行按劳分配的前提。目前，很多企业是采用"固定薪酬+浮动薪酬"的薪酬模式，也就是说在员工的工资中，有一部分是浮动工资，这部分工资与员工的年度绩效管理结果直接挂钩，年度绩效管理优秀或考核积分高者，可以获取更高调薪比例、更高的年终奖分配等；年度绩效管理不合格者，则可能面临不调薪，甚至被辞退。

在实践中，企业员工岗位变动与固定工资之间具有直接性联系，会对其晋升造成直接影响，因此，没有绩效管理，报酬就没有依据。没有以绩效管理结果为依据的报酬，就不能体现按劳分配的原则，也就提高不了员工的工作积极性和充分发挥员工的潜能。

需要注意的是，绩效管理也可能会成为双刃剑，这与绩效评估体系的客观与否有直接联系，如果绩效评估没有足够客观、公正地反映员工的实际绩效差异，那么无论薪酬体系设计得如何科学完美，对接的结果都不可能产生激励性，而相反是对激励性的极大挫伤，这就相当于一个房子如果地基歪了，修再高的楼也只会越来越歪。

四、构建绩效考核指标体系

（一） 考核指标的设计方法

管理学界和企业界通过大量研究和实践，提供了很多设计考核指标的工具方法。若要对这些方法运用自如，则需要把握它们的本质区别。

1. 杜邦分析法

企业绩效考核指标设计的方法很多，杜邦分析法（DuPont Analysis）是一种企业常用的经典方法，它利用几种主要的财务比率之间的关系来综合分析企业的财务状况，评价企业盈利能力和股东权益回报水平，从财务角度评价企业绩效。其基本思想是将企业净资产收益率按照三大维度（即盈利能力、偿债能力和运营能力）逐级分解为多项财务比率乘积，以深入分析、比较企业经营业绩。由于这种分析法最早由美国杜邦公司使用，故名杜邦分析法。杜邦分析法的基本逻辑结构如图6-3所示。

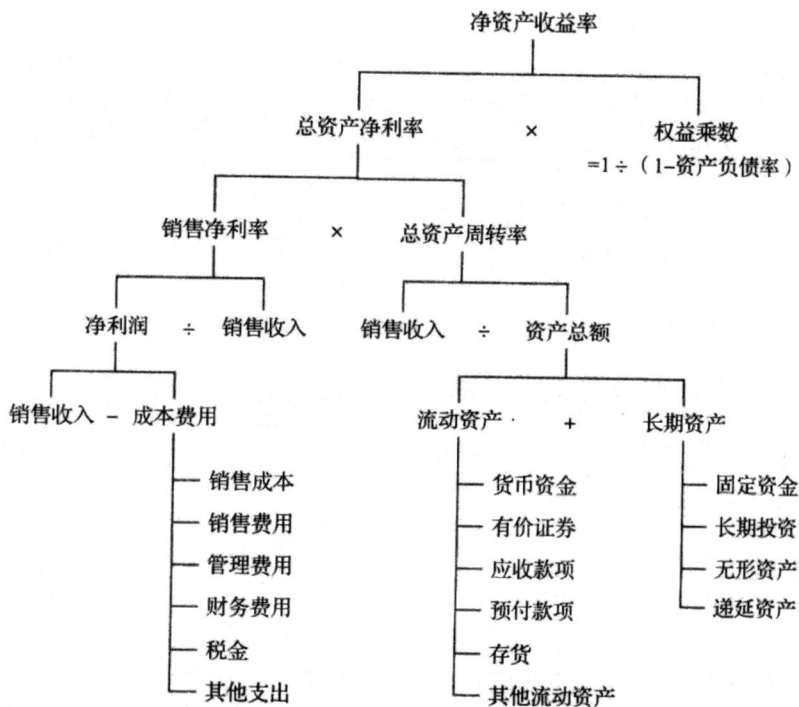

图 6-3 杜邦分析法的基本逻辑结构

2. EVA

EVA（Economic Value Added）是指经济增加值，顾名思义就是以经济增加值为基础进行企业绩效考核指标的设计。经济增加值是指企业税后净营运利润扣除包括股权和债务的全部投入资本成本后的所得。20世纪90年代初，为了适应企业经营环境的巨大变化，美国思腾思特咨询公司提出并实施了一套以经济增加值理念为基础的财务管理系统、决策机制、激励报酬制度以及业绩评价指标。EVA的目的在于克服杜邦分析法及其他方法的缺陷，准确反映企业为股东创造的价值。

3. KPI

KPI（Key Performance Indicator）即关键业绩指标，当前很多企业都利用KPI进行员工绩效考核，是通过对组织内部流程的输入端、输出端的关键参数进行设置、取样、计算和分析，衡量流程绩效的一种目标式量化管理指标。它将企业的战略目标分解为可操作的工作目标，是被研究和应用最多的企业绩效管理考核方法。

企业采用 KPI 必须遵从"二八原理"，即 80% 的绩效是由 20% 的关键行为完成的。抓住 20% 的关键行为，对之进行分析和衡量，就能抓住业绩的核心。KPI 通常运用鱼骨图的形式来表达指标的逻辑关系，如图 6-4 所示。

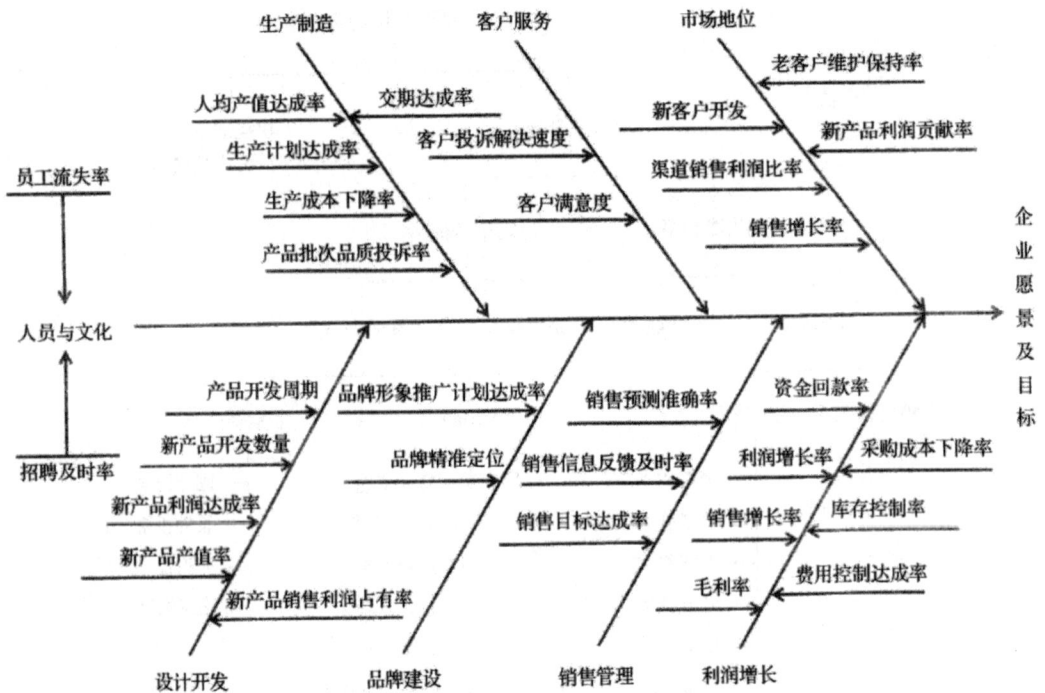

图 6-4 KPI 的基本逻辑结构

从 KPI 的基本逻辑结构鱼骨图中可以看出，位于"鱼头"的是企业愿景及目标，在"鱼头"后方的直接驱动企业愿景和目标实现的一系列关键因素，就是一级驱动因素，即上图中的生产制造、客户服务、市场地位、设计开发、品牌建设、销售管理、利润增长，每个一级驱动因素用一个鱼刺来表示。在一级驱动因素下还有二级驱动因素，比如"市场地位"的二级驱动因素包括：新客户开发、老客户维护保持率、渠道销售利润比率、新产品利润贡献率、销售增长率。二级驱动因素越多，鱼刺就越长。

按照彼得·圣吉在《第五项修炼：学习型组织的艺术与实践》中提到的观点，企业出现的问题有两种解决方法：一种是根本解决方法，一种是症状缓解方法。KPI 就是寻找"根本解决方法"，需要以目标为起点，进行层层分解，梳理各层次的驱动要素，通过敏感性分析，找到最关键的考核指标。

4. BSC

BSC（Balanced Score Card）是诞生于 1992 年的一种绩效指标设计法，BSC 即平衡计分卡，由两位美国教授罗伯特·卡普兰和戴维·诺顿共同提出。它从企业的财务、客户、内部流程、学习和成长四个层面对企业进行全面的考核评价，如图 6-5 所示。据统计，全球财富 1000 强中，超过半数公司都采用平衡计分卡进行绩效管理。

战略				

财务 回答为股东创造什么样的价值	财务方面（示意）			
	目标	衡量指标	目标值	行动计划
	收益			
	成长			
	股东价值			

客户 回答为了实现股东价值，企业必须在市场上达到哪些目标，靠什么举措达到	客户方面（示意）			
	目标	衡量指标	目标值	行动计划
	形象			
	服务			
	价格/成本			

内部流程 回答为了实现市场上的竞争目标，在企业的内部流程上必须强化哪些职能或管理体系	内部流程方面（示意）			
	目标	衡量指标	目标值	行动计划
	流程循环时间			
	质量			
	产量			

学习和成长 回答为了保持企业的持续竞争优势，必须积累哪些核心资源，培育哪些核心能力	学习和成长方面（示意）			
	目标	衡量指标	目标值	行动计划
	市场创新			
	持续学习			
	治理财产			

图 6-5　BSC 的基本逻辑结构

从图 6-5 可以看出，我们可以从财务、客户、内部流程以及学习和成长四个层面搭建 BSC 的基本逻辑结构，需要在不同层面回答不同问题，以进行科学的绩效评价。

一是财务层面：基于股东的诉求，为股东创造什么样的价值？能达到什么样的目标？哪些关键指标影响着股东价值的实现？

二是客户层面：为了实现股东的价值，企业必须在市场上达到什么目标？需要有哪些关键举措吸引客户？

三是内部流程层面：为了实现市场上的目标，企业在内部流程上必须强化哪些职能或管理体系？比如，企业想要依靠低廉的价格在市场上占位，就要对内部运营流程提出成本控制要求；企业想要以优质服务来打开市场，就要对内部运营流程提出高水准客户服务要求。

四是学习和成长层面：将企业内部运营做好，提高外部市场竞争力，只能支撑当下阶段的财务目标。若想持续经营，企业必须培育长期的、持续的核心能力。这一层面需要回答企业必须积累哪些核心能力，以及如何培育？

5. OKR

OKR（Objectives and Key Results）即目标与关键成果法，是一套定义和跟踪目标及其完成情况的绩效管理方法，于1999年由英特尔公司提出，后来此方法被推广到甲骨文、谷歌、领英等高科技公司，并逐步流传开来。

当前，很多从事创新业务的企业选择OKR，如IT行业、风投行业、游戏行业等都倾向于选择这种绩效指标设计法。创新业务领域的特征是对未来发展需要不断探索，没人确切知道下一步应该如何走。这就要求保持灵活性，先提出一个阶段性目标进行尝试，一旦走不通，就改变路径，甚至改变原来的目标。OKR鼓励上下级之间共同确立目标，然后大胆试错，目标要有挑战性，路径要有灵活性，以此来保持企业的创新能力。

相较于其他绩效考核方法，OKR对待考核结果的态度有所不同，按照OKR考核法的理念，考核结果太高或太低都不好，得60~70分才是好的，这与我们一般认为考核结果分数越高越好，越低越差存在较大差异。如果得100分，说明提出的"O"不具有挑战性；如果得30分，则说明设定的"O"可能不具有可行性；如果得60~70分，说明"O"既有挑战性，又有可行性。

（二） 绩效指标权重与目标的设计

绩效指标权重设计是绩效评估的关键。因为绩效结果对企业战略的贡献度不同，部门或者岗位的工作重心不同，绩效指标应有一定的权重之分。合理分配绩效指标的权重能够帮助企业更有效地进行绩效管理。

1. 绩效指标权重的设计方法

当前有很多绩效指标权重设置方法，并且随着绩效考核越来越受重视，绩效指标权重设计方法还会越来越丰富。

（1）质量评分法。企业选择质量评分法，首先需要事先设置绩效指标大类的比例，由绩效管理人员根据绩效指标的质量评分得出每项指标的加权得分，然后计算出指标权重值的方法。绩效指标的质量评分可以根据需要设置，一般包括与战略的相关性、指标与岗位的关联性以及岗位的可控性等，也可以根据企业需要设置其他的质量评价项。

例如，某企业将某个绩效评价目标部门的绩效指标大致上划分为两大类，一类是关键业绩指标，另一类是企业安排的重大任务指标。这两项指标的权重企业已经确定，分别是70%和50%。其中关键业绩指标有三个指标，分别是指标1、指标2和指标3；重大任务指标有两个指标，分别是指标4和指标5。

考虑企业实际情况后，绩效管理人员选择质量评分法确定各项绩效指标的权重。经与绩效管理委员会讨论，决定采用战略相关性、指标与岗位的关联性以及岗位的可控性三项指标作为质量评分项，分别占比为60%、20%、20%。经过对5项指标的最终评分，得出指标的权重结果，如表6-9所示。

表6-9 质量评分法获得绩效指标权重结果

指标类型	指标权重	具体指标	绩效指标质量评价得分				权重
			战略相关性（60分）	指标与岗位的关联性（20分）	岗位的可控性（20分）	加权得分（100分）	
关键业绩指标	70%	指标1	50	15	15	80	24.3%
		指标2	40	10	10	60	18.3%
		指标3	55	20	15	90	27.4%
重大任务指标	30%	指标4	60	15	20	95	15%
		指标5	60	20	15	95	15%

（2）企业生命周期法。企业具有生命周期，这就决定了企业绩效指标权重可以按照这一天然属性进行设置。在企业自上而下设置绩效指标的时候，可以充分考虑企业生命周期对绩效指标权重的影响，将其有效地运用到部门和岗位的绩效指标设计中。企业生命周期对绩效指标的影响可以参考表6-10，表中5代表程度最高，1代表程度最低。

表6-10 企业生命周期与绩效指标侧重参考表

	创业期	发展期	扩张期	成熟期
财务指标	3	4	5	4
市场指标	2	5	4	4
客户指标	2	3	5	4
研发指标	5	4	2	4
战略管理指标	1	2	3	5
贡献指标	1	4	3	4

（3）因子比较分析法。因子比较分析法顾名思义就是一种以比较为基本方法的绩效指标权重设置方法。企业选择因子比较分析法，就需要以绩效指标两两比较的结果作为基础进行权重设置，也就是通过比较得出评分，再根据评分算出最终的权重。

例如，某公司为了对某部门的工作情况进行绩效评定，首先确定了五个反映部门工作情况的绩效指标，即指标1、指标2、指标3、指标4和指标5。绩效管理人员运用因子比较分析法确定这五项指标的权重，对指标两两比较后得出的结果如表6-11所示，表中5代表最重要，1代表最不重要。

表6-11 因子比较分析法结果样表

绩效指标	指标1	指标2	指标3	指标4	指标5	评分值	权重
指标1	×	5	5	2	1	13	22%
指标2	1	×	3	4	3	11	18%
指标3	1	3	×	1	2	7	12%
指标4	4	2	5	×	1	12	20%
指标5	5	3	4	5	×	17	28%

因子比较分析法的表中最左端纵向的指标1到指标5和最上端横向指标1到指标5是相同的五个指标。表中数据指的是最左端纵向的指标N与最上端横向的指标N比较的重要程度。评分值是横向重要程度得分的数值加总。最后权重的计算公式如下：

$$指标N的权重 = 指标N的评分值 \div \sum 指标评分值$$

（4）专家评审法。企业采用专家评审法，就必须组织相关人员组成专家团，由专家团组成人员担任绩效评价的评委，独立对当前所有的绩效指标权重进行评价，根据专家评价的结果取平均值，得出最终的绩效指标权重。

例如，某公司根据战略和绩效价值结构分解，对销售部门设置的绩效指标分别为销售额、毛利额、顾客数量增加、回款率、销售费用控制五项。为了确认这五项指标的权重，绩效管理人员组成了绩效管理专家组。

该企业在组建专业评审专家组时，选择由总经理、常务副总经理、分管销售的副总经理以及两位外部的咨询顾问担任专家组成员。专家组成员对销售部门五项绩效指标的权重设置实施独立评价，得到的最终结果如表6-12所示。

表6-12 专家组成员对销售部门绩效指标评分结果

	A评委	B评委	C评委	D评委	E评委	平均值
销售额	30%	40%	25%	20%	35%	30%
毛利额	10%	5%	15%	10%	10%	10%
顾客数量增加	30%	25%	35%	40%	35%	33%
回款率	20%	25%	20%	20%	15%	20%
销售费用控制	10%	5%	5%	10%	5%	7%

2. 绩效指标目标值的设置方法

在企业绩效评价中，绩效指标目标值的设置具有关键性作用，可以说目标值设置决定了绩效责任人达成绩效目标的难易程度，同时也决定了当绩效目标达成的时候，企业整体战略的实现程度。因此，对绩效目标的制定，既要考虑顶层设计，又要考虑岗位员工的实际能力。

当前，随着人们越来越重视企业绩效管理，出现了绩效指标目标值设置方法，其中比较常见的方法有四种，即是标杆基准法、自下而上法、自上而下法和趋势外推法。

一是标杆基准法。标杆基准法是企业以行业内的标杆企业为参照基准，根据标杆企业的做法设置自身的绩效指标目标值。

二是自下而上法。自下而上法是各岗位的员工根据企业战略的大方向，结合自己工作开展的情况，自行设置绩效指标的目标值，并上报给直属上级，再由直属上级向上上报，在企业相关管理层审批后生效。

三是自上而下法。自上而下法是根据企业的战略目标和经营计划，对企业期望达到的业绩实行层层分解，先分解到部门，再分解到岗位，然后硬性地把绩效目标值和岗位上的员工做强关联，让各部门或者各岗位员工必须执行该目标值。

四是趋势外推法。趋势外推法是根据企业经营的历史数据，根据数据的趋势分析，得出绩效指标的目标值。例如某企业前三年销售业绩的增长率分别是5.6%、5.8%和5.9%。根据此数据，如果企业经营平稳，经营战略没有变化，下一年制定销售业绩增长的目标时，可以考虑6%左右。

上述四种绩效目标值的设置适方法优缺点比较如表6-13所示。

表6-13 四种方法的优缺点比较

	标杆基准法	自下而上法	自上而下法	趋势外推法
优点	目标值的设置合市场情况，目标具有一定的挑战性	员工的认可度较高；比较容易实施	绩效指标的目标值确定比较科学	符合企业的实际情况，成本较低，易于让员工接受
缺点	可能目标值的标准过高造成员工信心不足，或造成员工的抵触情绪，需要大量沟通	可能会导致绩效指标的目标值水平较低，难以支撑企业战略发展需要	操作难度较大；员工可能存在抵触情绪，需要大量沟通	由于企业的发展是动态的过程，有时候历史数据是否值得参考需要仔细评估

3. 绩效指标质量的检验方法

绩效指标的质量也可以叫作绩效指标的有效性，指的是绩效指标是否为企业目标的实现提供有效的支持。有效性越高，代表绩效指标的质量越高。绩效指标的质量可以从以下八个维度进行评估，具体内容如下。

（1）战略一致性。绩效指标的战略一致性指的是绩效指标能否与企业战略所处的阶段相一致，能否与绩效责任人的上层、下层相一致，能否与企业目标、部门目标和岗位目标相一致。

（2）可衡量。绩效指标的可衡量性指的是该绩效指标是否能够被度量。这里的度量不仅指的是量化的度量，同时也包括行为层面的度量。

（3）关联性。与被考核人的关联性是评估该绩效指标是否和绩效的责任人具有关联。如果绩效指标与被考核人不存在关联，则这项指标即使再重要，也不能用来作为被考核人的绩效指标。只有与被考核人存在关联的绩效指标，才能被用来当作被考核人的绩效指标。

（4）精准性。绩效指标的精准性指的是该绩效指标是否有稳定的数据来源和科学的数据处理方法，能够保证绩效指标的获取是准确无误且不存在偏差的。

（5）可控性。绩效指标的可控性指的是这项绩效指标能否被绩效责任人控制，能否通过被考核人的努力达成。该绩效指标和被考核人之间的关系是不是直接的责任归属关系。对被考核人来说，可控性越低的绩效指标质量也越低。

（6）低成本。绩效指标的低成本指的是绩效管理人员或者考核人员要获取该绩效指标需要付出的成本是否足够低。如果为了获取数据需要付出的成本过高，则该绩效指标的质量就比较低。

（7）战略贡献度。绩效指标的战略贡献度指的是绩效指标能否最终对实现企业的某项战略目标提供贡献和帮助。

（8）可实施性。绩效指标的可实施性指的是该绩效指标能否被企业有效地实施，实施过程中遇到的难题能否被有效地解决。

绩效管理人员检验绩效指标的有效性时，可以用这八项内容作为横向内容，绩效指标作为纵向内容，对绩效指标进行评分，如表6-14所示。

表6-14　绩效指标有效性检验表

绩效指标	1 战略一致性	2 可衡量	3 关联性	4 精准性	5 可控性	6 低成本	7 战略贡献度	8 可实施性	结论
A									
B									
C									

绩效指标有效性检验表在使用的时候，表格最左端的 ABC 处填写具体的绩效指标，每项绩效指标对应的 8 个维度的判断可以用高、中、低三个层级来表示，也可以用 5、4、

3、2、1从高到低的五个分值来表示，还可以用是或否来表示。

4. 绩效目标质量的检验方法

企业进行绩效管理，必须对设置后的绩效目标进行科学合理的检验，从而保证这些绩效目标保持较高质量。比较简单的方法是通过对照和回答如下问题检验绩效目标的质量。

（1）企业、部门、岗位绩效目标是否包含明确的时间因素？

（2）企业、部门、岗位绩效目标是否已经考虑如何被衡量？

（3）企业、部门、岗位绩效目标能否反映出企业的价值观？

（4）企业、部门、岗位绩效目标是否鼓励和支持员工创新？

（5）企业、部门、岗位绩效目标是否足够清晰明确且具体？

（6）企业、部门、岗位绩效目标之间是否具备一致性？

（7）企业、部门、岗位绩效目标是否能够保证是结果导向？

（8）目标是否与员工的岗位、能力以及能调配的资源相匹配？

（9）目标是否鼓励和支持超越客户期望行为发生的可能性？

（10）目标是否涵盖了企业/部门/岗位需要完成的关键结果？

（11）目标的设定是否考虑了难度，并具有合适的难度水平？

（12）目标制定中是否考虑员工意见并与员工讨论达成一致？

（13）汇总所有员工的目标之后，是否与企业整体的目标吻合？

（14）各部门和各岗位的目标是否能帮助员工建立信任和尊重的关系？

企业需要用"是"或"否"回答以上这些问题，通过回答结果判断目标质量。具体来说，"是"越多，代表绩效目标的质量越高；"否"越多，代表绩效目标的质量越低，需要修正。

五、实施科学绩效评价与反馈

（一）实施科学绩效评价

1. 关键事件法

企业采取关键事件法，就需要将事实作为依据，考核人在进行绩效评价的时候不仅注重对行为本身的评价，还要考虑行为所处的情境。这种绩效评价方法的内容通常是员工的特定行为，而不是他们的个性、态度或者品质。

（1）关键事件法的应用。在企业进行绩效评价时，对于那些工作流程和岗位行为标准比较明确，但是岗位职责难以量化的岗位，可以选择关键事件法。关键事件法可以用来为员工提供明确的信息，让他们知道自己在哪方面做得比较好，在哪方面还有进步的空间。

通过这种方法不仅能获得一个岗位的静态情况，也能够获得这个岗位的动态情况。

关键事件法需要认定员工为了完成工作职责需要做出的相关行为，并且选择那些最重要、最关键的行为作为记录并评判结果。当然，这里的行为有时候是积极的、企业想看到的，有时候是消极的、企业不想看到的。

采用关键事件法，上级需要对目标岗位的下属的工作行为进行观察，以此判断他们是否按照要求完成工作任务、履行岗位职责。通过对这些行为中最成功、最有效的事件和最失败、最无效的事件进行分析和评价，由上级和下级进行面谈讨论后，改进员工的绩效。

关键事件描述的内容包括如下情况：一是事件发生的背景或原因；二是员工有效的行为；三是员工无效的行为；四是员工关键行为的结果；五是员工能否控制行为结果。

在上级管理者和下属之间能够总结和运用这些信息之后，人力资源部可以汇总各岗位的关键事件情况分析记录，进行分类，总结出不同岗位的关键行为和关键行为的具体要求。

①关键事件法的应用原则：第一，行为结果原则。应用者在描述岗位工作者的行为时，要能够描述出行为所具体产生的结果。第二，特定明确原则。应用者在描述岗位工作者某个特定事件时，要确保该事件的单一性，对该特定事件的描述过程描述要全面和详细。第三，行为主体原则。关键事件描述的主体是实际从事某岗位的工作者，主要描述的内容是该工作者在该岗位上表现出来的可以被观察到的、外在的行为特征，而不是这个岗位工作者的内心世界。第四，行为背景原则。如果孤立地看某个行为，人们无法判断其有效性。只有当某个行为运用在某个场景中时，行为才能说明问题。应用者在描述岗位工作者的行为时，要描述清楚行为的具体场景。

②关键事件法的优点：一是员工的参与性比较强，该方法容易被员工接受；二是能够为考核人提供客观的事实依据；三是绩效评价方案设计成本相对比较低；四是能够帮助员工全面改善不良的绩效。

③关键事件法的缺点：一是能做定性分析，但不能做定量分析；二是对关键事件的观察记录费事又费力；三是不能区分和比较出工作行为的重要程度；四是可能会因为员工一些工作中较小失误的积累，引发过高的负面评价。

（2）关键事件法的设计步骤。

①识别关键事件。企业采取关键事件法，最基本的就是明确关键事件，也就是准确地识别关键事件。如果关键事件识别存在偏差，将会对后续的一系列评价工作产生误导。识别关键事件，对应用者有比较高的专业要求，如果应用者对岗位了解不深，或者经验较浅，很难在短时间内识别出岗位的关键事件。为了有效识别关键事件，企业可以通过成立专业小组实现，具体包括如下步骤：首先，成立岗位分析小组，小组成员中包含对岗位有

一定了解的专业人员；其次，分析小组中要包括熟悉关键事件法运作原理并有操作经验的人员；最后，分析过程中组员充分互动、沟通和讨论，要兼听，不要盲目听从片面之言。

企业也可以利用其他的分析方法，比如可以利用岗位的工作日志或周报提取资料、个别访谈、调查问卷等方法。

②记录信息资料。绩效管理人员在识别关键事件时，需要观察和记录的关键信息和资料，不同企业、岗位等会有不同的关键信息和资料，但至少应该包括以下几项基本内容。

导致关键事件发生的前提条件；关键事件发生的直接或间接原因；关键事件的具体行为表现；关键事件发生的背景和过程；关键事件发生之后的结果；员工控制和把握关键事件的能力。

③归纳总结特征。分析小组会将关键事件的相关资料进行汇总，之后对这些资料进行分析，以此为基础总结出这个岗位的主要特征、具体的行为控制要求和需要的具体行为表现。对关键事件进行分析、记录和评估的过程中，都可以用到 STAR 的工具。

S（situation）代表情景，指的是该岗位工作内容所处的环境和具体的背景；T（task）代表任务或者目标，指的是该岗位某个行为的具体的目标是什么；A（action）代表行动，指的是该岗位为了实现目标，需要采取哪些具体的行动；R（result）代表结果，指的是通过不同的行为，最后达到了什么样的结果。

④形成规范应用。企业可以根据归纳总结各岗位的关键事件情况，在企业内相关岗位推行关键事件评价方法，可以要求部门按考核期形成部门关键事件评估结果表，样表模板如表 6-15 所示。

表 6-15　部门关键事件评估结果表

部门	姓名	关键事件描述					打分	评估日期	评估人签字
		S（情景）	T（目标）	A（行动）	R（结果）	其他补充			

当前大多数企业已经意识到人力资源管理的重要性，并且都设置了人力资源部门，相关工作人员可以通过关键事件法的应用和设计原理，灵活运用这些方法提高本企业的人力资源管理水平和质量。比如，有的企业要求部门管理者在月度、季度或年度的报告中统一指出自身或团队成员绩效较优的行为或较差的行为；有的企业是把关键事件评价和量化的绩效评价方法相结合。

需要注意的是，企业想要顺利实施关键事件法，必须提前做好如下工作。争取高层管理者的支持和认可；确定企业内部关键事件的具体标准；确立关键事件的申报、审批、录入的机制和流程；制定适合实施关键事件法的管理机制和制度；明确关键事件法相关人员的权限和职责；建立员工关键事件的信息库，并最好有 IT 系统的支持；在实施关键事件绩效评价方法前，需要对实施部门的管理者进行培训和指导。

2. 行为观察法

（1）行为观察法的应用。行为观察法作用的原理是确定该员工某种行为出现的概率，而并不是确定某岗位员工的工作行为处于哪一种水平。这种方法通常是评价人根据员工某一行为出现的频率或次数的多少来对被评价人打分。行为观察法中用到的量表与行为锚定法中的量表原理有一定的类似，但是结构有所不同。行为观察法中的量表通常有一定的量化概念。通过行为观察法各项分数汇总后，最终能够得出量化的分数。

①行为观察法的优点。一是允许员工参与，加强了员工的认同和理解；二是关键行为和等级标准内容清晰，一目了然；三是相对较简单，有利于员工理解和运用；四是工具本身可以区分公司想看到的和不想看到的行为；五是该方法有助于给员工产生清晰明确的反馈；六是经过测试，该方法的信度和效度都比较高。

②行为观察法的缺点。一是完全考虑行为发生的频率，可能忽略行为结果；二是应用前和应用时的工作量较大，比较费时费力；三是管理者管理人数较多时，难以观察到每一个人。

（2）行为观察法的设计步骤。为了绩效分析人员可以对目标岗位实施科学有效的行为观察法，通常可以按照四个步骤设计和实施。

首先，归纳行为标准，聚焦该岗位的关键事件，将关键事件归纳成具体的行为标准；其次，形成观察量表，根据对关键行为的归纳，把员工的优秀行为指标归为一组，形成观察量表；再次，评估检查修改，对行为观察评价量表做进一步的评估、检查、分析和改进，判断该量表在企业的这一类岗位中的适用性和适应性；最后，保证内部一致，在对某一类岗位应用行为观察法之前，要保证该岗位的所有人员都能适应该量表。同时保证评价人的评价标准具有一致性。

应用行为观察法进行绩效评价的一个重要步骤就是保证内部一致性，为了实现这一目标通常可以采取以下方法：一是争取最高管理层的重视和关注；二是培训行为评价人对该方法的应用；三是培训被评价人对该方法的理解；四是实现企业各层对该评价法行为的一致。

3. 加权选择法

加权选择法也是一种通过观察客观行为进行量化评价的方法，但是这种方法在设计上相对复杂一些，但是对评价人而言，评价的过程还是比较简单的。

（1）加权选择法的应用

加权选择法是通过一系列的描述性或形容性的语句，说明员工各种具体的工作行为和表现，并对每一项进行多等级的评分赋值。行为表现越好、对企业越有利，等级评分越高。行为表现越差、对企业越没有利，等级评分越低。将这些行为表现以及对应的等级评分写在一张量表上，由评价人根据被评价人是否存在某方面的行为或者是否具备某项能力进行勾选，然后把各项的分值加和后得出被评价人最终的评价分数。

加权选择法的优点：一是对被评价人来说，反馈更加快捷；二是对评价人来说，打分更加容易；三是对组织者来说，算分更加简单。

加权选择法的缺点：一是组织者设计量化考评表的过程较复杂；二是适合运用此方法的岗位类别数量较少；三是不同岗位，需要设计不同的考评量表。

（2）加权选择法的设计步骤

①收集资料。企业应用加权选择法首先要进行资料收集，这就需要企业安排相关人员组成岗位评价小组，进行工作岗位的调查、评价和分析，采集该岗位人员的有效行为和无效行为，或者对企业有重大影响的，对企业有利的行为和对企业不利的行为，并用简洁明了的语言描述出该行为的特征或表现。

②等级判断。加权选择法是一种通过观察客观行为进行量化评价的方法，因此分析人员必须对每一类行为进行等级判断，合并同类项，删除缺乏代表性的项。

③评分赋值。对每一个行为项目进行等级的评价并做分数赋值，行为表现越好，等级分值就越高。对企业不利的行为，可以赋予较低的分数，也可以赋予其负值。

（二）　实施科学的绩效结果反馈

1. 绩效结果反馈的重要价值

通过分析可以看出绩效评价对企业健康发展的重要意义，同样地，企业实施科学的绩效反馈有利于企业及时改正问题，一方面能为被考核人的努力指明方向，另一方面可以激发被考核人的上进心和工作积极性，从而提高企业的整体绩效。能否达到绩效管理的预期目的，往往取决于绩效反馈的实施。

（1）绩效结果反馈的目的。第一，考核人给被考核人一定的激励；第二，增强考核人与被考核人之间的沟通，改善考核双方的工作关系；第三，让考核人了解员工的想法和思想动态是否与企业或部门的理念或要求一致；第四，让被考核人了解自己在上一段绩效周期内的表现情况或业绩情况，评判自己的绩效表现是否合格；第五，使考核人和被考核人对绩效的结果以及造成结果的原因达成一致，共同讨论绩效不合格部分的改进方案，以及合格部分进一步提升的计划，形成下一个阶段的绩效目标和被考核人个人绩效承诺。

（2）绩效结果反馈的作用。绩效反馈在整个绩效管理过程中发挥着重要的作用。考核人对被考核人实施绩效结果反馈的作用包括如下内容：

第一，绩效结果反馈有助于制订绩效改进计划并确定下一绩效期的绩效目标，修订或协商下一个绩效管理周期的绩效计划。

第二，绩效结果反馈使被考核人能够更加客观地评价自己的业绩，使被考核人认识到存在的缺点，从而使其及时地、更好地改进绩效。

第三，绩效结果反馈有助于正确评估被考核人的绩效，有助于考核人和被考核人对绩效评价的结果达成共识，使被考核人认识到自己在本阶段工作中取得的进步，以便对被考核人进行及时激励。

第四，绩效结果反馈能够在一定程度上保证绩效管理的公开性与公正性，让绩效成为一件透明的工作。

（3）绩效结果反馈的原则。

①重视绩效反馈制度的建立健全。在企业的制度层面，应当建立绩效结果反馈的相关制度。制度中规定绩效结果反馈的标准流程、操作方法、监督检查机制以及绩效结果反馈的相关培训。

②重视绩效反馈模式的创新发展。绩效结果反馈的方式可以多种多样，不仅限于书面报告、一对一面谈或者会议形式。绩效结果反馈的内容也不仅限于告知被考核人绩效结果的信息，可以和企业的战略相结合，也可以和员工个人的职业生涯发展相结合。

③重视沟通交流意识的树立巩固。在管理层的意识层面，应当统一绩效沟通的思想。企业的最高管理者要高度重视绩效反馈和绩效沟通的作用，带头实施绩效反馈。从企业文化层面，把重视绩效评价的结果型绩效管理体系转变为重视结果的反馈、绩效沟通、绩效辅导和改进方案的沟通型绩效管理体系。

2. 绩效结果分析方法

（1）员工绩效结果分析。绩效结果分析的重要组成部分之一就是员工个体绩效成绩分析，员工绩效结果分析与应用是从员工个体层面分析绩效考核结果，通过员工之间的比较，查找问题并采取一定行动的过程。

第一，对绩效成绩持续较好的员工，企业应当分析其绩效成绩好的原因；第二，对绩效成绩持续较差的员工，企业应当分析其绩效成绩差的原因；第三，对绩效成绩每月有所波动的员工，企业应当分析其绩效波动的原因；第四，对岗位类型相似的员工，通过绩效结果的比较，萃取绩效比较好的员工的经验、方法，让绩效比较差的员工能够通过这些经验、方法得到绩效结果的提升。

（2）部门绩效结果分析。企业为了自身的健康可持续发展，必须重视部门绩效成绩结果分析，通过结果分析可以帮助企业管理人员了解目标部门的经营管理质量。如果部门之间业务类似、资源相近、人才无较大差异的话，部门绩效成绩越高，代表部门管理者经营管理的水平越高。

如果部门之间业务类似、资源相近、管理者的经营管理水平相近的话，部门内部的绩效分数出现不同的结构，代表着部门内部的人才质量有所不同。绩效分数较高者占比越高，代表部门人才的质量越高。

但如果部门之间的业务不同、资源不同、绩效目标的设定也有一定问题的话，那么这种比较可能就没有意义。

（3）企业绩效结果分析。企业绩效从整体上反映了企业的运行情况。绩效管理在企业员工中的覆盖情况分析代表了企业整体绩效管理的实施范围，从一个侧面反映了企业绩效管理的质量。它通常是以绩效管理覆盖率的数据体现出来的。

这个指标指的是在全企业所有员工中，以考核人或者被考核人的身份，参与到绩效指标分解、绩效计划、绩效辅导、绩效评价、绩效结果反馈和绩效结果应用的绩效管理全过程中的员工占全体员工的比例。

绩效管理覆盖率分析在企业推行绩效管理工作的初期尤为重要。对于原本没有接触过绩效管理的各部门管理者来说，作为考核人把绩效管理的全部流程做全是第一步，下一步才是把绩效管理做对、做细和做精。

第三节　员工个人成长与职业规划

一、员工个人成长

（一）青年员工成长成才机制

近年来，随着企业大批量引进高校应届毕业生，青年员工人数迅速上升，已成为企业发展的主力军。青年员工素质的高低，直接关系到企业未来的生存及发展。如何快速提升青年员工素养，使之成长成才，以适应企业不断发展需求，成为当前企业面临的一项重要课题。企业的发展离不开人才基础，特别是青年人才，加强青年员工成长成才机制构建，是企业持续稳定发展的重要保障。

1. 青年员工成长成才的重要意义

互联网经济时代，企业面临的危机与挑战愈加激烈，企业之间的竞争归根结底是人才的竞争,人才是决定企业生死存亡最关键的资源要素,企业的最后一战必然是人才之战。青年员工的成长成才,是企业发展的源泉,是企业取得最终胜利的重要保证。只有青年员工快速成长,企业的发展才有动力,企业方可拥有强大的后备力量来应对激烈的市场竞争,并求得生存和发展。①

2. 构建有效的青年员工成长成才机制

企业青年员工在不同阶段所面临的问题及关注的重点有明显差异,因此,其需求也有较大的不同。如何有效结合青年员工成长特征,满足青年员工在不同阶段的需求,正确引导、激励青年员工,使其适应企业发展需求,助力其成长成才,是企业迫切需要思考的问题。②

(1) 构建以企业文化为基的入职教育机制。入职教育是青年员工认识企业的第一个环节,入职教育组织的好坏直接影响到青年员工对自身及企业的定位。因此,要提升对入职培训的认识,通过入职培训,合理引导青年员工,向其灌输企业文化理念,增强员工对企业的归属感及认同度。

在入职培训中,要对青年员工职业生涯规划进行积极引导,使其树立正确的自我认知,加强对职业目标进行合理规划,激发青年员工努力为企业做出贡献,创造良好的入职培训氛围,培养团队凝聚力。整个培训过程要以企业文化为基,使其个人奋斗目标与企业发展能够充分融合。

(2) 构建青年员工职业发展导师机制。为保障青年员工快速成长,企业应选拔、建立一支认同企业文化,有工作经验、专业造诣、管理能力和乐于分享的高素质人才队伍,以指导青年骨干的成长和发展,解决青年骨干职业发展和能力提升问题,提高任职能力。同时,企业也要关注青年员工职业发展导师的培养,通过相应的培训,使其熟悉掌握教练辅导的时间、流程、工具和技能。

发挥导师带徒在青年职业生涯导航活动中的引领作用,积极聆听员工心声,有效解决其在工作中遇到的问题,帮助青年员工适应新环境,增强企业归属感,激励青年立足岗位、勤奋学习、全面发展,不断培养员工的责任感,并进行有效反馈,从而在辅导过程中,改变员工的行为,提高员工的绩效,促进青年员工快速成长。

(3) 构建新颖有效的青年员工培训机制。青年员工思想活跃,接受能力及创新性强,不喜欢受约束,但往往对自身的认识不够准确。因此,企业的培训必须考虑到青年员工的特征,采取多样的培训形式,避免理论性过强,同时,要加以正确的引导,使培训能够行

---

① 王双苗. 我国企业人力资源管理现状及发展趋势分析 [J]. 生产力研究, 2012 (02): 210-211+251.
② 任萍, 刘国亮. 我国企业人力资源管理存在的问题与对策 [J]. 经济纵横, 2016 (05): 34-37.

之有效。

第一，注重传承和发挥好日常教学培训。"不积跬步，无以至千里"，定期、有序举办管理类青年骨干培训班、技术类青年骨干培训班、技能类青年骨干培训班，或是日常教学如"每周一讲""人人为师"等日常培训。内容可以是专业技能、党性修养、法律法规等，虽然看似枯燥乏味，但如能坚持不懈、日积月累，往往是青年成长成才的重要养分来源，使青年员工在"听"和"讲"中潜移默化、不知不觉地提升自己。第二，注重组织外出培训。外出培训往往带有新鲜感，容易调动青年员工的培训积极性，同时，走出去也是青年员工开阔眼界、打开思想的一种重要途径，通过学习先进企业的经验做法，往往能够激发青年员工自身的灵感，促使其进行创新性工作。第三，注重对青年骨干进行项目锻炼。优先选派青年骨干参加企业大项目或重要项目、新任务或突击性工作，对其提要求、教方法，锻炼团队合作意识和沟通协调能力，接触和了解企业不同职能领域工作，促进青年骨干在实际工作中提升项目管理能力和跨团队工作能力。第四，建立青年员工动态跟踪机制。对青年骨干人才进行全程的动态跟踪考核，定期组织青年骨干与相关领导、导师座谈，充分沟通，掌握青年骨干思想动态、工作状态和培养进程，汇总整理培训档案，考评培训效果，收集评价意见，及时评估能力素质提升情况。

（4）构建完善的青年后备干部梯队建设机制。打造一支素质优良、数量充足、结构合理、充满活力的青年后备干部队伍是企业发展的必经之路，也是给青年骨干压重担、促进其成长成才的苦药良方。各专业系统根据本专业系统的能力提升要求，从支撑业务和打造专业梯队角度出发，选拔一定比例优秀青年骨干纳入相关专业系统人才梯队，通过系统化知识、能力和技能的培养，激发工作热情和赶超的比拼精神，稳步提升专业任职能力，从而建立起与业务匹配的专业人才梯队。

（5）构建青年员工激励机制。新时代的青年员工往往比较看重企业所提供的公平环境和发展机会。企业要保障组织内具有良好的激励氛围，使付出者有收获、有贡献者受尊重，以增强青年员工干事创业激情，进而带动企业更好更快发展。

第一，建立科学合理的激励机制。激励是人力资源管理的核心，而激励的核心是公平公正，要在企业内部建立科学合理的激励机制以正确引导员工，以奋斗者为本，以劳动为标准，以结果为导向，搭建高付出高回报机制，坚持公平、平等标准。第二，建立和完善竞争激励、择优聘用的用人机制。坚持任人唯贤、不论资排辈，坚持竞争、择优，促使奖励和机会向成功者、奋斗者、业绩优秀者倾斜，推行考核体系贡献制，强调工作效益产出，一切以价值创造者为基础，让奋斗者有回报。第三，要不断增加、删减激励项目与激励内容，完成激励机制的不断更新。静态地看，企业内不同文化层次、不同职位的员工需要的激励不同；动态地看，员工随着职位的升降所需要的激励不同，企业随着外部形势的变化和自身状况的改变而需要运用的激励手段也会不同。同时，需要注意的是，激励机制不能只是在成功时锦上添花，而是能在受挫时雪中送炭，只有这样才能使激励机制更加有效。

青年员工是企业发展的坚实后盾，青年人才是未来企业竞争的焦点与核心，构建青年员工成长成才机制是保障企业发展的关键。只有将青年员工成长成才机制不断地系统、完善、固化，企业才能在激烈的竞争中站稳脚跟，取得长足进步与可持续发展。

（二）加快青年员工成长成才的路径

1. 思想引领焕新青年员工精神风貌

企业要紧密结合新时代青年员工的思想特点，不断强化思想引领，以优良的精神传承、温馨的文化教育、丰富的业余活动为载体，引导青年员工在正确的道路上发挥干事创业本领，焕新青年员工的精神风貌。

抓好精神传承。引导青年员工传承优秀的企业精神，养成攻坚克难、追求卓越的过硬作风。通过积极组织青年员工参观企业精神文化教育基地，开展专题报告会、形势任务大讲堂等活动，引导青年员工以历史为镜，用精神铸魂，回归严实作风，在工作中用更加严格的标准要求自己，用企业前辈在艰苦创业时期的精神力量激励自己，自觉加压、不断前进。[①]

开展文化教育，每年在新入职青年员工岗前培训时，着力以温馨和谐、积极向上的企业文化感染他们，使他们感受到企业浓厚的文化底蕴、和谐的工作氛围、强劲的专业实力、美好的发展前景，培育青年员工乐观向上的精神风貌。定期举办安全生产辩论赛、爱国爱企教育主题演讲比赛、青年志愿者服务等特色文化活动，培养青年员工责任意识，帮助其树立正确的职业观和价值观。

关爱青年生活。结合企业实际，成立篮球、羽毛球、摄影等兴趣协会小组，定期开展活动，不断吸引、凝聚青年；在端午节、中秋节、春节等传统节日期间，开展慰问、联欢活动，通过发放礼物、送上祝福、安排聚餐等形式，营造节日氛围，让青年员工感受到企业大家庭的温暖，不断增强对企业的认同感和归属感。

2. 个性培养助力青年员工成长成才

企业要根据青年员工成长需求，为他们量身定做个性化培养计划，让每一名青年员工都获得成长成才的机会。

健全激励机制，通过制定青年员工轮岗实习、优秀人才上下挂职、青年干部选拔培养

---

① 文竹. 加快青年员工成长成才的"三路径"[J]. 企业文明, 2021 (04): 64.

等机制，激发青年员工走技术成才、技能成才发展道路的热情。将上进心强、有责任感的青年员工放在重要岗位培养，让其负责重要骨干项目，提高科研攻关和驾驭重大技术工作的能力。采取提高奖金系数、发放专项奖励、命名表彰等个性化激励措施，营造尊重人才、终身学习的氛围。

传承导师带徒，继承和发扬导师带徒优良传统，为每一名新入职的员工配备一名精心挑选的师父，不仅带技能，更要带思想、带作风。签订师徒帮教合同，将师徒的责任、义务，培养的目标、计划、内容，如何考核，一一列出，不断提升青年员工的业务技能。

做好技能培训。建立"产生经营部门—组织人事部门—教育培训部门"三结合的管理体系，实现左右协调、上下联系的教育培训网络。健全课程体系，针对不同岗位设计不同培训课程，力保每名青年员工都能达到与岗位匹配的能力。

3. 典型带动激发青年员工干事热情

在促进青年员工成长成才过程中，要注重发挥好典型引领作用，形成崇尚先进、学习先进、争当先进的良好氛围，选树好典型。在典型选树上体现广泛性，让典型覆盖工作的方方面面、遍布系统的每个角落。在典型选树上注重实用性，注重在工作实践中发现典型，在急难险重任务中发现典型，使典型具有广泛深厚的群众基础，让青年员工能学愿学、学得上来、学得进去。

培养好典型。针对以往典型由宣传部门主抓、党群部门推进的局面，结合企业实际，把各层面、各系统、各部门充分调动起来，使典型培养全方位、立体化，把典型培养工作打造成企业全程统筹、全员参与的系统工程，在此过程中充分调动青年员工争当典型、勇当典型的积极性。

宣传好典型。通过"十大杰出青年""青年岗位能手"等评选活动，以及召开事迹报告会、经验交流会等形式，广泛宣传青年员工典型的先进事迹，让大家看得见、摸得着，学有方向，赶有目标，教育、影响和带动广大青年员工争先创优，不断激发他们的活力与动力，开创"先进更先进、后进赶先进、人人争当先进"的生动局面，收获"点亮一盏灯，照亮一大片"的效果。

二、员工职业规划与管理

个人职业生涯规划与管理在其长远的职业晋升道路上起着重要的积极作用。在本章中，我们就职业含义、职业生涯规划及管理的概念、了解职业选择理论的内涵、职业发展各阶段的特点等方面进行着重探究。

（一）基本概念

1. 职业的含义

本节主要涉及了职业生涯规划与管理的一些相关研究内容，首先要了解什么是职业以及它的意义，职业生涯规划中的具体要求，职业生涯管理的各时期问题。

所谓职业，是指人们从事的相对稳定的、有收入的、专门类别的工作。"职"字的含义是职责、权力和工作的位置，"业"字的含义是事情、技术和工作本身。进一步来说，职业是对人们的生活方式、经济状况、文化水平、行为模式、思想情操的综合性反映，也是一个人的权利、义务、权力、职责，即是一个人社会地位的一般性表征。也可以说，职业是人的社会角色的一个极为重要的方面。

现代管理学的发展趋势是，越来越讲求组织运行中的社会层和文化内容，这使组织成员"人"的地位逐步回归。在现代管理活动中，组织也就日益注意员工个人的职业问题，而不仅是从"组织分工"的单一角度出发进行人力资源的开发与管理，在最具有现代理念的组织中，甚至是从员工的个人意愿和生涯出发进行人力资源的开发与管理。

2. 职业生涯规划概念

职业生涯是指一个人一生在职业岗位上度过的、与工作活动相关的连续经历。职业生涯是一个动态过程，它既反映人们参加工作时间的长短，同时也涵盖了人们职业发展、变更的历程和过程。也有学者将职业生涯定义为：是以心理、生理、智力、技能、伦理等人的潜能的开发为基础，以工作内容的确定和变化、工作业绩的评价、工资待遇、职称职务的变动为标志，以满足需求为目标的工作经历和内心体验的经历。

3. 职业生涯管理概念

职业生涯管理，也称职业管理，是对职业生涯的设计与开发过程。它同样需要从个人和组织两个不同的角度进行。从个人角度讲，职业生涯管理就是个人对自己所要从事的职业、要加入的工作组织、在职业发展上要达到的高度等做出规划和设计，并为实现自己的职业目标而积累知识、开发技能的过程。它一般通过选择职业、选择组织、选择工作岗位，通过在工作中技能得以提高、职位得到晋升、才干得到发挥等来实现。而从组织角度讲，职业生涯管理则是指对员工从事的职业所进行的一系列计划、组织、领导和控制的管理活动，以实现组织目标和个人发展的有机结合。

现代企业人力资源管理要求企业组织具有"职业发展观"。职业发展观的主要内容是：企业要为其成员构建职业发展通道，使之与组织的需求相匹配、相协调、相融合，以达到满足组织及其成员各自需要、同时实现组织目标与员工个人目标的目的。职业发展观的核心，是要使员工个人职业生涯与组织需求在相互作用中实现协调与融合。要实现该目标，组织对员工的职业管理就必不可少。职业生涯管理是组织与员工双方的责任，它贯穿于员工职业生涯发展的全过程和组织发展的全过程，是一种持续的、动态的管理。

根据职业生涯管理的内涵与特点，其管理流程如图6-6所示。

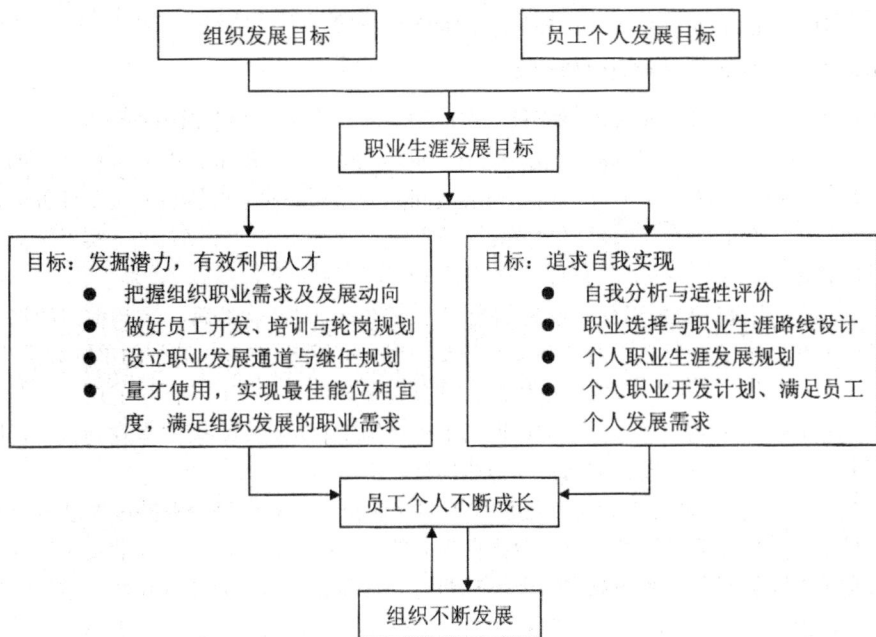

图 6-6　职业生涯管理流程图

（二）职业生涯规划

1. 完成职业适应

（1）完成职业岗位的适应。一个人走上工作岗位从事某一项职业的劳动，要通过一定的试用期，对自己所任职的岗位逐步熟悉，最后达到胜任的状态。

职业适应的内容，以所在工作岗位的职务说明书或者职业环境为依据，要达到职务说明书所规定的各项内容的要求。包括本职业岗位的工作技能、本职业所需的业务知识、一定的专业背景知识和理论（自己已掌握的知识、理论实践化，缺乏的给予有针对性的补充）、组织中各方面工作的联系、组织的各项管理制度等。职业适应最基本、最突出的体现是工作技能的熟练。[①]

上述职业适应方面内容的要求，需要通过自身的学习、模仿和工作单位对员工的入职教育、实习安排、工作实践、"师傅"指导、上岗培训、技能训练等途径来达到。

---

① 许玉林. 战略性人力资源管理［M］. 北京：中国科学文化音像出版社，2013：172.

（2）完成组织文化的适应。文化问题涉及经济社会发展道路与模式，是当代许多学科高度关注的重大研究领域。组织文化也已成为当代管理学高度重视的问题。

一个人走上一个职业岗位，就是加入一个组织，他就要受到组织的约束和指挥，得到组织的引导和塑造。每一个组织都有自己的文化，这种文化的核心是组织的价值观，其表现是组织做事的风格、模式，也大量表现在人与人的关系上。

人在一个组织中从业，必然要被组织"社会化"，即被组织所认同和被组织中的成员们所认同。个人要对自己的行为和思想进行一定的调整和改造，才能达到组织的要求和期望，达到组织成员对自己的接纳。

（3）完成职业心理的转换。青年人第一次进入工作岗位，自食其力，挣得工资，真正成为在社会中生存的独立的人。这是彻底完成心理断乳的人生阶段，它意味着人的社会心理的巨大转变。即使是有了一定的职业生涯履历的青年人和成年人，在转换工作、走上新岗位时，不论是转换职业种类、级别还是工作地区迁移，或仅仅变动工作单位，都有面对新情境而进行心理适应的问题。

2. 选择职业方向

美国管理学家薛恩综合了职业发展氛围的各种不同因素，提出了一个职业发展圆锥形趋势的三维结构理论。薛恩指出，职业生涯道路包括纵向、横向、向心三个方向。

纵向发展道路即企业内职工个人职位等级的升降。在企业中，个人的职业发展绝大多数是沿着一定的等级通道发展的，也就是员工得到一系列的提升和发展。当然，只有极少数人可能提升到企业的最高职位上，实现他们最初确定的职业计划目标。

横向发展道路即企业中各平行部门和单位间个人职务的调动，如由工程技术部门转到采购、供应、市场销售等部门。这种情况也叫工作职务转换。横向发展的道路，在中层管理人员中较多采用，这有助于他们扩大专业技术知识与丰富经历，以便将来再提升到掌管全局的全面性管理行列中。

向心发展道路即由企业外围逐步向企业的核心方向发展。当发生核心方向工作变动时，员工对企业情况就会了解得更多，担负的责任也会更大，并且经常有机会参加重大问题的讨论和决策。沿着核心方向发展与沿着纵向方面发展是相关的。那些具有专业知识、信息和特长的人，易于向企业核心发展。一个人在某个特定的职业岗位上工作，是向该等级职业的核心处发展的，这是一种水平的运动。他能够进入该等级的核心，是通过获得更多的责任和上层人物的信任而实现的。进入了核心，就意味着其职权的增长。

上述三种道路的整合，即构成人的职业生涯变动的三维结构。薛恩绘制了全面反映三维结构的模型，如图6-7所示。

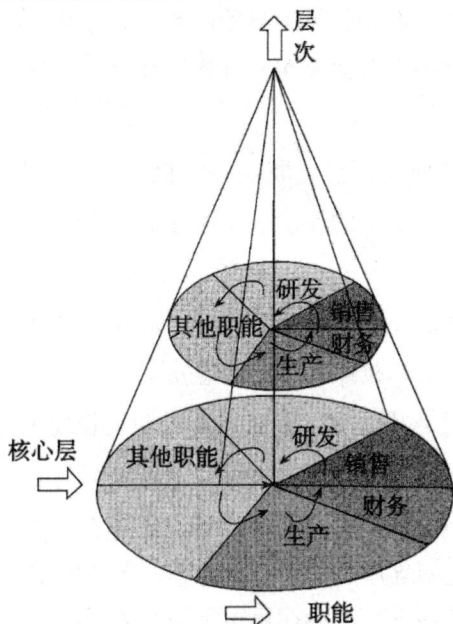

图 6-7　职业生涯三维结构

3. 确定终身职业

在我们讨论终身职业时，有一个观点不得不提——职业生涯的归宿理论，该理论主要指源自薛恩的职业生涯系留点理论，是职业生涯发展理论中的重要内容。该理论反映人们在有了相当丰富的工作阅历以后，真正乐于从事某种职业，并把它作为自己终身职业归宿的思想原因。或者说，某种因素把人"系"在一种职业上。在经过长期的职业实践后，人们对个人的"需要与动机""才能""价值观"有了真正的认识，即找到了职业方面的"自我"与适合自我的职业，这就形成了人们终身所认定的、假定的再一次职业选择时最不肯舍弃的因素，即"职业生涯系留点"（career anchor）。我国学者又把这一理论称为"职业锚"理论，即人们选中了一种职业，就此"抛锚"、安身。

薛恩把麻省理工学院管理系毕业生的系留点划分为以下五种类别：

第一，技术性能力。这种人的整个职业生涯核心，是追求自己擅长的技术才能和职能方面的工作能力的发挥。其价值观是愿意从事以某种特殊技能为核心的挑战性工作。这批校友最后从事的是技术性职员、职能部门领导等各种职业。

第二，管理能力。这种人的整个职业生涯核心，是追求某一单位中的高职位。他们沿着一个单位的权力阶梯逐步攀升，直到全面执掌权力的高位。这种管理能力体现为分析问题、与人们周旋应付和在不确定情况下做出难度大的决策。他们追求的目标为总裁、常务副总裁等。

第三，创造力。这种人的整个职业生涯核心，是围绕着某种创造性努力而组织的。这种努力的结果是他们创造了新产品、新的服务业务，或者搞出什么发明，或者开拓建立了自己的某项事业。这批校友中，有的人在所奋斗的事业、创造、发明中已经成功；有的人仍然在奋斗和探索着。

第四，安全与稳定。这种人的整个职业生涯核心，是寻求一个组织机构中安稳的职位。这种职位能长期就业，有稳定的前途，能够使个人达到一定的经济地位从而充裕地供养家庭。

第五，自主性。这种人的整个职业生涯核心，是寻求"自由"和自主地工作。具体来说，是能够自己安排时间，能够按照自己的意愿安排工作方式和生活方式。他们最可能离开常规性的公司、企业，但是其活动与工商企业活动及管理工作仍然保持着一定的联系。其职业如教书、搞咨询、写作、经营一家店铺等。

4. 其他职业的系留点

薛恩的上述研究结论是对名牌大学管理专业毕业生的研究，其结论的适应性有着一定的范围。鉴于社会职业的广泛性，薛恩还提出了四种不同于名牌大学管理系毕业生的社会从业人员可能具有的职业生涯系留点。

在薛恩的理论中，社会从业人员职业生涯系留点主要包括：①基本认同，其含义是在一些社会阶层较低的职业层面，一个人的头衔、制服和其他职务标记可以成为"自我"定义的基本根据，如哈佛大学的校工不说自己是校工职业而强调自己"在哈佛工作"的身份；②服务，即劳务；③权力欲及扩展；④工作中的多样性追求。

（三）职业生涯管理

1. 制订职业生涯规划表

职业生涯规划表，是组织对员工实施职业生涯规划与管理的主要方法之一，也是设计、实施和观察职业生涯规划与管理的重要工具。

职业生涯规划表可以有不同的内容和多种模式，要根据一个组织的具体情况和职业生涯规划与管理需要来选择和制订。基于职业类别、生涯目标体系内容和生涯通道的综合考虑，对人生各个规划时期的目标与实施内容可列成表格（见表6-16）①。

---

① 马士斌. 生涯管理 [M]. 北京：人民日报出版社. 2001：60-63.

表 6-16 职业生涯规划表

姓名		员工编号	
年龄		性别	
所学专业		学历	
目前任职岗位		岗位编号	
目前所在部门		部门编号	
计划制订时间	年 月 日	部门负责人	

职业类型

（在选定种类的题号上画钩，可选择两个或以上）

1. 管理　2. 技术　3. 营销　4. 操作　5. 辅助

　　　　如选择的职业类别更具体、细化，请进一步说明。

人生目标

人生目标结构：

1. 岗位目标：

2. 技术等级目标：

3. 收入目标：

4. 社会影响目标：

5. 重大成果目标：

6. 其他目标：

人生通道：

（1）简略图示：

（2）简要文字说明：

实现人生目标的战略要点：

长期目标（通常在 10 年以上）

长期目标结构：

长期通道：

实现长期目标的战略要点：

中期目标（通常在 3 年以上）

中期目标结构：

中期通道：

实现中期目标的战略要点：

短期目标（通常在 1 年以上）

短期目标结构：

短期通道：

实现短期目标的战略要点：

（1）自我分析。员工自我分析首先应对自己的基本情况（包括个人的优势、弱点、经验、绩效、喜恶等）有较为清醒的认识，然后在本人价值观的指导下，确定自己近期与长期的发展目标，进而拟订具体的职业发展计划。此计划应有一定的灵活性，以便根据自己的实际情况进行调整。

进行正确的自我分析和自我评价并不是一件简单的事情，要经过较长时期的自我观察、自我体验和自我剖析。其中，员工自我评价就是通过对一系列问题的回答来分析自己的能力、兴趣和爱好等的方法。

（2）组织对员工的评估。组织评估是组织指导员工制订职业计划的关键。组织评估的方法主要有以下三种：

第一，从选择员工的过程中收集有关的信息资料（包括能力测试，员工填写的有关教育、工作经历的表格以及人才信息库中的有关资料）做出评估。

第二，收集员工在目前工作岗位上表现的信息资料（包括工作绩效评估资料，有关晋升、推荐或工资提级等方面的情况）做出评估。

第三，通过心理测试和评价中心方法做出评估。发达国家的许多大企业组织都设有评价中心，有一支经过特别培训的测评人员。通过员工自我评估以及评价中心的测评，能较确切地测评出员工的能力和潜质，对员工制订自己切实可行的职业计划具有重要的指导作用。

（3）进行职业生涯发展咨询。在制订职业生涯发展规划时，往往需要为员工提供以下问题的咨询服务工作。

①我现在掌握了哪些技能，我的技能水平如何，我如何提升自己的能力，发展与学习的目标内容确定。

②我在目前工作岗位上真正的需求，如何才能在目前的工作岗位上达到既使上司满意，又使自己满意的程度。

③根据我目前的知识与技能，我是否可以或有可能从事更高一级的工作。

④我下一步应该向何种工作方向发展为好，以及如何去实现这个未知目标。

⑤我的计划目标是否符合本组织的情况，如我要在本组织实现我的职业计划目标，应

接受哪些方面的培训。

　　企业的人力资源开发与管理部门及各级管理人员，应协助员工回答这些问题。要搞好咨询或指导工作，就要将各方面的信息资料进行分析总结。对员工的能力和潜能做出正确评价，并根据本企业的实际情况，协助员工制订切实可行的职业计划，并对其职业计划目标的实现和途径进行具体指导和必要支持。

　　2. 职业发展通道

　　为员工提供职业生涯发展通道，是组织的重要责任。一般来说，组织在为员工提供生涯发展通道方面需要注意的问题有以下两个方面：

　　第一，明确职业路径。组织要全面展示自己的机构、职业阶梯、任职条件、竞争情况和成长概率，使每一个员工都清楚地了解本组织的职业生涯路径。在有条件的情况下，还应当帮助每一个员工进行个性化的生涯发展设计。安徽江淮汽车集团公司实行"员工成长路径"的职业生涯规划与管理方法，进行人力资源整合改革，把员工在组织中的发展路径分为技术、管理、生产三类，各有不同的档次等级，员工的晋升有培训、年限和业绩的条件。

　　第二，工作与职业的弹性化。职业生涯规划的目的之一，是促进员工的全面发展。为此，组织要积极推动工作再设计，采取多通道的职业生涯管理，要在一定程度上打通各通道，使员工的职业生涯发展有更多的选择余地。安徽江淮汽车集团公司的员工成长路径，理念是"让每个人有机会成全自己"，员工在不同的职业成长路径之间有着选择的余地和转换的可能，这为普通员工创造了许多脱颖而出的机会。就管理类职务而言，在某职位（如部门经理）有需求的时候，面向集团公司招考。这种职业管理理念，可以使仓库保管成为搞综合计划的职员，使装配工成为销售员，又竞聘成为副经理。

　　3. 职业生涯规划评价

　　在人的职业生涯中，对员工的年度评价，是职业生涯规划与管理的一项重要手段。从基本意义上说，年度评价是周期性地对组织职业生涯规划与管理进行"盘点"，它有利于组织检查职业生涯规划与管理工作的效果，发现存在的问题，根据组织及环境的变化及时调整职业生涯规划工作，使职业生涯规划与管理的对象了解情况，积极参与并及时做出调整。

　　职业生涯规划年度评价的具体方法，包括自我评估、直线经理评估和全员评估几种。一般来说，自我评估是自主和自觉的评估，也是能够取得实效的评估；直线经理评估比较详细，能够与组织的工作有机结合，而且容易跟进组织的职业生涯管理措施；全员评估类似于人力资源绩效评价中的360度考核，评估结果比较全面和客观。

　　在年度评价之后，往往要进行谈话，并采取一定的职业生涯规划调整措施。

4. 职业生涯面谈

职业生涯面谈，一般是由人力资源部门的职业生涯专职管理人员或者由员工的精神导师对员工实施。其作用归总为如下几点：

（1）有利于职业生涯规划与管理的深入。

（2）弥补直线经理在职业生涯规划与管理方面的不足。

（3）发现员工在职业生涯中的问题，并帮助其解决。

从员工个人的角度看，职业生涯规划与发展主要存在以下问题：

（1）人生目标选择不当，包括人生目标的层次定位不当（定得太高或太低），目标的侧重点定得不合理。

（2）生涯通道设计不当，与别人撞车，轮岗时间太长或太短，轮岗顺序不合理等。

（3）职业生涯规划不够周密，长期计划缺乏战略，短期计划制订不详细，没有与轮岗、培训工作结合起来。

（4）培训不足，在实现职业规划目标的过程中，特别是在岗位变换之后，常常感到力不从心。

不论是职业生涯专职管理人员，还是员工的精神导师，都要学习并掌握面谈技术和一定的心理咨询与诊治知识，这样才能取得较好的职业生涯面谈效果。

（四）组织对员工的职业生涯管理策略

组织职业生涯管理是指组织在员工进入、发展和退出组织的过程中所采取的一系列政策和实践的集合（Sonnenfeld，Peiperl，1988）。此管理项目的初步阶段主要涉及人力资源规划、工作分析、招聘与甄选、录用工作、组织社会化等；在发展阶段，主要涉及培训、绩效管理、薪酬管理、晋升管理等；在退出阶段，主要涉及退休、裁员、辞职和解雇等。

当今，越来越多的公司重视对员工的职业生涯进行有效管理。下面我们将根据人力资源管理的基本流程和活动领域，探讨具体的员工职业生涯管理对策。

1. 招聘期（初期）的职业生涯管理

组织社会化是指个体从进入组织之前的外部人员（outsiders）到成为组织功能成员（functioning members）的学习过程（Chow，2002）。

这一过程使新员工转变为组织的内部人员，融入组织当中，并成为其中的一分子。员工的组织社会化内容包括：①了解组织的价值观、目标和文化；②了解工作团体的价值观、规范和人际关系；③学习如何完成工作以及完成工作所需的知识和技能；④产生个人身份、自我形象以及工作动机等相关方面的改变。

因此，公司在新员工入职后的一段时间内，应该有计划、有步骤地对其进行引导和培训。

2. 发展期职业生涯管理

（1）做好员工职业咨询与职业评测。员工在进入企业之后，经过上岗引导和组织社会化融入组织当中。组织应围绕员工的职业生涯管理做好两个方面的测评：一是运用系列测评软件和测评方法（面试、评价中心等）对员工进行有效的测评；二是基于职业生涯管理视角，对员工进行绩效评价和绩效管理的测评，以找出员工在职业能力方面的优势和不足。

职业咨询需要帮助员工了解公司的岗位设置和晋升渠道，帮助员工根据自身特点确定适合自己的职业目标和职业发展路线。职业咨询活动既可以采取简短的非正式交谈的形式，也可以采取一系列正式讨论的形式。目前，很多公司已设置了相应的职业指导和职业咨询部门，专门为员工的职业发展提供咨询和帮助。

（2）为员工提供培训与学习机会。基于员工职业生涯管理的培训与开发，是建立在对培训需求分析的基础上，根据员工实际发展要求和公司战略目标进行有目的、有规划的员工培训与开发。

目前，有部分公司的培训与开发，或是走形式；或是跟风，人家培训我也培训；或是培训内容并非岗位所需。这种培训对员工、对组织都是不利的。只有基于员工职业生涯发展的培训和开发才是有效的、才是值得投资的。

根据资质模型的观点，能够有效培训的是显性资质，如知识、技能等，而对于个性、价值观等隐性资质的培训通常是无效的。

（3）为员工提供岗位轮换与岗位锻炼机会。大多数专家认为，组织为员工提供的工作应是具有挑战性的。比如，在一项以美国电报电话公司的年轻管理人员为对象的研究中，研究者们发现，这些人在公司的第一年所承担的工作越富有挑战性，他们的工作也就显得越有效率、越成功。即使到了五六年之后，这种情况依然存在。专家指出，提供富有挑战性的工作是帮助员工取得职业发展的最有力而又并不复杂的途径之一。

通过在不同的专业领域中进行工作轮换（例如，从生产管理、销售管理，到人力资源管理等），企业的员工们获得了一个评价自己的良好机会，同时也增长了技能。岗位轮换虽然会造成工作质量的下降和成本的增加，但是从长远来看，这对组织和员工的发展都是非常有利的。一方面，通过岗位轮换，可以培养和锻炼组织所需的管理人员；另一方面，组织也可以由此对员工的资质做出更加有效的评价，为其确立相比更为合适的岗位奠定基础。

（4）合理畅通的职业发展通道规划。组织管理的一项重要工作就是为员工设置合理畅通的职业发展通道。职业通道是组织中职业晋升的路线，是员工实现职业理想和获得满意工作、达到职业生涯目标的路径。组织中的职业发展通道不应是单一的，而应是多重的，以便使不同类型的员工都能寻找到适合自己的职业发展途径。海尔在这方面的探索值得借鉴。海尔对每一位新进厂的员工都会进行一次个人职业生涯培训。由于不同类型员工的自我成功途径不尽相同，因此海尔为各类员工设计出了不同的升迁途径，使员工一进厂就知道自己该往哪方面努力才能取得成功。

3. 衰退期职业生涯管理

在职业生涯管理中，衰退期是指人们的职业后期阶段——临近退休这一段时期。到了这一时期员工的退休问题必然被提上议事日程。大量事实表明，退休会对人们产生很大的冲击，对组织的工作也会产生影响。组织有责任帮助员工认识并接受这一客观事实，帮助每一位即将退休的员工制订具体的退休计划，尽可能地把其退休生活安排得丰富多彩。例如，可以举办老年大学，鼓励临近退休人员发展多种兴趣与爱好；举办联谊会，支持他们参加社会公益活动，以此增进其身心健康。同时，多数退休员工的能力不会随着正式退休而完结，他们拥有丰富的经验、熟练的业务水平和广泛的社会阅历。这时，组织可采取兼职、顾问或其他方式聘用他们。例如，为新员工安排讲座，让退休员工介绍职业生涯规划的经验和一些业务知识；安排退休员工为职业生涯发展中的员工提供心理咨询，从而延长他们的职业生涯，使他们有机会继续为组织发挥"余热"。

参考文献

[1] 百朗教育. 战略性人力资源管理 [M]. 北京：北京燕山出版社，2010.

[2] 朱飞，文跃然. 战略性人力资源管理系统重构：基于外部劳动力市场主导的雇佣关系模式 [M]. 北京：企业管理出版社，2013.

[3] 王兰云，苏磊，张立艳，等. 基于双元创新能力的战略人力资源管理一致性与柔性效应的整合研究 [M]. 天津：南开大学出版社，2015.

[4] 徐国华. 支持性人力资源实践、柔性战略与绩效 [M]. 南京：东南大学出版社，2013.

[5] 李宝元. 战略性激励——现代企业人力资源管理精要 [M]. 北京：经济科学出版社，2002.

[6] 方振邦，杜义国. 战略性人力资源管理 [M]. 第3版. 北京：中国人民大学出版社，2020.

[7] 方振邦，徐东华. 战略性人力资源管理 [M]. 北京：中国人民大学出版社，2015.

[8] 许玉林. 战略性人力资源管理 [M]. 北京：中国科学文化音像出版社，2013.

[9] 孙会峰. 战略性人力资源管理 [M]. 北京：电子工业出版社，2013.

[10] 方振邦，徐东华. 战略性人力资源管理 [M]. 北京：中国人民大学出版社，2010.

[11] 石磊. 战略性人力资源管理：系统思考及观念创新 [M]. 第2版. 成都：西南财经大学出版社，2011.

[12] 朱芝洲. 现代企业战略性人力资源激励研究 [M]. 北京：经济科学出版社，2009.

[13] 贾建锋，赵希男. 基于胜任特征的知识型企业战略性人力资源开发研究 [M]. 北京：经济科学出版社，2011.

[14] 刘昕. 现代企业员工关系管理体系的制度分析——一种全面的战略性人力资源管理视角 [M]. 北京：中国人民大学出版社，2004.

[15] 方振邦，唐健. 战略性绩效管理 [M]. 第5版. 北京：中国人民大学出版社，2018.

[16] 霍生平，张燕君，郑赤建，等. 人力资源战略与规划 [M]. 湘潭：湘潭大学出版社，2016.

［17］尹乐，苏杭. 人力资源战略与规划［M］. 杭州：浙江工商大学出版社，2017.

［18］彭剑锋. 人力资源管理概论［M］. 第3版. 上海：复旦大学出版社，2018.

［19］周艳丽，谢启，丁功慈. 企业管理与人力资源战略研究［M］. 长春：吉林人民出版社，2019.

［20］文跃然. 人力资源战略与规划［M］. 第2版. 上海：复旦大学出版社，2017.

［21］胡威. 实施企业战略性人力资源规划的策略探讨［J］. 商讯，2021（10）：185-186.

［22］武道川. 战略性人力资源管理及其理论基础［J］. 商业文化，2021（08）：42-43.

［23］储效辰. 战略性人力资源管理工作的开展论述［J］. 中国集体经济，2021（07）：122-123.

［24］蒋学玲. 战略性人力资源绩效管理与员工激励探讨［J］. 全国流通经济，2021（04）：100-102.

［25］张代雷. 互联网视域下，创新基层人力资源管理路径［J］. 人力资源，2021（02）：26-27.

［26］殷建平，陈丁薇. 人力资源大数据的适用机制研究：基于战略人力资源管理视角［J］. 商场现代化，2020（05）：70-73.

［27］路喆津，祝福云. 互联网时代企业战略性人力资源管理新模式探讨［J］. 中外企业家，2020（04）：126-127.

［28］史红静. 战略性人力资源管理对组织效能的影响研究［J］. 全国流通经济，2020（02）：121-122.

［29］马丽. G公司战略性人力资源管理转型策略［D］. 华中科技大学，2019.

［30］卢占元. 龙瞻公司战略性人力资源管理研究［D］. 湘潭大学，2018.

［31］程珍瑾. 战略性人力资源管理对组织效能的影响效果分析［J］. 现代营销（下旬刊），2018（05）：156-157.

［32］毕心慰. 战略性人力资源管理对HR从业者前瞻行为的影响研究［D］. 中南财经政法大学，2019.

［33］徐勇，关佳音. 战略性人力资源管理对组织效能的影响探析［J］. 经贸实践，2018（10）：69-70+72.

［34］陈兴鹏. CDNF公司人力资源战略性规划研究［D］. 吉林大学，2018.

［35］耿广飞. 创业导向、战略性人力资源管理与企业绩效关系研究［D］. 吉林大学，2018.

［36］陈园婧. 新生代员工的个人—组织匹配对职业成长和承诺的影响研究［D］. 华南理工大学，2018.

［37］刘莉. 重庆市战略性新兴产业协同创新能力研究［D］. 西南大学，2018.

［38］顾欣. 战略性人力资源管理与组织变革：变革承诺的中介作用［D］. 兰州大学，2018.

［39］谢晓芳. 战略性人力资源管理、组织效能及关系［J］. 企业管理，2017（11）：115-117.

［40］吕静韦. 战略性新兴产业发展动力机制及创新模式研究［D］. 河北工业大学，2017.

［41］赵靓亮. CM 商业银行战略性人力资源管理体系构建研究［D］. 大连海事大学，2017.

［42］陈萌. 组织效能在战略性人力资源管理的影响探究［J］. 现代经济信息，2016（24）：84.

［43］李品. 企业员工个人成长主动性：一般特点与影响因素［D］. 南京师范大学，2016.

［44］亚森江·阿布都古丽. 我国政府部门实施战略性人力资源管理研究［D］. 新疆大学，2015.

［45］孙少博. 战略性人力资源管理对组织效能的影响研究［D］. 山东大学，2012.

［46］肖翔. 人力资源管理实践对组织吸引和组织公民行为的影响［D］. 浙江大学，2006.

［47］彭丹. CMIOT 公司组织效能提升策略研究［D］. 西南大学，2020.